建筑施工企业

会计核算与纳税、财务报表编制实务

平准◎ 编著

人民邮电出版社
北京

图书在版编目（CIP）数据

建筑施工企业会计核算与纳税、财务报表编制实务 /
平准编著. -- 北京：人民邮电出版社，2020.9（2022.8重印）
ISBN 978-7-115-54269-4

Ⅰ. ①建… Ⅱ. ①平… Ⅲ. ①建筑施工企业－工业会
计②建筑施工企业－税收管理 Ⅳ. ①F407.906.72
②F810.423

中国版本图书馆CIP数据核字(2020)第111262号

内 容 提 要

　　本书为建筑施工企业的财务会计人员量身定制，以建筑施工企业日常业务中最重要的会计核算、财务报表编制、纳税申报3个方面为主要内容，帮助读者迅速了解会计工作、高质量完成会计工作。

　　本书重点介绍了建筑施工企业的往来款项、材料物资、固定资产、成本费用的归集与分配、收入确认与结算等的会计核算方法，财务报表的编制方法以及"营改增"全面推行后的纳税业务处理要点，并附有丰富的案例，可以帮助读者轻松领会会计工作的精髓。

　　本书内容简洁、条理清楚、案例丰富，非常适合从事建筑施工企业财务工作的专业人士学习使用。

◆ 编　著　平　准
　　责任编辑　李士振
　　责任印制　周昇亮

◆ 人民邮电出版社出版发行　　北京市丰台区成寿寺路 11 号
　　邮编　100164　　电子邮件　315@ptpress.com.cn
　　网址　https://www.ptpress.com.cn
　　北京七彩京通数码快印有限公司印刷

◆ 开本：700×1000　1/16
　　印张：19　　　　　　　　　　2020 年 9 月第 1 版
　　字数：310 千字　　　　　　　2022 年 8 月北京第 9 次印刷

定价：88.00 元

读者服务热线：(010)81055296　印装质量热线：(010)81055316
反盗版热线：(010)81055315
广告经营许可证：京东市监广登字 20170147 号

近年来，我国的基础设施建设突飞猛进，架桥铺路，建筑施工企业发挥了重要的作用。为了满足建筑施工行业会计从业者的业务需要，我们精心编写了本书，以期帮助建筑施工行业会计从业者领会企业会计准则的精髓，做好建筑施工企业的会计实务工作。

一、着眼于会计税务融合。在会计和税务图书市场上，存在着条块分割的情况。也就是会计书只讲会计核算，税务书只讲纳税缴税。但是在实际业务中，会计与税务是密不可分的。成本的支出、收入的取得往往意味着纳税义务的产生。同时，纳税也会对企业的成本费用产生影响。我们考虑到财务人员对会计和税务知识的综合性需求，精心编写了本书，做到在同一个业务流程中，将会计核算与纳税业务进行综合化、整体性处理。

二、着重于财务流程规划。一个企业会计工作能否顺畅、快捷地开展，取决于企业有没有形成规范的、适合本企业特点的业务流程。本书在介绍账务处理的过程中，重点介绍了账务处理的流程，在每一业务的时点中，详细阐明了先处理哪一个步骤，后处理哪一个步骤，使每一个读者都能树立合理规划财务流程的理念。

三、着手于解决实务问题。本书融会计学知识与实际操作为一体，既讲述会计基础理论知识，又介绍会计实务操作技能，围绕建筑施工企业会计工作实务解疑释难，尤其注重会计实务的规范操作。本书从如何建账、如何编制会计分录、如何进行各类业务核算、如何编制财务报表、如何核算和申报、如何缴纳税款等入手，以手把手的形式向读者展示如何处理整个会计流程，使读者的实际工作能力和水平得到进一步提高。

四、着笔于分析经济业务。从会计工作的本质而言，会计是对各类经济活动进行描述的商业语言，也就是说，经济业务是根本，会计工作是体现。只有清楚地分析了各类经济业务的来龙去脉以及这些经济业务对企业财务状况和经营成果的影响，会计人员才能进行准确的账务处理。本书在讲解账务处理的过程中，特别强调深入分析经济业务，使财务人员站在"知其然，又知其所以然"的高度开展会计工作。

五、着力于提高工作能力。一个优秀的会计人员，不应仅是熟记各类财经法规的"书柜"，更应是善于解决实际问题的高手。本书在内容的安排上，既介绍了大量的会计核算案例，又尽量全面地引入了大量建筑施工企业会计实务工作中的特有问题，拓宽了会计人员的视野，非常有利于提高会计人员解决实际问题的能力。

　　本书内容翔实、思路创新，做到了理论与实践经验的充分结合，希望能对广大建筑施工企业会计从业人员的实务工作有所帮助。同时，尽管在编写和出版本书的过程中，编者始终秉持精益求精的专业态度，但书中难免有不足之处，欢迎广大读者批评指正。

编者

目录
CONTENTS

第1章
建筑施工企业会计和基本纳税知识

1.1 建筑施工企业的主要业务 /1

1.1.1 建筑施工企业的定义 ·······················1

1.1.2 建筑施工企业的业务经营特点 ·················1

1.2 建筑施工企业会计 /3

1.2.1 建筑施工企业会计的主要工作内容 ············3

1.2.2 建筑施工企业会计核算的特点 ················3

1.3 建筑施工企业的基本纳税知识 /8

1.3.1 建筑施工企业涉及的税种 ···················8

1.3.2 建筑施工企业的纳税义务 ···················8

1.4 建筑施工企业设立阶段的纳税设计 /9

1.4.1 建筑施工企业的开业税务登记 ···············9

1.4.2 建筑施工企业设立阶段的涉税处理 ···········13

1.4.3 以承包、承租、挂靠方式经营的建筑施工企业的纳税要点 ··············16

第2章
往来款项的会计核算

2.1 外部往来款项的核算操作 /18

2.1.1 应收和应付账款的核算 ···················18

2.1.2 应收和应付票据的核算 ···················23

2.1.3 坏账准备的核算 ·························29

2.2 备用金的核算操作 /34

2.2.1 备用金的概念 ···························34

2.2.2 备用金的账务处理 ·······················34

第 3 章
材料物资的会计核算

3.1 材料物资的概念及计价 /36
    3.1.1 材料物资的概念及分类 ……………………………………………… 36
    3.1.2 材料物资的计价 ……………………………………………………… 37

3.2 库存材料的会计核算 /42
    3.2.1 采用实际成本法进行库存材料的核算 …………………………… 42
    3.2.2 采用计划成本法进行库存材料的核算 …………………………… 46

3.3 周转材料的会计核算 /50
    3.3.1 周转材料的概念及分类 …………………………………………… 50
    3.3.2 周转材料的摊销方法 ……………………………………………… 50
    3.3.3 周转材料核算中的科目设置与会计核算 ………………………… 51

3.4 材料物资的会计核算 /54
    3.4.1 材料物资的盘存方法 ……………………………………………… 54
    3.4.2 存货盘盈、盘亏的会计核算 ……………………………………… 55

3.5 存货跌价准备的会计核算 /58
    3.5.1 存货的期末计量 …………………………………………………… 58
    3.5.2 存货期末计价的方法 ……………………………………………… 59
    3.5.3 存货跌价准备的核算 ……………………………………………… 62

第 4 章
固定资产的会计核算

4.1 固定资产的特征及确认条件 /65
    4.1.1 固定资产的特征 …………………………………………………… 65
    4.1.2 固定资产的确认条件 ……………………………………………… 66
    4.1.3 固定资产确认条件的具体应用 …………………………………… 66

4.2 固定资产的初始计量 /67
    4.2.1 外购固定资产的核算 ……………………………………………… 67
    4.2.2 自行建造固定资产的核算 ………………………………………… 71
    4.2.3 融资租入固定资产的核算 ………………………………………… 79

4.2.4 存在弃置费用的固定资产的核算 ································ 82

4.2.5 其他方式取得的固定资产 ································ 84

4.3 固定资产折旧的会计核算 /85

4.3.1 固定资产折旧的概念与相关内容 ································ 85

4.3.2 固定资产折旧的计算方法 ································ 87

4.4 固定资产的后续支出 /91

4.4.1 资本化的后续支出 ································ 91

4.4.2 费用化的后续支出 ································ 95

4.5 固定资产处置的会计核算 /100

4.5.1 固定资产终止确认的条件 ································ 100

4.5.2 固定资产处置的会计处理 ································ 101

4.6 固定资产的清查 /103

4.6.1 固定资产盘盈 ································ 103

4.6.2 固定资产盘亏 ································ 104

4.6.3 固定资产减值 ································ 105

第 5 章
成本费用的会计核算

5.1 成本费用的概述 /106

5.2 费用的核算 /110

5.2.1 营业成本 ································ 111

5.2.2 税金及附加 ································ 114

5.2.3 期间费用 ································ 116

5.3 利润的核算 /120

5.3.1 营业利润的核算公式及相关定义 ································ 120

5.3.2 营业外收入和营业外支出的核算 ································ 122

5.4 建筑施工企业的税务处理 /123

5.4.1 城市维护建设税的税务处理 ································ 123

5.4.2 房产税的税务处理 ································ 124

5.4.3 城镇土地使用税的税务处理 ································ 125

5.4.4 个人所得税的税务处理 ································ 125

第 6 章
建筑施工企业收入的会计核算和企业所得税处理

6.1　收入概述 /127

6.1.1　收入的含义和特征 ··· 127

6.1.2　建筑施工企业收入的主要内容 ··· 128

6.2　收入的核算 /130

6.2.1　收入的确认原则 ··· 130

6.2.2　收入确认的前提条件 ·· 130

6.2.3　收入确认和计量的步骤 ··· 131

6.2.4　应设置的会计科目 ·· 134

6.3　结算工程价款的核算 /136

6.3.1　结算工程价款的方式 ·· 136

6.3.2　工程结算收入的核算 ·· 137

6.4　其他业务收入的确认与核算 /146

6.4.1　其他业务收入的确认 ·· 146

6.4.2　其他业务收入的核算 ·· 147

6.5　建筑施工企业的企业所得税处理 /150

6.5.1　企业所得税的概述 ·· 150

6.5.2　建筑施工企业的企业所得税收入总额的计算 ······························· 153

6.5.3　建筑施工企业的企业所得税的税前扣除 ····································· 158

6.5.4　其他特定事项 ·· 167

6.6　建筑施工企业的企业所得税汇算清缴 /168

6.6.1　建筑施工企业的企业所得税纳税申报表 ····································· 168

6.6.2　具体项目填报说明 ·· 171

第 7 章
财务报表编制

7.1　资产负债表 /177

7.1.1　资产负债表的结构 ·· 178

7.1.2　资产负债表的编制 ·· 180

7.2　利润表 /193

7.2.1　利润表的结构 ·· 193

7.2.2　利润表的编制 ·· 195

7.3 现金流量表 /203

    7.3.1 现金流量表的结构 ·················· 203

    7.3.2 现金流量表的编制 ·················· 206

7.4 所有者权益变动表 /219

    7.4.1 所有者权益变动表的结构 ·················· 219

    7.4.2 所有者权益变动表的编制 ·················· 223

7.5 附注 /226

第 8 章
建筑施工企业增值税纳税实务

8.1 增值税 /259

    8.1.1 增值税概述 ·················· 259

    8.1.2 纳税人 ·················· 260

    8.1.3 税率与征收率 ·················· 261

    8.1.4 增值税的征税范围 ·················· 267

    8.1.5 增值税应纳税额的计算 ·················· 270

    8.1.6 增值税纳税义务发生的时间及地点 ·················· 279

    8.1.7 建筑施工企业增值税税收优惠热点问题 ·················· 280

8.2 跨县（市、区）、跨境提供建筑服务 /282

    8.2.1 跨县（市、区）提供建筑服务 ·················· 282

    8.2.2 跨境提供建筑服务 ·················· 283

8.3 增值税的会计核算 /284

    8.3.1 销项税额的会计核算 ·················· 284

    8.3.2 进项税额的会计核算 ·················· 287

    8.3.3 进项税额转出的会计核算 ·················· 289

随着国家"新基建"理念的不断深入，建筑施工企业对于创造我国国民美好生活进程中所扮演的角色日益凸显。因经营管理的个性特质，建筑施工企业在会计核算、税收实务方面也有着有别于其他行业的特殊点。本章从介绍施工企业的主要业务出发，详细阐明了建筑施工企业的主要工作内容，在此基础上总结其特有的会计核算特点，并进一步说明了建筑施工企业所涉及的基本纳税知识及开立之初的纳税设计。

1.1 建筑施工企业的主要业务

1.1.1 建筑施工企业的定义

建筑施工企业是从事建筑工程、设备安装工程以及其他专项工程施工的生产型企业，通过组织、利用生产资料将劳动对象建造或安装成特定的工程产品，即通过施工生产活动，把各种建筑材料转变为具有特定用途的各类建筑产品。建筑施工企业主要包括各类建筑安装公司、机械化施工公司、基础工程公司、电力建设工程公司、市政工程公司、装修和装饰工程公司等。

1.1.2 建筑施工企业的业务经营特点

建筑施工企业的业务经营特点如图 1-1 所示。

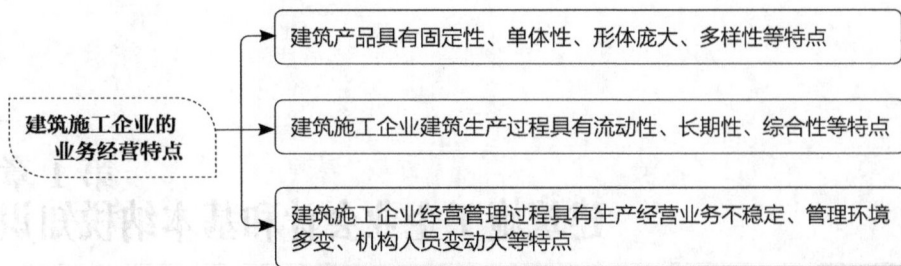

图 1-1　建筑施工企业的业务经营特点

知识链接：建筑工程施工总承包资质标准

建筑工程施工总承包企业资质分为特级、一级、二级、三级。其中，一级资质标准如下：

1. 企业近 5 年承担过下列 6 项中的 4 项以上工程的施工总承包或主体工程承包，工程质量合格。

（1）25 层以上的房屋建筑工程；

（2）高度 100 米以上的构筑物或建筑物；

（3）单体建筑面积 3 万平方米以上的房屋建筑工程；

（4）单跨跨度 30 米以上的房屋建筑工程；

（5）建筑面积 10 万平方米以上的住宅小区或建筑群体；

（6）单项建安合同额 1 亿元以上的房屋建筑工程。

2. 企业经理具有 10 年以上从事工程管理工作经历或具有高级职称；总工程师具有 10 年以上从事建筑施工技术管理工作经历并具有本专业高级职称；总会计师具有高级会计职称；总经济师具有高级职称。

企业有职称的工程技术和经济管理人员不少于 300 人，其中工程技术人员不少于 200 人；工程技术人员中，具有高级职称的人员不少于 10 人，具有中级职称的人员不少于 60 人。

企业具有的一级资质项目经理不少于 12 人。

3. 企业注册资本金 5000 万元以上，企业净资产 6000 万元以上。

4. 企业近 3 年最高年工程结算收入 2 亿元以上。

5. 企业具有与承包工程范围相适应的施工机械和质量检测设备。

1.2　建筑施工企业会计

1.2.1　建筑施工企业会计的主要工作内容

建筑施工企业会计以货币为主要计量单位，按照现行会计法规体系要求，运用一套专门的核算方法，对建筑施工企业的经济活动进行连续、系统、全面的核算和监督，真实、准确、及时地提供会计信息。建筑施工企业会计是加强建筑施工企业管理、促进提高经济效益的经济管理活动。建筑施工企业通过会计计量、计算和登记，能及时地取得生产经营管理所必需的各种信息和数据。这对建筑施工企业的管理具有重要意义。

1.2.2　建筑施工企业会计核算的特点

建筑施工企业会计核算的特点如图 1-2 所示。

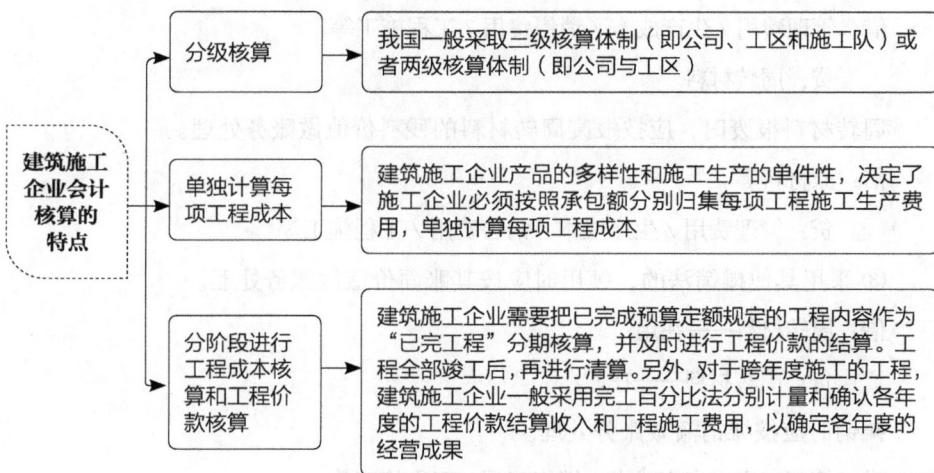

图 1-2　建筑施工企业会计核算的特点

我国企业会计准则和相关规范对我国的企业会计工作制定了统一的规范，形成了一套与国际会计准则趋同的会计体系。统一的科目设置和统一的记账方法使得各行各业有了一定可比的标准。但是，具体对于每个行业和每个企业来说，其生产经营特点仍然会影响会计科目的设置。下面仅就建筑施工企业不同于一般意义上的会计科目做一下简单的介绍。

（一）"周转材料"科目

（1）概念：周转材料是指企业能够多次使用、逐渐转移其价值但仍保持原有形态不确认为固定资产的材料，主要包括钢模板、木模板、脚手架和其他周转材料。根据企业会计准则规定，低值易耗品属于周转材料的范畴。

（2）明细账的设置：在五五摊销法下（一般情况下采用这种方法），按周转材料的种类，分别通过"在库""在用""摊销"进行明细核算。

周转材料——钢模板（在库）

　　　　　——钢模板（在用）

　　　　　——钢模板（摊销）

（3）主要账务处理。

① 企业购入、自制、委托外单位加工完成并已验收入库的周转材料等。

借：周转材料

　　贷：银行存款

② 采用一次转销法的，领用时应按其账面价值做账务处理。

借：管理费用/生产成本/销售费用/工程施工等

　　贷：周转材料

周转材料报废时，应按报废周转材料的残料价值做账务处理。

借：原材料等

　　贷：管理费用/生产成本/销售费用/工程施工等

③ 采用其他摊销法的，领用时应按其账面价值做账务处理。

借：周转材料——在用

　　贷：周转材料——在库

摊销时应按摊销额做账务处理。

借：管理费用/生产成本/销售费用/工程施工等

　　贷：周转材料——摊销

周转材料报废时应补提摊销额。

借：管理费用/生产成本/销售费用/工程施工等

　　贷：周转材料——摊销

同时，按报废周转材料的残料价值核算。

借：原材料等

　　贷：管理费用／生产成本／销售费用／工程施工等

对于全部已提摊销额应一并转销。

借：周转材料——摊销

　　贷：周转材料——在用

（二）"固定资产"科目

（1）核算内容：核算建筑施工企业持有的固定资产原价和临时设施的原价。

（2）明细账的设置：按固定资产类别和项目进行明细核算。

固定资产——房屋建筑物类（办公楼）

　　　　　——房屋建筑物类（仓库）

　　　　——房屋建筑物类（临时设施）

　　　　　——机械设备类（挖掘机——××型号）

　　　　　——机械设备类（破碎机——××型号）

（3）主要账务处理：账务处理在"第 4 章　固定资产的会计核算"一章中会有详细介绍。

（三）"工程施工"科目

（1）核算内容：核算建筑施工企业（建造承包商）实际发生的合同成本和合同毛利。

（2）明细账的设置：按建造合同，分别通过"合同成本""间接费用""合同毛利"进行明细核算。

工程施工——××建筑工程（合同成本）

　　　　　——××建筑工程（间接费用）

　　　　　——××建筑工程（合同毛利）

（3）主要账务处理。

① 企业进行合同建造时发生的人工费、材料费、机械使用费以及施工现场材料的二次搬运费、生产工具和用具使用费、检验试验费、临时设施折旧费等其他直接费用。

借：工程施工——合同成本

　　贷：应付职工薪酬／原材料等

发生的施工、生产单位管理人员职工薪酬、固定资产折旧费、财产保险费、工程保修费、排污费等间接费用。

借：工程施工——间接费用

　　贷：累计折旧/银行存款等

期（月）末，将间接费用分配计入有关合同成本。

借：工程施工——合同成本

　　贷：工程施工——间接费用

②确认合同收入、合同费用时，借记"主营业务成本"科目，贷记"主营业务收入"科目，按其差额，借记或贷记"工程施工——合同毛利"科目。

③合同完工时，应将本科目余额与相关工程施工合同的"工程结算"科目对冲，账务处理如下。

借：工程结算

　　贷：工程施工

（4）本科目期末余额在借方，反映企业尚未完工的建造合同成本和合同毛利。

（四）"工程结算"科目

（1）核算内容：核算建筑施工企业根据建造合同约定向业主办理结算的累计金额。

（2）明细账的设置：按建造合同进行明细核算。

工程结算——××工程

（3）主要账务处理。

①企业向业主办理工程价款结算，按应结算的金额进行账务处理。

借：应收账款等

　　贷：工程结算

②合同完工时，应将本科目余额与相关工程施工合同的"工程施工"科目对冲。

借：工程结算

　　贷：工程施工

（五）"机械作业"科目

（1）核算内容：核算建筑施工企业及其内部独立核算的施工单位、机械站和运输队使用自有施工机械和运输设备进行机械作业（包括机械化施工和运输作业等）所发生的各项费用。

企业及其内部独立核算的施工单位，从外单位或本企业其他内部独立核算的机械站租入施工机械发生的机械租赁费，在"工程施工"科目核算。

建筑施工企业内部独立核算的机械施工、运输单位使用自有施工机械或运输设备进行机械作业所发生的各项费用，可按成本核算对象和成本项目进行归集。

成本项目一般分为人工费、燃料及动力费、折旧及修理费、其他直接费用、间接费用（为组织和管理机械作业生产所发生的费用）。

（2）明细账的设置：按施工机械或运输设备的种类等进行明细核算。

机械作业——挖掘机（人工费）

　　　　——挖掘机（燃料及动力费）

　　　　——挖掘机（折旧及修理费）

　　　　——挖掘机（其他直接费用）

　　　　——挖掘机（间接费用）

（3）主要账务处理。

① 企业发生的机械作业支出。

借：机械作业

　　贷：原材料／应付职工薪酬／累计折旧等

② 期（月）末，企业及其内部独立核算的施工单位、机械站和运输队为本单位承包的工程进行机械化施工和运输作业的成本，应转入承包工程的成本。

借：工程施工

　　贷：机械作业

对外单位、专项工程等提供机械作业（包括运输设备）的成本。

借：劳务成本

　　贷：机械作业

1.3 建筑施工企业的基本纳税知识

1.3.1 建筑施工企业涉及的税种

建筑施工企业应当缴纳的税种及其适用范围如下。

（1）增值税。适用范围规定为在中华人民共和国境内提供建筑服务的单位和个人。

（2）企业所得税。适用范围规定为所有建筑施工企业。

（3）城镇土地使用税。适用范围规定为占有并使用城镇土地的建筑施工企业。

（4）城市维护建设税。适用范围规定为所有建筑施工企业。

（5）房产税。适用范围规定为在城市、县城、建制镇的建筑施工企业。

（6）印花税。适用范围规定为所有建筑施工企业。

（7）土地增值税。适用范围规定为转让房地产的建筑施工企业。

（8）车船税。适用范围规定为拥有车船的建筑施工企业。

（9）车辆购置税。适用范围规定为购置应税车辆的建筑施工企业。

1.3.2 建筑施工企业的纳税义务

建筑施工企业的纳税义务包括以下 4 点。

（1）接受管理的义务：纳税人应接受税务机关的税务管理，依法办理税务登记，设置和保存账簿、凭证，按规定依法使用发票和纳税申报。

（2）依法缴纳税款的义务：纳税人应依照法律、行政法规的规定，及时、足额地缴纳税款，依法代扣代缴、代收代缴税款。

（3）接受税务稽查的义务：纳税人应接受税务机关依法进行的税务检查，并提供相关资料。

（4）提供税务信息的义务：纳税人应诚实地向税务机关提供与纳税有关的信息，在必要时，还应接受税务机关依法实施的调查。

1.4　建筑施工企业设立阶段的纳税设计

1.4.1　建筑施工企业的开业税务登记

（一）开业税务登记

1. 开业税务登记概述

开业税务登记是指纳税人经工商登记而成立，或者相关组织和个人依据法律、行政法规的规定成为纳税人时，依法向税务机关办理的税务登记。

各类企业、企业在外地设立的分支机构和从事生产、经营的个体工商户，以及从事生产、经营的事业单位，应自领取营业执照之日起 30 日内，向所在地主管税务机关申报办理税务登记。其他纳税人应当自依照税收法律、行政法规的规定成为法定纳税人之日起 30 日内，向所在地主管税务机关申报办理税务登记。扣缴义务人应当在发生扣缴义务之日起 30 日内，向所在地税务机关申报办理扣缴税款登记，并领取代扣代缴、代收代缴税款凭证。跨地区的非独立核算分支机构应当自设立之日起 30 日内，向所在地税务机关办理注册税务登记。从事生产、经营的纳税人外出经营，在同一地点连续 12 个月内累计超过 180 天的，应当自期满之日起 30 日内，向生产、经营所在地税务机关申报办理税务登记，税务机关核发临时税务登记证及副本。

2. 开业税务登记的内容

开业税务登记的内容：单位名称、法定代表人或业主姓名及其居民身份证、护照或其他合法证件的号码；住所和经营地点；登记类型；核算方式；生产经营方式；生产经营范围；注册资金（资本）、投资总额；生产经营期限；财务负责人、联系电话；国家税务总局确定的其他有关事项。

3. 开业税务登记的流程

（1）填写税务登记表：从事生产、经营的纳税人应当在规定的时间内，向税务机关提出申请办理税务登记的书面报告，如实填写税务登记表。

税务登记表的主要内容包括：单位名称、法定代表人或者业主姓名及其居民身份证、护照或者其他合法证件的号码；住所、经营地点；经济性质；企业形式、核算方式；生产经营范围、经营方式；注册资金（资本）、投资总额、开户银行及账号；生产经营期限、从业人数、营业执照号码；财务负责人、办税人员；其他有关事项。

此外，企业在外地设立的分支机构或者从事生产、经营的场所，应登记总机构名称、地址、法定代表人，主要业务范围，财务负责人。这样规定便于税务机关对总机构与分支机构之间的经济往来进行税务管理。

除填写税务登记表外，实务中，税务机关还要求纳税人填写税种登记表，符合增值税一般纳税人条件的纳税人，还应填写增值税一般纳税人申请认定表。

（2）提供有关证件、资料：营业执照；有关合同、章程、协议书；银行账号证明；居民身份证、护照或其他合法证件；税务机关要求提供的其他有关证件、资料。

（3）审核发证：对纳税人填报的税务登记表和提供的有关证件及资料，税务机关应当自收到之日起30日内审核完毕；符合规定的，予以登记，并发给税务登记证件；对不符合规定的，也应给予答复。

（4）建立纳税人登记资料档案：所有的登记工作完毕后，税务登记部门应将纳税人填报的各种表格以及提供的有关资料及证件复印件建成纳税人登记资料档案，并制成纳税人分户电子档案，为以后的税收征管提供可靠的信息来源。

（二）变更、注销税务登记的定义及相应流程

变更税务登记是指纳税人税务登记内容发生重要变化时向税务机关申报办理的税务登记手续。注销税务登记是指纳税人税务登记内容发生了根本性变化，需终止履行纳税义务时向税务机关申报办理的税务登记手续。

变更税务登记的流程如图1-3所示。

申请：纳税人申请办理变更税务登记时，应向主管税务机关领取税务登记变更表，如实填写变更登记事项、变更登记前后的具体内容

受理：税务机关认真审阅纳税人填报的表格及提交的附列资料、证件，在符合要求及资料证件提交齐全的情况下，予以受理

审核：主管税务机关分类审核纳税人报送的已填登完毕的税务登记变更表及相关资料

发证：对需变更税务登记证内容的，主管税务机关应收回原税务登记证（正、副本），按变更后的内容，重新制发税务登记证（正、副本）

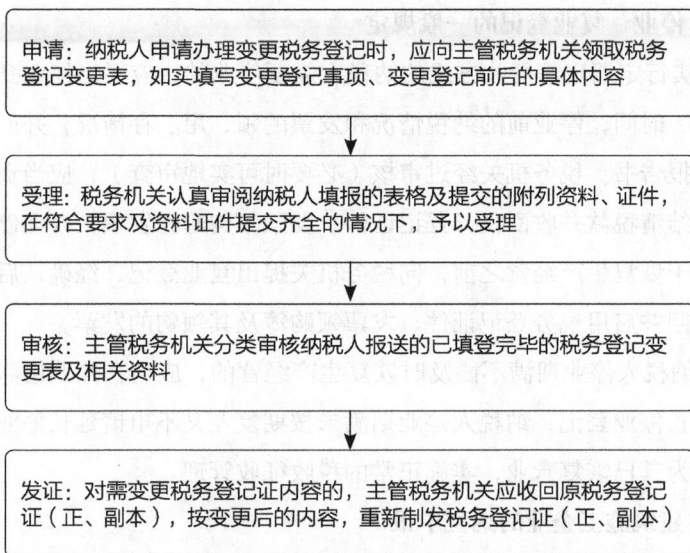

图 1-3　变更税务登记的流程

注销税务登记的流程如图 1-4 所示。

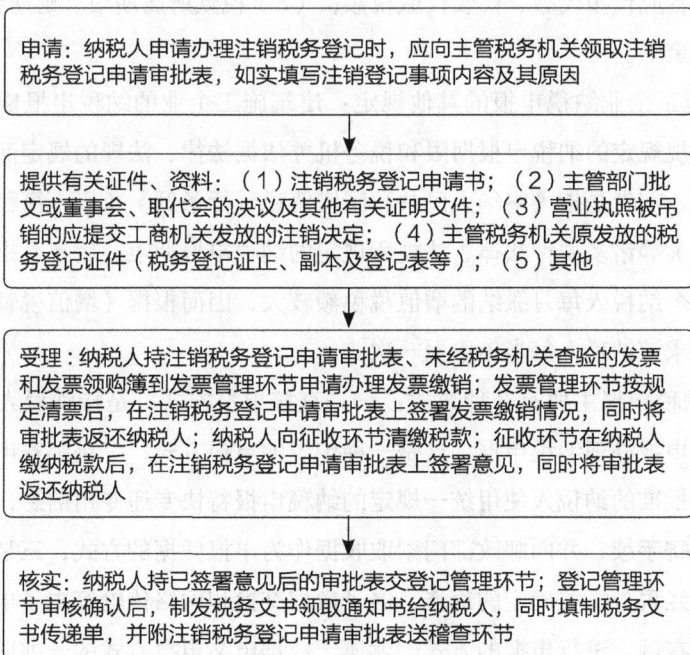

申请：纳税人申请办理注销税务登记时，应向主管税务机关领取注销税务登记申请审批表，如实填写注销登记事项内容及其原因

提供有关证件、资料：（1）注销税务登记申请书；（2）主管部门批文或董事会、职代会的决议及其他有关证明文件；（3）营业执照被吊销的应提交工商机关发放的注销决定；（4）主管税务机关原发放的税务登记证件（税务登记证正、副本及登记表等）；（5）其他

受理：纳税人持注销税务登记申请审批表、未经税务机关查验的发票和发票领购簿到发票管理环节申请办理发票缴销；发票管理环节按规定清票后，在注销税务登记申请审批表上签署发票缴销情况，同时将审批表返还纳税人；纳税人向征收环节清缴税款；征收环节在纳税人缴纳税款后，在注销税务登记申请审批表上签署意见，同时将审批表返还纳税人

核实：纳税人持已签署意见后的审批表交登记管理环节；登记管理环节审核确认后，制发税务文书领取通知书给纳税人，同时填制税务文书传递单，并附注销税务登记申请审批表送稽查环节

图 1-4　注销税务登记的流程

（三）停业、复业登记的一般规定

（1）实行定期定额征收方式的纳税人需要停业的，应提出停业登记，说明停业的理由、时间，停业前的纳税情况和发票的领、用、存情况，并如实填写申请停业复业报告书。税务机关经过审核（必要时可实地审查），应当责成申请停业的纳税人结清税款并收回税务登记证件、发票领购簿和发票，办理停业登记。纳税人应当于恢复生产经营之前，向税务机关提出复业登记，经确认后，办理复业登记，领回并启用税务登记证件、发票领购簿及其领购的发票。

（2）纳税人停业期满不能及时恢复生产经营的，应当在停业期满前到税务机关办理延长停业登记；纳税人停业期满未按期复业又不申请延长停业的，税务机关应当视为其已恢复营业，实施正常的税收征收管理。

（四）建筑施工企业的纳税申报

建筑施工企业的纳税申报内容：（1）税种、税目；（2）应纳税项目或者应代扣代缴、代收代缴税款项目；（3）计税依据；（4）扣除项目及标准；（5）适用税率或者单位税额；（6）应退税项目及税额、应减免税项目及税额；（7）应纳税额或者应代扣代缴、代收代缴税额；（8）税款所属期限、延期缴纳税款、欠税、滞纳金等。

建筑施工企业纳税申报的其他规定：建筑施工企业的纳税申报期限包括法律、行政法规规定的纳税申报期限和税务机关依据法律、法规的规定而确定的纳税申报期限。前者是指《中华人民共和国增值税暂行条例》（以下简称《增值税暂行条例》）等诸多税种法律、法规所规定的纳税申报期限。后者是指某税务机关考虑到某个纳税人每月缴纳的增值税税额较大，因而根据《增值税暂行条例》的规定，要求该纳税人每半年申报一次。

企业纳税申报主要有 3 种方式：一是直接申报方式，是指纳税人自行到税务机关直接申报办理纳税申报，这是一种传统的申报方式；二是邮寄申报，是指经税务机关批准的纳税人使用统一规定的纳税申报特快专递专用信封，通过邮政部门办理交寄手续，并向邮政部门索取收据作为申报凭据的方式；三是数据电文申报，是指经税务机关确定的语音、电子数据交换和网络传输等电子申报方式。当下纳税人在网上进行申报的方式，就属于数据电文申报方式的一种形式。纳税人、扣缴义务人采取数据电文方式纳税申报的，其申报日期以税务机关计算机网络系统收到该数据电文的时间为准。

1.4.2　建筑施工企业设立阶段的涉税处理

（一）印花税的纳税义务人

印花税的纳税义务人是指在中国境内书立、领受印花税暂行条例所列举的凭证并应依法履行纳税义务的单位和个人。单位和个人按照书立、领受应税凭证的不同，可以分别确定为立合同人、立据人、立账簿人、领受人、使用人以及各类电子应税凭证的签订人。

（二）印花税的税目和税率

借款合同税率为 0.05‰；购销合同、建筑安装工程承包合同、技术合同税率为 0.3‰；加工承揽合同、建设工程勘察设计合同、货物运输合同、产权转移书据税率为 0.5‰；财产租赁合同、仓储保管合同、财产保险合同税率为 1‰；营业账簿税率为实收资本（股本）、资本公积的 0.25‰；权利、许可证照税率为每件 5 元。

（三）印花税的计税依据

（1）购销合同的计税依据为合同记载的购销金额。

（2）建筑安装工程承包合同的计税依据为承包金额。

（3）财产租赁合同的计税依据为租赁金额；经计算，税额不足 1 元的，按 1 元贴花。

（4）货物运输合同的计税依据为取得的运输费金额（运费收入），不包括所运货物的金额、装卸费和保险费等。

（5）仓储保管合同的计税依据为收取的仓储保管费用。

（6）借款合同的计税依据为借款金额。

（7）财产保险合同的计税依据为支付（收取）的保险费，不包括所保财产的金额。

（8）技术合同的计税依据为合同所载的价款、报酬或使用费。

（9）产权转移书据的计税依据为所载金额。

（10）加工承揽合同的计税依据是加工或承揽收入的金额。

（11）建设工程勘察设计合同的计税依据为收取的费用。

（12）营业账簿税目中记载资金的账簿的计税依据为"实收资本"与"资本公积"两项合计金额。其他账簿的计税依据为应税凭证件数。

（13）权利、许可证照的计税依据为应税凭证件数。

（四）印花税的计算公式

应纳税额＝应税凭证计税金额（或应税凭证件数）×适用税率（或定额税率）

知识链接：建筑业常见印花税的涉税风险点

（1）企业签订的"建设工程勘察设计合同"错按"建筑安装工程承包合同"税目少缴印花税。

【注】 建设工程勘察设计合同，包括勘察、设计合同，按收取费用的0.5‰缴纳印花税；建筑安装工程承包合同，包括建筑、安装工程承包合同，按承包金额的0.3‰缴纳印花税。

（2）建筑施工企业未足额申报建筑安装工程承包合同印花税，因其未包括总包合同和分转包合同。

【注】 分包差额仅仅是增值税的概念，缴纳印花税没有差额分包合同之说，也就是说除非当地有政策规定，总包合同和分转包合同应分别按规定缴纳印花税。

（3）机械施工设备等固定资产租赁收入少缴印花税。

（4）建筑施工企业收到甲方冲抵工程款的房屋建筑物等固定资产少缴印花税。

（5）建筑施工企业将收到的冲抵工程款的资产（房屋或其他资产）转让给他人少缴印花税。

（6）销售商品（产品）、购进商品、原料、辅料和资产时，相关合同或合同性凭证未按规定申报缴纳购销合同印花税。

（7）购买财产保险业务（如车险合同）签订合同时，未按规定申报缴纳保险合同印花税。

（8）购买或转让股权时签订的合同或协议，未按规定申报缴纳产权转移书据印花税。

（9）企业对合同金额增加部分未足额缴纳印花税。

【注】《中华人民共和国印花税暂行条例》（国务院令第11号，以下简称《印花税暂行条例》）第九条规定，已贴花的凭证，修改后所载金额增加的，其增加部分应当补贴印花税票。

（10）集团内部或总分机构之间签订应税合同或具有合同性质的凭证未按

规定贴花的风险。

【注】《国家税务总局关于企业集团内部使用的有关凭证征收印花税问题的通知》（国税函〔2009〕9号）规定，对于企业集团内具有平等法律地位的主体之间自愿订立、明确双方购销关系、据以供货和结算、具有合同性质的凭证，应按规定征收印花税。对于企业集团内部执行计划使用的、不具有合同性质的凭证，不征收印花税。

（11）签订无金额的框架合同时未贴印花或仅贴5元印花，实际结算时未按规定补贴印花的风险。

（12）未签合同的印花税应税项目未缴纳印花税。

【注】对货物运输、仓储保管、财产保险、银行借款等，办理一项业务既书立合同，又开立单据的，只就合同贴花；凡不书立合同，只开立单据，以单据作为合同使用的，应按照规定贴花。

（13）以电子形式签订的各类应税凭证未按规定缴纳印花税。

【注】《财政部 国家税务总局关于印花税若干政策的通知》（财税〔2006〕162号）第一条规定，对纳税人以电子形式签订的各类应税凭证按规定征收印花税。

（14）实收资本、资本公积增加，未按规定申报缴纳资金账簿印花税的风险。

【注】《国家税务总局关于资金账簿印花税问题的通知》（国税发〔1994〕25号）第二条规定，企业执行"两则"启用新账簿后，其"实收资本"和"资本公积"两项的合计金额大于原已贴花金额的，就增加的部分补贴印花。

（15）工程监理合同等不属于印花税税目税率表中列举的凭证多缴印花税。

【注】《中华人民共和国印花税暂行条例施行细则》第十条规定，印花税只对税目税率表中列举的凭证和经财政部确定征税的其他凭证征税。

常见不属于印花税税目税率表不需要缴纳印花税的合同：股权投资协议、竣工结算审计合同、土地租赁合同、物业合同、保安服务合同等。

（16）总公司统一采购材料，再调拨给各分公司项目部使用，结算单（有可能开具发票）属于集团内部使用的凭证，是不具有合同性质的凭证，多缴印花税。

【注】《国家税务总局关于企业集团内部使用的有关凭证征收印花税问题的通知》（国税函〔2009〕9号）规定，对于企业集团内部执行计划使用的、不具有合同

性质的凭证，不征收印花税。

（17）已履行并贴花的合同发现实际结算金额与合同所载金额不一致的补贴印花。

【注】《国家税务总局关于印花税若干具体问题的规定》（国税地字〔1988〕25号）规定，某些合同履行后，实际结算金额与合同所载金额不一致的，是否补贴印花？依照印花税暂行条例规定，纳税人应在合同签订时按合同所载金额计税贴花。因此，对已履行并贴花的合同，发现实际结算金额与合同所载金额不一致的，一般不再补贴印花。

（18）采用作废合同重签合同（不采用签补充协议形式）多缴印花税。

【注】依照《中华人民共和国印花税暂行条例》规定，合同签订时即应贴花，履行完税手续。因此，不论合同是否兑现或能否按期兑现，都一律按照规定贴花。

（19）认缴制下，企业按照认缴注册资本多缴印花税。

【注】记载资金账簿的印花税根据"实收资本"与"资本公积"两项的合计金额计算缴纳。由于"实收资本"与"资本公积"账簿中记录的金额为实缴部分注册资本，所以认缴未实缴的注册资本不需要缴纳印花税。

（20）合同关于价款条款未单独列明增值税税额的，按照不含增值税价款为基数多缴纳印花税。

（21）合同既有施工又有设计，未分开按照各自金额多/少缴印花税。

【注】《中华人民共和国印花税暂行条例施行细则》第十七条规定，同一凭证，因载有两个或者两个以上经济事项而适用不同税目税率，如分别记载金额的，应分别计算应纳税额，相加后按合计税额贴花；如未分别记载金额的，按税率高的计税贴花。

1.4.3　以承包、承租、挂靠方式经营的建筑施工企业的纳税要点

《财政部 国家税务总局关于全面推开营业税改增值税试点的通知》财税〔2016〕36号规定，单位以承包、承租、挂靠方式经营的，承包人以发包人名义对外经营并由发包人承担相关法律责任的，以该发包人为纳税人。否则，以承包人为纳税人。

（1）挂靠经营纳税人面临的风险。在实务中，由于我国对工程的承揽资质

要求严格，出现了很多专门依靠出卖资质生产经营的企业。"营改增"后由于凭证要求比较严格，给挂靠、被挂靠企业带来了一定的税收风险。

在实务中大都是以被挂靠人的名义对外经营的，只有把挂靠人的经营收支全部纳入被挂靠人的财务核算，相关发票都开给被挂靠人，并与被挂靠人签订合同，款项也支付给被挂靠人，被挂靠人才有进项税额可以抵扣。被挂靠人把款项支付给挂靠人也要取得相关的合法凭证。

上述规定从挂靠的法律实质出发，认为若同时符合"以被挂靠人名义对外经营"及"被挂靠人承担相关法律责任"两个要件，那么此时实际上仍是由被挂靠人对业主方提供建筑施工服务，应当由发包人作为纳税人。

（2）"营改增"后，虽然建筑业挂靠、承包经营方式依然得到税务机关的认可，但应关注增值税发票征管等带来的税务风险。在传统的挂靠、承包经营方式下，发包人作为增值税纳税人开具增值税专用发票后很可能并未取得与成本有关的进项税额的合法抵扣凭证，将承担高额的增值税税负，而实际支出成本的承包人空有进项税额而未能取得销项税额，不得抵扣，整体税负较重。

（3）以清包工方式提供建筑服务，是指施工方不采购建筑工程所需的材料或只采购辅助材料，并收取人工费、管理费或者其他费用的建筑服务。一般纳税人以清包工方式提供的建筑服务，可以选择适用简易计税方法计税。

对于清包工方式的计税，文件明确可以选择简易计税，即按照3%的征收率计税，如果不选用简易计税方法计税，则按9%的税率计算缴纳增值税。对于清包工来说，由于仅少许的辅料可以抵扣进项税额，选择简易计税方法计税，其税负比较低。此外，由于工程报价存在差异，工程报价是选择简易计税还是一般计税，会影响到和甲方的谈判。因此，还要具体问题具体分析，才能找出最适合的纳税方式。

企业在实际的生产经营过程中，会伴随着资金的不断流入流出，资金流的合理管控一定程度上影响着企业的发展命脉。本章从企业的两方面出发，对外从企业的应收（付）账款、应收（付）票据及坏账准备三个层次讲述了企业外部往来款项的核算操作；对内方面，针对企业职工差旅、零星采购及日常零碎开支而建立的备用金制度作了详细的概念阐述及账务处理介绍。

2.1 外部往来款项的核算操作

2.1.1 应收和应付账款的核算

（一）应收账款的概念

应收账款的含义及特征见表 2-1。

表 2-1 应收账款概述

应收账款含义	企业因销售商品、提供劳务等经营活动，应向购货单位或接受劳务单位收取的款项，主要包括企业销售商品或提供劳务等应向有关债务人收取的价款及代购货单位垫付的包装费、运杂费等

	应收账款是一种商业信用
	应收账款是指流动资产性质的债权
应收账款的特征	应收账款是由于企业与外单位之间，由于产品销售和劳务提供而产生的
	企业产生应收账款，一般表明产品销售和劳务提供过程已完成
	应收账款按实际发生的金额记账

（二）应收账款的计价

应收账款通常应按实际发生额计价入账。计价时还需要考虑商业折扣和现金折扣等因素。应收账款计价应考虑的因素见表 2-2。

表 2-2 应收账款计价应考虑的因素

应收账款计价考虑因素	含义	处理方法
商业折扣	企业根据市场供需情况，或针对不同的顾客，在商品标价上给予的扣除，是为鼓励客户购买本企业的商品而给予客户的价格优惠，是企业最常用的促销手段	企业应收账款入账金额应按扣除商业折扣以后的实际售价确认
现金折扣	债权人为鼓励债务人在规定的期限内付款，而向债务人提供的债务扣除	现金折扣一般用符号"折扣/付款期限"表示。例如：买方在 10 天内付款可按售价给 2% 的折扣，用符号"2/10"表示；在 30 天内付款，则不给折扣，用符号"n/30"表示。在存在现金折扣的情况下，应收账款应以未减去现金折扣的金额作为入账价值。实际发生的现金折扣，作为一种财务费用，计入当期发生的损益

（三）应收账款的会计核算

为了反映应收账款的增减变动及其结存情况，企业应设置"应收账款"科目，不单独设置"预收账款"科目的企业，预收的账款也在"应收账款"科目中核算。"应收账款"科目的借方登记应收账款的增加，贷方登记应收账款的收回及确认的坏账损失。特别需要说明的是，企业代购货单位垫付包装费、运杂费也应计入应收账款，通过"应收账款"科目核算。

期末"应收账款"科目的余额一般在借方，反映企业当时尚未收回的应收账款；如果期末余额在贷方，则反映企业预收的账款。

（1）企业发生的应收账款，在没有商业折扣的情况下，按应收的全部金额入账。

【例2-1】应收账款发生、收回的会计核算。

北方建材公司2×19年向某企业销售了一批水泥，货款为50 000元，销项税额为6 500元，代垫运费2 000元，销项税额为180元，已办妥银行收款手续，该公司账务处理如下。

借：应收账款　　　　　　　　　　　　　　　　58 680
　　贷：主营业务收入　　　　　　　　　　　　　　　50 000
　　　　应交税费——应交增值税（销项税额）　　　　6 680
　　　　银行存款　　　　　　　　　　　　　　　　　2 000

收到货款时。

借：银行存款　　　　　　　　　　　　　　　　58 680
　　贷：应收账款　　　　　　　　　　　　　　　　58 680

（2）企业发生的应收账款，在有商业折扣的情况下，应按扣除商业折扣后的余额入账。

【例2-2】有商业折扣时，应收账款发生、收回的会计核算。

北方建材公司2×19年对外销售了一批塑料管线，按价目表标明的价格计算，金额为20 000元，由于是成批销售，销货方给购货方10%的商业折扣，金额为2 000元，销货方应收账款的入账金额为18 000元，适用增值税税率为13%。销售额和折扣额在同一专用发票上注明。

（1）销售实现时，应进行以下的账务处理。

借：应收账款　　　　　　　　　　　　　　　　20 340
　　贷：主营业务收入　　　　　　　　　　　　　　18 000
　　　　应交税费——应交增值税（销项税额）　　　2 340

（2）收到货款时，应进行以下的账务处理。

借：银行存款　　　　　　　　　　　　　　　　20 340
　　贷：应收账款　　　　　　　　　　　　　　　　20 340

（3）企业发生的应收账款在有现金折扣的情况下，采用总价法入账，发生的现金折扣作为财务费用处理。

【例 2-3】有现金折扣时，应收账款发生、收回的会计核算。

北方建材公司 2×19 年销售墙面漆一批，货款合计 10 000 元，规定的现金折扣条件为"2/10，n/30"，适用的增值税税率为 13%，产品交付并办妥托收手续，该公司账务处理如下。

借：应收账款　　　　　　　　　　　　　　　　　　11 300
　　贷：主营业务收入　　　　　　　　　　　　　　　　10 000
　　　　应交税费——应交增值税（销项税额）　　　　　1 300

收到货款时，根据购货企业是否得到现金折扣的情况入账。如果上述货款在 10 天内收到。

借：银行存款　　　　　　　　　　　　　　　　　　11 100
　　财务费用　　　　　　　　　　　　　　　　　　　　200
　　贷：应收账款　　　　　　　　　　　　　　　　　11 300

如果超过了现金折扣的最后期限。

借：银行存款　　　　　　　　　　　　　　　　　　11 300
　　贷：应收账款　　　　　　　　　　　　　　　　　11 300

（四）应付账款的概念

应付账款是指企业在经营过程中因购买商品、材料、物资或接受劳务而发生的待清偿的债务。

"应付账款"是用来总括反映企业应付账款的发生、偿还和结欠情况的科目，该科目的贷方登记发生的应付账款，借方登记偿还的应付账款、以商业汇票抵付的应付账款以及冲销无法支付的应付账款，期末余额一般在贷方，表示尚未偿还的应付账款。

"应付账款"科目在设立二级科目时，一般应按照债权单位进行明细核算。

（五）应付账款的账务处理

应付账款的账务处理见表2-3。

表2-3　应付账款的账务处理

应付账款的业务	相关的账务处理
企业购入材料、物资等已验收入库，但货款尚未支付	根据有关结算凭证，借记"原材料"和"应交税费"科目，贷记"应付账款"科目
对于材料等已验收入库、结算凭证未到、货款尚未支付的业务，因结算凭证一般在短时间内即可到达	为了简化核算，可以暂不编制会计分录，待收到结算凭证后，再按正常手续进行账务处理。但是，每月月末，对于那些结算凭证尚未到达的入库材料，则应按材料的暂估价格（合同价格或计划单位成本）计价入库，借记"原材料"等科目，贷记"应付账款"科目。这笔分录，在下月月初时应用红字冲回，以便结算凭证到达时，按正常程序进行核算
接受供应单位提供劳务而发生的应付未付款项	根据供应单位的发票账单，借记有关的成本费用科目和"应交税费"科目，贷记"应付账款"科目
偿付应付账款	借记"应付账款"科目，贷记"银行存款"等科目
企业开出承兑商业汇票抵付应付账款	借记"应付账款"科目，贷记"应付票据"科目

对于一些预付账款业务不多的企业，不单独设置"预付账款"科目的情况下，预付账款可以通过"应付账款"科目进行核算，即用"应付账款"科目同时核算企业应付账款和预付账款的增减变动和结果。在这种情况下，期末应根据"应付账款"科目所属各明细科目的余额的方向来分析判断其是预付账款还是应付账款。若该明细科目为借方余额，为预付账款；若该明细科目为贷方余额，则为应付账款。

【例2-4】应付账款发生、收回的会计核算1。

北方建筑工程公司2×19年5月30日从某厂购进原材料一批，增值税专用发票记载的货款金额为10 000元，增值税进项税额为1 300元，已验收入库，款项尚未支付。7月10日，北方建筑工程公司开出11 300元的转账支票一张，支付此笔购料款。请编制以上业务的会计分录。

（1）购买材料时。

借：原材料　　　　　　　　　　　　　　　　　　　　10 000

	应交税费——应交增值税（进项税额）	1 300
	贷：应付账款	11 300

（2）支付购料款时。

借：应付账款　　　　　　　　　　　　　　　　　11 300

　　贷：银行存款　　　　　　　　　　　　　　　　11 300

【例 2-5】应付账款发生、收回的会计核算 2。

环雅建筑公司 2×19 年 6 月 28 日收到供货单位运来的新型材料 10 吨，发票和商品结算清单尚未到达，原材料已验收入库。6 月 30 日时，发票账单仍未收到，按每吨 3 000 元的暂估价入账，请编制以上业务的会计分录。

借：原材料　　　　　　　　　　　　　　　　　　30 000

　　贷：应付账款　　　　　　　　　　　　　　　　30 000

以上分录 7 月 1 日以红字冲回，其会计分录如下。

借：原材料　　　　　　　　　　　　　　　　　　30 000

　　贷：应付账款　　　　　　　　　　　　　　　　30 000

2.1.2　应收和应付票据的核算

（一）应收票据的概念

应收票据是指企业因销售商品、提供劳务等而收到的商业汇票。商业汇票的相关内容见表 2-4。

表 2-4　商业汇票

商业汇票	含义	出票人签发的，委托付款人在见票时或者在指定日期，无条件支付确定的金额给收款人或者持票人的票据
	汇票关系中的 3 个基本当事人	出票人：签发商业汇票，委托付款人进行付款行为的人
		付款人：商业汇票上载明的、受托承担付款义务的人，在付款人进行承兑后，则成为承兑人
		收款人：汇票上载明的、有权持有汇票并接受付款的人，而从收款人处依法受让汇票并取得付款的人，则为持票人，通常，汇票上所载收款人也就是第一持票人

续表

商业汇票	付款期限	最长不得超过6个月	定日付款的汇票：自出票日起计算，并在汇票上记载具体到期日
			出票后定期付款的汇票：自出票日起按月计算，并在汇票上记载
			见票后定期付款的汇票：自承兑或拒绝承兑日起按月计算，并在汇票上记载
			商业汇票的提示付款期限，自汇票到期日起10日内。符合条件的商业汇票的持票人，可以持未到期的商业汇票连同贴现凭证向银行申请贴现
	分类	商业承兑汇票	由收款人签发，经付款人承兑，或由付款人签发并承兑的票据
		银行承兑汇票	由在承兑银行开立存款账户的存款人出票，向开户银行申请并经银行审查同意承兑的，保证在指定日期无条件支付确定的金额给收款人或持票人的票据

商业承兑汇票的付款人收到开户银行的付款通知，应在当日通知银行付款。付款人在接到通知日的次日起3日内（遇法定节假日顺延）未通知银行付款的，视同付款人承诺付款，银行将于付款人接到通知日的次日起第4日（遇法定节假日顺延）上午开始营业时，将票款划给持票人。付款人收到由其承兑的商业承兑汇票，应通知银行于汇票到期日付款。银行在办理划款时，付款人存款账户不足支付的，银行应填制付款人未付票款通知书，连同商业承兑汇票邮寄持票人开户银行转交持票人。

银行承兑汇票是指由在承兑银行开立存款账户的存款人（这里也是出票人）签发，由承兑银行承兑的票据。企业申请使用银行承兑汇票时，应向其承兑银行按票面金额的0.5‰交纳手续费。银行承兑汇票的出票人应于汇票到期前将票款足额交存其开户银行，承兑银行应在汇票到期日或到期日后的见票当日支付票款。银行承兑汇票的出票人于汇票到期前未能足额交存票款的，承兑银行除凭票向持票人无条件付款外，对出票人尚未支付的汇票金额按照每天0.5‰计收利息。

（二）应收票据的核算

应收票据科目的相关内容见表2-5。

表 2-5　应收票据

科目	设置目的	借贷方含义	备注
应收票据	反映和监督应收票据取得、收回票款等经济业务	借方登记取得的应收票据的面值，贷方登记到期收回票款或到期前向银行贴现的应收票据的票面余额，期末余额在借方，反映企业持有的商业汇票的票面金额	可按照开出、承兑的商业汇票的单位进行明细核算，并设置"应收票据备查簿"，逐笔登记商业汇票的种类、号数和出票日、退票情况等资料。商业汇票到期结清票款或退票后，在备查簿中应予注销

1. 取得应收票据的会计核算

根据应收票据取得的原因不同，其会计处理也有所区别。企业因销售商品、提供劳务等而收到开出、承兑的商业汇票，按商业汇票的票面金额，借记本科目，按确认的营业收入，贷记"主营业务收入"等科目。涉及增值税销项税额的，还应进行相应的处理。

【例 2-6】取得应收票据的会计核算。

北方建筑工程公司 2×19 年 5 月 1 日向 A 公司销售了一批建材，货款金额为 100 000 元，增值税销项税额为 13 000 元。当货物交付后，A 公司送来一张期限为 3 个月的商业承兑汇票，面值为 113 000 元，抵付原材料货款。则北方建筑工程公司应进行以下的会计处理。

借：应收票据　　　　　　　　　　　　　　　　　　113 000

　　贷：主营业务收入　　　　　　　　　　　　　100 000

　　　　应交税费——应交增值税（销项税额）　　　13 000

2. 转让应收票据的会计核算

在会计实务中，企业可以将自己持有的商业汇票背书转让。背书是指在票据背面或者粘单上记载有关事项并签章的票据行为。背书转让的，背书人应当承担票据责任。企业将持有的商业汇票背书转让以取得所需物资时，按应计入取得物资成本的金额，借记"材料采购""原材料"或"库存商品"等科目，按专用发票上注明的可抵扣的增值税税额，借记"应交税费——应交增值税（进项税额）"科目，按商业汇票的票面金额，贷记"应收票据"科目，如有差额，借记或贷记"银行存款"等科目。

【例 2-7】转让应收票据的会计核算。

北方建筑工程公司于 2×19 年 5 月 10 日购买了一批营运车辆用轮胎，由于资金短缺，将 5 月 1 日收到的一张期限为 3 个月、面额为 113 000 元的商业汇票背书转让，购入的物资货款金额为 100 000 元，适用增值税税率为 13%。应做以下会计处理。

借：原材料——轮胎 100 000
应交税费——应交增值税（进项税额） 13 000
贷：应收票据 113 000

3. 应收票据贴现的会计核算

应收票据贴现的含义及其必备条件如表 2-6 所示。

表 2-6 应收票据贴现的含义及其必备条件

应收票据贴现含义	商业汇票的持票人向银行办理贴现必备条件
企业以未到期票据向银行融通资金，银行按票据的应收金额扣除一定期间的利息后的余额付给企业的融资行为	在银行开立存款账户的企业法人以及其他组织
	与出票人或者直接前手之间具有真实的商品交易关系
	提供与其直接前手之间的增值税发票和商品发运单据复印件

（1）应收票据贴现额的计算。

贴现息 = 票据到期值 × 贴现率 × 贴现期

贴现额 = 票据到期值 − 贴现息

公式中，贴现率由银行统一制定。贴现期按银行规定计算，通常是指从贴现日至票据到期日前 1 日的时期。

票据有带息与不带息之分，其到期值的计算及账务处理也有所不同。不带息票据到期值即票据面值，带息票据到期值等于票据面值与票据利息之和，其中票据到期利息按下列公式计算。

票据到期利息 = 应收票据面值 × 票面利率 × 时间

以上公式中，票面利率有年、月、日利率之分。如需换算成月利率或日利率，每月统一按 30 天计算，全年按 360 天计算。三者之间的关系如下。

月利率 = 年利率 ÷ 12

日利率 = 月利率 ÷ 30 或年利率 ÷ 360

时间是指从票据生效之日起到票据到期之日止的时间间隔。

（2）应收票据贴现的账务处理。

企业持未到期的商业汇票向银行贴现，应按实际收到的金额（即减去贴现息后的净额），借记"银行存款"科目，按贴现息部分，借记"财务费用"科目，按商业汇票的票面金额，贷记"应收票据"科目或"短期借款"科目。

【例 2-8】应收票据贴现的会计核算。

2×19 年 9 月 20 日，北方建筑工程公司持所收取的出票日期为 7 月 22 日、期限为 6 个月、面值为 110 000 元的不带息商业承兑汇票一张到银行贴现，假设银行同意对该票据进行贴现，银行年贴现率为 12%。请对以上的经济业务编制会计分录。

（1）该应收票据到期日为 2×20 年 1 月 22 日，其贴现日是 2×19 年 9 月 20 日至 2×20 年 1 月 22 日，贴现天数为 124 天。

贴现天数 = 11 + 31 + 30 + 31 + 22 − 1 = 124（天）

贴现息 = 110 000 × 12% × 124 ÷ 360 ≈ 4 546.67（元）

贴现净额 = 110 000 − 4 546.67 = 105 453.33（元）

有关会计分录如下。

借：银行存款		105 453.33
财务费用		4 546.67
贷：应收票据		110 000

（2）如果贴现的商业汇票到期后，承兑人的银行账户不足支付，银行则将已贴现的票据退回申请贴现的企业，同时从贴现企业的账户中将票据款划回，贴现企业应做以下的账务处理。

借：应收账款		110 000
贷：银行存款		110 000

（3）如果申请贴现企业的银行存款账户余额不足，银行将应收的款项作为申请贴现企业的逾期贷款处理，贴现企业做以下的账务处理。

借：应收账款		110 000
贷：短期借款		110 000

4. 收回到期应收票据的会计核算

商业汇票到期之后，应及时要求对方付款，应按实际收到的金额，借记"银行存款"科目，按商业汇票的票面金额，贷记"应收票据"科目。

【例 2-9】 收回到期应收票据的会计核算。

2×19 年 7 月 1 日，北方建筑工程公司持有的一张期限为 3 个月、票面金额为 113 000 元的商业汇票已到期，该公司将上述应收票据收回，将 113 000 元存入银行。北方建筑工程公司应进行以下的会计处理。

借：银行存款   113 000

    贷：应收票据   113 000

（三）应付票据的概念

应付票据是指企业根据合同进行延期付款交易采用商业汇票结算时，所签发、承兑的商业汇票。"应付票据"科目总括地反映和监督企业应付票据的发生、偿付等情况。该科目的贷方登记已承兑的商业汇票的面额，借方登记已到期付款的商业汇票的面额、转作应付账款或做借款处理的商业汇票的面额。

（四）应付票据的账务处理

应付票据相关的账务处理见表 2-7。

表 2-7　应付票据相关的账务处理

应付票据的业务	相关的账务处理
开出商业承兑汇票或以商业承兑汇票抵付货款	借记"原材料""应付账款""应交税费"等科目，贷记"应付票据"科目
开出银行承兑汇票，支付银行承兑汇票手续费	借记"财务费用"科目，贷记"银行存款"科目
汇票到期付款	借记"应付票据"科目，贷记"银行存款"科目 如为带息票据，则应借记"应付票据""财务费用"等科目，贷记"银行存款"科目
汇票到期无力偿付	若为商业承兑汇票，则将应付票据转为应付账款，借记"应付票据"科目，贷记"应付账款"科目
	若为银行承兑汇票，则银行先代为付款，企业将不足部分转为短期借款，借记"应付票据"科目，贷记"银行存款""短期借款"科目
归还银行短期借款	借记"短期借款"科目，贷记"银行存款"科目

为了加强对应付票据的管理，企业应当设置"应付票据备查簿"，详细登记每一项应付票据的种类、号数、签发日期、到期日、票面金额、票面利率、合同交易号、收款人姓名或单位名称，以及付款日期和金额等资料。应付票据到期结清时，应当在备查簿内逐笔注销。

【例 2-10】 出具、承兑应付票据的会计核算。

北方建筑工程公司出具一张期限为 90 天、票面金额为 33 900 元的不带息商业承兑汇票，向某供应单位购进原材料一批，其增值税专用发票上记载的货款金额为 30 000 元，增值税进项税额为 3 900 元。请对以上的业务编制会计分录。

（1）购进原材料时。

借：原材料	30 000
应交税费——应交增值税（进项税额）	3 900
贷：应付票据	33 900

（2）票据到期，接到银行支付汇票款项的通知时。

借：应付票据	33 900
贷：银行存款	33 900

2.1.3 坏账准备的核算

说到应收账款，不得不提到一个重要的备抵账户：坏账准备。企业应当在资产负债表日对应收款项的账面价值进行检查，有客观证据表明该应收款项发生减值的，应当将该应收款项的账面价值减记至预计未来现金流量现值，减记的金额确认减值损失，计提坏账准备。

企业进行坏账核算时，首先应按期估计坏账损失。估计坏账损失的方法有应收账款余额百分比法、账龄分析法和销货百分比法等。

（一）应收账款余额百分比法

应收账款余额百分比法，是根据会计期末应收款项的余额和估计的坏账率，估计坏账损失、计提坏账准备的方法。按此计算的数额为下年度应保留的坏账准备金额，因此，实际提取数并不一定等于计算出的应提数，提取时需考虑提取前该账户的余额，但年末提取后该账户余额一定在贷方，即计算出的应保留坏账准备金。坏账准备借贷方余额的意义见表 2-8。

表 2-8　坏账准备借贷方余额的意义

余额所在方向	意义
借方	原先提取的坏账准备金没能足额冲销已发生的坏账，需在提取时补提，实际提取数等于应提取数加上借方余额数
贷方	原贷方余额大于应提数，表示原坏账准备金过多，应冲销多余数
	原贷方余额小于应提数，则应补提不足部分

【例 2-11】采用应收账款余额百分比法计提坏账准备的会计核算。

北方建筑工程公司从 2×17 年开始计提坏账准备。2×17 年年末应收账款余额为 1 200 000 元，该企业坏账准备的提取比例为 5‰。则计提的坏账准备为：坏账准备提取额 =1 200 000×5‰ =6 000（元）。

借：资产减值损失　　　　　　　　　　　　　　　　　6 000

　　贷：坏账准备　　　　　　　　　　　　　　　　　　6 000

2×18 年 11 月，企业发现有 1 600 元的应收账款无法收回，按有关规定确认为坏账损失，账务处理如下。

借：坏账准备　　　　　　　　　　　　　　　　　　　1 600

　　贷：应收账款　　　　　　　　　　　　　　　　　　1 600

2×18 年 12 月 31 日，该企业应收账款余额为 1 440 000 元。本年年末应保持的坏账准备金（即坏账准备的余额）为：1 440 000×5‰ =7 200（元）。

年末计提坏账准备前，"坏账准备"科目的贷方余额为：6 000-1 600=4 400（元）。

本年度应补提的坏账准备金额为：7 200-4 400=2800（元）。

有关账务处理如下。

借：资产减值损失　　　　　　　　　　　　　　　　　2 800

　　贷：坏账准备　　　　　　　　　　　　　　　　　　2 800

2×19 年 5 月 20 日，接银行通知，企业上年度已冲销的 1 600 元坏账又收回，款项已存入银行。有关账务处理如下。

借：应收账款　　　　　　　　　　　　　　　　　　　1 600

　　贷：坏账准备　　　　　　　　　　　　　　　　　　1 600

借：银行存款　　　　　　　　　　　　　　　　　　　1 600

　　　　贷：应收账款　　　　　　　　　　　　　　　　　　　　　　　　1 600

　　2×19年12月31日，企业应收账款余额为1 000 000元。

　　本年年末坏账准备余额应为：1 000 000×5‰ =5 000（元）。

　　至年末，计提坏账准备前的"坏账准备"科目的贷方余额为：7 200+
1 600=8 800（元）。

　　本年度应冲销多提的坏账准备金额为：8 800-5 000=3 800（元）。

　　有关账务处理如下。

　　借：坏账准备　　　　　　　　　　　　　　　　　　　　　　　　3 800

　　　　贷：资产减值损失　　　　　　　　　　　　　　　　　　　　　3 800

（二）账龄分析法

　　账龄分析法，是根据应收款项账龄的长短来估计坏账的方法。账龄指的是
顾客所欠账款的时间。通过这种方法，企业利用账龄分析表所提供的信息，确定
坏账准备金额。

　　【例2-12】 采用账龄分析法计提坏账准备的会计核算。

　　北方建筑工程公司2×19年12月31日应收账款账龄及估计坏账损失如表2-9
所示，该企业2×19年12月31日估计的坏账损失为2 400元，所以，"坏账准备"
科目的账面余额应为2 400元。

　　假设在估计坏账损失前，"坏账准备"科目有贷方余额1 000元，则该企业还
应计提1 400元（2 400-1 000）。有关账务处理如下。

　　借：资产减值损失　　　　　　　　　　　　　　　　　　　　　　1 400

　　　　贷：坏账准备　　　　　　　　　　　　　　　　　　　　　　　1 400

　　假设在估计坏账损失前，"坏账准备"科目有贷方余额2 600元，则该企业应
冲减200元（2 600-2 400）。有关账务处理如下。

　　借：坏账准备　　　　　　　　　　　　　　　　　　　　　　　　　200

　　　　贷：资产减值损失　　　　　　　　　　　　　　　　　　　　　　200

表2-9　运用账龄分析法估计坏账

应收账款账龄	应收账款金额（元）	估计损失（%）	估计损失金额（元）
未到期	60 000	0.5	300
过期1个月	40 000	1	400

应收账款账龄	应收账款金额（元）	估计损失（%）	估计损失金额（元）
过期 2 个月	30 000	2	600
过期 3 个月	20 000	3	600
过期 3 个月以上	10 000	5	500
合计	160 000		2 400

（三）销货百分比法

销货百分比法，是以赊销金额的一定百分比作为估计坏账的方法。企业可以根据过去的经验和有关资料，估计坏账损失与赊销金额之间的比率，也可用其他更合理的方法进行估计。

应收账款减值时应该提取坏账准备，坏账准备科目设置的目的和借贷方意义见表 2-10。

表 2-10　坏账准备

坏账准备科目设置目的借贷方意义	核算应收款项的坏账准备计提、转销等情况
	贷方登记当期计提的坏账准备金额，借方登记实际发生的坏账损失金额和冲减的坏账准备金额，期末余额一般在贷方，反映企业已计提但尚未转销的坏账准备

坏账准备可按以下公式计算。

当期应计提的坏账准备 = 本期销售总额（或赊销额）× 坏账准备计提比例

坏账准备的相关会计处理见表 2-11。

表 2-11　坏账准备的相关会计处理

情形	会计处理
计提坏账准备	借记"资产减值损失——计提的坏账准备"科目，贷记"坏账准备"科目
冲减多计提的坏账准备	借记"坏账准备"科目，贷记"资产减值损失——计提的坏账准备"科目
发生坏账损失	借记"坏账准备"科目，贷记"应收账款""其他应收款"等科目
已确认并转销的应收款项以后又收回	借记"应收账款""其他应收款"等科目，贷记"坏账准备"科目；同时，借记"银行存款"科目，贷记"应收账款""其他应收款"等科目

【例 2-13】采用销货百分比法计提坏账准备的会计核算。

2×17 年 12 月 31 日，北方建筑工程公司对应收 A 公司的账款进行减值测试。应收账款余额合计为 1 000 000 元，北方建筑工程公司根据 A 公司的资信情况确定按 10% 计提坏账准备。2×17 年年末计提坏账准备的会计分录如下。

借：资产减值损失——计提的坏账准备　　　　　　　　　　　　100 000

　　贷：坏账准备　　　　　　　　　　　　　　　　　　　　　　　100 000

（1）北方建筑工程公司 2×18 年关于 A 公司的应收账款实际发生坏账损失 30 000 元。确认坏账损失时，应做以下会计处理。

借：坏账准备　　　　　　　　　　　　　　　　　　　　　　　30 000

　　贷：应收账款　　　　　　　　　　　　　　　　　　　　　　　30 000

（2）北方建筑工程公司 2×18 年本应收 A 公司的账款余额为 1 200 000 元，经减值测试，北方建筑工程公司决定仍按 10% 计提坏账准备。

根据北方建筑工程公司坏账核算方法，其"坏账准备"科目应保持的贷方余额为 120 000 元（1 200 000×10%）；计提坏账准备前，"坏账准备"科目的贷方实际余额为 70 000 元（100 000-30 000），因此本年年末应计提的坏账准备金额为 50 000 元（120 000 − 70 000）。北方建筑工程公司应做以下会计处理。

借：资产减值损失——计提的坏账准备　　　　　　　　　　　　50 000

　　贷：坏账准备　　　　　　　　　　　　　　　　　　　　　　　50 000

（3）北方建筑工程公司 2×19 年 4 月 20 日收到 2×18 年已转销的坏账 20 000 元，已存入银行。北方建筑工程公司应做以下会计处理。

借：应收账款　　　　　　　　　　　　　　　　　　　　　　　20 000

　　贷：坏账准备　　　　　　　　　　　　　　　　　　　　　　　20 000

借：银行存款　　　　　　　　　　　　　　　　　　　　　　　20 000

　　贷：应收账款　　　　　　　　　　　　　　　　　　　　　　　20 000

2.2   备用金的核算操作

2.2.1   备用金的概念

备用金是指企业预付给职工和内部有关单位用作差旅费、零星采购和日常零星开支，事后需要报销的款项。为了防止浪费和挪用公款，必须建立备用金的预借、使用和报销制度，并严格加以执行。如果企业备用金业务很少，可不设立"备用金"科目，通过"其他应收款——备用金"科目进行核算，账务处理方法与"备用金"科目账务处理方式相一致，发生借出支付时，借记"其他应收款——备用金"科目，贷记"库存现金"或"银行存款"等科目，退回时，再做相反分录。不同形式的备用金的具体规定见表 2-12。

表 2-12   备用金的形式及规定

备用金的形式	含义及特点	相关内容
定额备用金	含义：为了满足企业有关部门日常零星开支需要的备用金，一经核定不得随意增减 特点：一次领用、定期报销、简化核算、补足定额	领用部门，应设置"备用金登记簿"，逐笔序时登记备用金的提取和支出情况，并按时将款项支出的单据送交财会部门报销后，财会部门再给予补足定额
非定额备用金	含义：指单位对非经常使用现金的内部各部门或工作人员，根据每次业务所需现金的数额填制借款凭证，向出纳人员预借的现金。 特点：适用于预借差旅费等备用金的管理	用款单位根据实际需要向财会部门借款，凭各种支付凭证向财会部门报销时，作为冲减备用金处理，如需再用，应重新办理借款手续

2.2.2   备用金的账务处理

备用金的账务处理见表 2-13。

表 2-13　备用金的账务处理

类型	会计分录
单独设置"备用金"明细科目的企业，由企业财务部门单独拨给企业内部各单位周转使用的备用金	借：备用金 　　贷：库存现金（或银行存款）
自备用金中支付零星支出	借：管理费用等 　　贷：备用金

　　注：除了增加或减少拨入的备用金外，使用或报销有关备用金支出时不再通过"备用金"科目核算。

【例 2-14】领取、报销备用金的会计核算。

　　北方建筑工程公司职工张强出差采购物品，预支备用金 600 元，出差返回报销差旅费 580 元，并交回多余现金 20 元。

　　（1）领出备用金时，根据付款凭证，做会计分录如下。

借：其他应收款——备用金（张强）　　　　　　　　　600
　　贷：库存现金　　　　　　　　　　　　　　　　　　　　　600

　　（2）报销差旅费时，根据差旅费报销单，做会计分录如下。

借：管理费用　　　　　　　　　　　　　　　　　　580
　　库存现金　　　　　　　　　　　　　　　　　　20
　　贷：其他应收款——备用金（张强）　　　　　　　　　　600

正所谓"九层之台始于垒土",建筑施工企业的正常生产也离不开日常使用的"一砖一瓦"。本章以材料物资作为切入点,详细介绍了建筑施工企业所用到物资的分类及计价规则,并针对材料物资的盘存即存货跌价准备核算做了进一步阐述。在此基础上,针对库存材料及周转材料的会计核算重难点做了进一步的分析介绍,并辅以相关案例阐明所用到的会计核算方法在实际生产中是如何应用的。

3.1 材料物资的概念及计价

3.1.1 材料物资的概念及分类

材料是构建所有建筑产品的物资基础,是工程成本的最重要组成部分,在建造过程中通过直接或间接消耗,构成材料成本。建筑施工企业的材料种类繁多,按其在施工中作用和存放地点不同,可分为以下 3 类。

(一)原材料

原材料指企业用以建筑安装工程施工而存放在仓库的各种材料,包括主要材料、结构件、机械配件和其他材料等。

(1)主要材料是指用于工程施工并构成工程实体的各种材料,如黑色金属材料（如钢材）、有色金属材料（如铜材、铝材）、木材、硅酸盐材料（如水泥、砖瓦、石灰、砂、石等）、小五金材料、电器材料、化工原料（如油漆材料等）。

（2）结构件是指经过吊装、拼砌或安装即能构成房屋建筑物实体的各种金属的、钢筋混凝土的和木质的结构件和构件，如钢窗、木门、钢筋混凝土预制件等。

（3）机械配件是指在施工生产过程中使用的施工机械、生产设备、运输设备等替换、维修用的各种零件和配件，以及为机械设备准备的各种备品备件，如曲轴、活塞、轴承、齿轮、阀门等。

（4）其他材料是指不构成工程实体，但有助于工程形成或便于施工生产进行的各种材料，如燃料、油料、催化剂、石料等。

（二）周转材料

周转材料是指企业在施工生产过程中能够多次使用，并基本保持原有物质形态，但价值逐渐转移的各种材料，如模板、挡板、架料等。其中，部分周转材料由于使用期限较短、单位价值较低，更换频繁，为简化手续，我国现行财务制度规定，视同材料对待，列为流动资产，以流动资金为其资金来源，不作为固定资产核算的各种用具物品。例如：铁锹、铁镐、手推车等生产工具；工作鞋、工作帽、安全带等劳保用品；办公桌椅等管理用品。

（三）委托加工材料

委托加工材料是指委托加工中的各种材料和构件，使之成为具有另一种性能和用途而发出的材料。如将铝锭发交外单位加工制造铝箔等。

3.1.2　材料物资的计价

（一）取得存货的计价

存货应当按照成本进行初始计量。存货成本包括采购成本、加工成本和其他成本。

1. 外购的存货

企业通过购买而获得的各种存货，包括原材料、库存商品、低值易耗品等，以这种方式取得的存货的初始成本主要由采购成本构成。外购存货的采购成本构成见表 3-1。

表 3-1 存货的采购成本

存货的采购成本	包含的内容
购买价款	企业购入材料或商品的发票账单上列明的价款，但不包括按规定可以抵扣的增值税税额
相关税费	企业购买、自制或委托加工存货所发生的消费税、资源税和不能从增值税销项税额中抵扣的进项税额等
其他可归属于存货采购成本的费用	例如在存货采购过程中发生的仓储费、包装费、运输途中的合理损耗、入库前的挑选整理费用等。这些费用能分清负担对象的，应直接计入存货的采购成本；不能分清负担对象的，应选择合理的分配方法，分配计入有关存货的采购成本。分配方法通常包括按所购存货的重量和采购价格的比例进行分配两种

注：其他可归属于存货采购成本的费用，应当计入存货的采购成本，也可以先进行归集，期末再根据所购商品的存销情况进行分摊。对于已售商品的进货费用，计入当期损益（主营业务成本）；对于未售商品的进货费用，计入期末存货成本。企业采购商品的进货费用金额较小的，可以在发生时直接计入当期损益（销售费用）。

采购过程中如果遇到物资毁损或短缺，其会计处理见表 3-2。

表 3-2 采购过程中物资毁损、短缺的会计处理

采购中发生的物资毁损、短缺情况	会计处理
合理的损耗	作为存货的"其他可归属于存货采购成本的费用"计入采购成本
其他情况	（1）应从供应单位、外部运输机构等收回的物资短缺或其他赔款，冲减物资的采购成本；（2）因遭受意外灾害发生的损失和尚待查明原因的途中损耗，不得增加物资的采购成本，应暂作为待处理财产损溢进行核算，在查明原因后再做处理

2. 通过进一步加工取得的存货

通过进一步加工取得的存货的成本由采购成本、加工成本以及为使存货达到目前场所和状态所发生的其他成本构成。进一步加工取得的存货的成本确认方法见表 3-3。

表 3-3 进一步加工取得的存货的成本

进一步加工取得的存货	初始成本的确认
委托外单位加工的存货	实际耗用的原材料或者半成品、加工费、运输费、装卸费等费用以及按规定应计入成本的税金

续表

进一步加工取得的存货	初始成本的确认
自行生产的存货	投入的原材料或半成品、直接人工和按照一定方法分配的制造费用。制造费用，是指企业为生产产品和提供劳务而发生的各项间接费用，包括企业生产部门（如生产车间）管理人员的薪酬、折旧费、修理费、办公费、水电费、机物料消耗、劳动保护费、季节性和修理期间的停工损失等

3. 其他方式取得的存货

（1）投资者投入存货的成本，应当按照投资合同或协议约定的价值确定，但合同或协议约定价值存在内部交易的因素，不符合公允要求的除外。

（2）通过非货币性资产交换、债务重组和企业合并等取得的存货的成本，应当分别按照"非货币性资产交换""债务重组"及有关企业会计准则的规定确定。

4. 通过提供劳务取得的存货

通过提供劳务取得的存货，其成本按从事劳务提供人员的直接人工和其他直接费用以及可归属于该存货的间接费用确定。

（二）发出存货的计价

日常工作中，企业发出的存货，可以按实际成本核算，也可以按计划成本核算。如采用计划成本核算，会计期末应调整为实际成本。

企业应当根据各类存货的实物流转方式、企业管理的要求、存货的性质等实际情况，合理地确定发出存货成本的计算方法，以及当期发出存货的实际成本。对于性质和用途相同的存货，应当采用相同的成本计算方法确定发出存货的成本。发出存货的计价方法见表3-4。

表3-4　发出存货的计价方法

发出存货成本 的计价方法	含义	适用范围、优缺点及公式
个别计价法	又称个别认定法、具体辨认法、分批实际法。这一方法是假设存货的成本流转与实物流转相一致，按照各种存货，逐一辨认各批发出存货和期末存货所属的购进批别或生产批别，分别按其购入或生产时所确定的单位成本作为计算各批发出存货和期末存货成本的方法	适用范围：适用于一般不能替代使用的存货以及为特定项目专门购入或制造的存货，如珠宝、名画等贵重物品； 优点：成本比较合理、准确 缺点：实务操作的工作量繁重，困难较大 公式：成本 = ∑发出数量 × 进货单价
先进先出法	以先购入的存货先发出这样一种存货实物流转假设为前提，对发出存货进行计价	适用范围：根据谨慎性原则的要求，适用于市场价格普遍处于下降趋势的商品。 优缺点：期末存货成本比较接近现行的市场价值，其优点是使企业不能随意挑选存货计价以调整当期利润，缺点是工作量比较烦琐；当物价上涨时，会高估企业当期利润和库存存货价值，反之，会低估企业存货价值和当期利润 公式：成本 = ∑发出数量 × 先购入存货单价
月末一次加权平均法	进货时，按存货的实际成本进行分类核算，发出存货时，只记录发货数量，月末时以本月所有进货和本期期初存货的加权平均成本，乘以发货数量作为存货的发出成本	适用范围：适用于前后进价相差幅度不大且月末定期计算和结转销售成本的商品 优点：比较简便，有利于简化成本计算工作 缺点：不利于存货成本的日常管理和控制 公式1：本期存货的加权平均单位成本 = （期初结存金额 + 本期各批进货的实际金额）÷（期初结存数量 + 本期各批进货数量） 公式2：本期发出存货的成本 = 本期发出存货的数量 × 加权平均单位成本 公式3：期末存货的成本 = 期末结存存货的数量 × 加权平均单位成本

发出存货成本的计价方法	含义	适用范围、优缺点及公式
移动加权平均法	在每次收货以后，立即根据库存存货数量和总成本，计算出新的平均单位成本，发货时都以最近一次进货时计算的平均成本作为发出存货的平均成本	适用范围：适用于经营品种不多，或前后购进商品的单价相差幅度较大的商品流通类企业 优点：使管理人员及时了解存货的结存情况，计算的平均单位成本及发出和结存的存货成本比较客观 缺点：由于每次收货都要计算一次平均单价，计算工作量较大，对收发货较频繁的企业不大适用 公式 1：本次进货后的移动平均单位成本 =（本次进货前库存存货的实际成本 + 本次进货的实际成本）÷（本次进货前库存存货的实际数量 + 本次进货的实际数量） 公式 2：发出存货的成本 = 本次发出存货的数量 × 移动平均单位成本 公式 3：本次发货后库存存货的成本 = 期末结存存货的数量 × 移动平均单位成本

注：在《企业会计准则》中，后进先出法不再作为一种发出存货的计价方法。

（三）存货的期末计价

资产负债表日，存货应当按照成本与可变现净值孰低计量。存货成本高于其可变现净值的，应当计提存货跌价准备，计入当期损益。存货成本和可变现净值的含义见表 3-5。

表 3-5　存货的相关概念

相关概念	具体含义
可变现净值	日常活动中，存货的估计售价减去至完工时估计将要发生的成本、估计的销售费用以及相关税费后的金额
存货成本	期末存货的实际成本

注：企业预计的销售存货现金流量，并不完全等于存货的可变现净值。企业应以确凿证据为基础计算确定存货的可变现净值。

3.2 库存材料的会计核算

3.2.1 采用实际成本法进行库存材料的核算

按照实际成本法对库存材料进行会计核算时,库存材料的收发及结存,无论总分类核算还是明细分类核算,均按照实际成本计价。使用的会计科目有"原材料""在途物资"等,"原材料"科目的借方、贷方及余额均以实际成本计价,不存在成本差异的计算与结转问题。但采用实际成本核算,反映不出材料成本是节约还是超支,从而不能反映和考核物资采购业务的经营成果。因此这种方法通常适用于材料收发业务较少的企业。

(一)采用实际成本法进行库存材料核算的常用科目

在实务工作中,对于不存在成本差异的计算和材料收发业务较少的企业,一般可采用实际成本法进行材料收发的核算。采用实际成本法进行库存材料核算的常用科目及相应科目如表 3-6 所示。

表 3-6　库存材料核算常用科目及相应科目

科目名称	科目意义及内容
在途物资	用于核算企业采用实际成本(进价)进行材料、商品等物资、货款已付尚未验收入库的各种物资(即在途物资)的采购成本,本科目应按供应单位和物资品种进行明细核算。本科目的借方登记企业购入的在途物资的实际成本,贷方登记验收入库的在途物资的实际成本,期末余额在借方,反映企业在途物资的采购成本
原材料	用于核算库存各种材料的收发与结存情况。在库存材料按实际成本核算时,本科目的借方登记入库材料的实际成本,贷方登记发出材料的实际成本,期末余额在借方,反映企业库存材料的实际成本
应付账款	用于核算企业因购买材料、商品和接受劳务等经营活动应支付的款项。本科目的贷方登记企业因购入材料、商品和接受劳务等尚未支付的款项,借方登记偿还的应付账款,期末余额一般在贷方,反映企业尚未支付的应付账款
预付账款	用于核算企业按照合同规定预付的款项。本科目的借方登记预付的款项及补付的款项,贷方登记收到所购物资时根据有关发票账单记入"原材料"等科目的金额及收回多付款项的金额。期末余额在借方,反映企业实际预付的款项;期末余额在贷方,则反映企业尚未预付的款项。预付款项情况不多的企业,可以不设置"预付账款"科目,而将此业务放在"应付账款"科目中核算

（二）采用实际成本法的账务处理

企业存货日常核算可以按实际成本核算，也可以按计划成本核算。存货按实际成本核算的特点是：从存货收发凭证到明细分类账和总分类账全部按实际成本计价。实际成本法一般适用于规模较小、存货品种简单、采购业务不多的企业。

1. 购入库存材料的会计核算

企业外购材料时，由于结算方式和采购地点的不同，材料入库和货款的支付在时间上不一定完全同步，相应地，其账务处理也有所不同，具体情况如表 3-7 所示。

表 3-7　购入库存材料的账务处理

情况	账务处理
货款已经支付或开出、承兑商业汇票，企业材料已验收入库	应借记"原材料"科目，对于增值税专用发票上注明的可抵扣的进项税额，应借记"应交税费——应交增值税（进项税额）"科目，贷记"银行存款""其他货币资金"等科目
已经付款或已开出、承兑商业汇票，但材料尚未到达或尚未验收入库的采购业务	应根据发票账单等结算凭证，借记"在途物资""应交税费——应交增值税（进项税额）"科目，贷记"银行存款"或"应付票据"等科目；待材料到达、验收入库后，再根据收料单，借记"原材料"科目，贷记"在途物资"科目
材料已到达并已验收入库，但发票账单等结算凭证未到，货款尚未支付	应于月末，按材料的暂估价值，借记"原材料"科目，贷记"应付账款——暂估应付账款"科目。下月初用红字做同样的记账凭证予以冲回，以便下月付款或开出、承兑商业汇票后，按正常程序进行账务处理，借记"原材料""应交税费——应交增值税（进项税额）"科目，贷记"银行存款"或"应付票据"等科目
采用预付货款的方式采购材料	应在预付材料价款时，按照实际预付金额，借记"预付账款"科目，贷记"银行存款"科目；已经预付货款的材料验收入库，根据发票账单等所列的价款、税额等，借记"原材料"科目和"应交税费——应交增值税（进项税额）"科目，贷记"预付账款"科目；预付款项不足，补付货款，按补付金额，借记"预付账款"科目，贷记"银行存款"科目；退回多付的款项，借记"银行存款"科目，贷记"预付账款"科目

【例 3-1】采用实际成本法购入原材料的会计核算。

鲁班制造有限公司 2×19 年购入 C 材料一批，增值税专用发票上记载的货款为 500 000 元，增值税税额为 65 000 元，另外为对方代垫包装费 1 000 元，全部款项已用电汇方式付讫，材料已验收入库。对此业务应进行以下的账务处理。

　　借：原材料——C 材料　　　　　　　　　　　　　　　　　　501 000

　　　　应交税费——应交增值税（进项税额）　　　　　　　　　65 000

　　　贷：银行存款　　　　　　　　　　　　　　　　　　　　　566 000

　　【例 3-2】 采用实际成本法购入原材料的会计核算（先票后货）。

　　鲁班制造有限公司于 2×19 年 9 月 20 日收到银行转来的委托收款凭证及 200 吨煤炭的提货单，采购成本共计 60 000 元，相应的增值税进项税额为 7 800 元，加税合计 67 800 元已由银行支付，但材料尚未到达。对此业务应进行以下的账务处理。

　　借：在途物资　　　　　　　　　　　　　　　　　　　　　　60 000

　　　　应交税费——应交增值税（进项税额）　　　　　　　　　7 800

　　　贷：银行存款　　　　　　　　　　　　　　　　　　　　　67 800

　　2×19 年 9 月 24 日，材料到达并验收入库，会计分录如下。

　　借：原材料　　　　　　　　　　　　　　　　　　　　　　　60 000

　　　贷：在途物资　　　　　　　　　　　　　　　　　　　　　60 000

　　【例 3-3】 采用实际成本法购入原材料的会计核算（先货后票）。

　　鲁班制造有限公司为增值税一般纳税人，2×19 年采用汇兑结算方式购入聚乙烯材料一批，材料已收到，但发票及账单尚未到达，暂估价值为 30 000 元。甲公司为增值税一般纳税人，采用实际成本法进行材料日常核算，应编制以下会计分录。

　　月末时，将原材料暂估入账。

　　借：原材料　　　　　　　　　　　　　　　　　　　　　　　30 000

　　　贷：应付账款——暂估应付账款　　　　　　　　　　　　　30 000

　　下月初，用红字冲销原暂估入账金额。

　　借：原材料　　　　　　　　　　　　　　　　　　　　　　　30 000

　　　贷：应付账款——暂估应付账款　　　　　　　　　　　　　30 000

　　上述购入的聚乙烯材料于次月收到发票账单，增值税专用发票上注明的价款为 31 000 元，增值税税额为 4 030 元，已用银行存款付讫。

　　借：原材料　　　　　　　　　　　　　　　　　　　　　　　31 000

　　　　应交税费——应交增值税（进项税额）　　　　　　　　　4 030

　　　贷：银行存款　　　　　　　　　　　　　　　　　　　　　35 030

【例 3-4】采用实际成本法购入原材料的会计核算（预付款）。

根据鲁班制造有限公司与某钢厂 2×19 年的购销合同规定，为购买金属材料应向该钢厂预付 100 000 元货款的 80%，计 80 000 元，已通过汇兑方式汇出。对此业务应进行以下的账务处理：

借：预付账款——某钢厂　　　　　　　　　　　　　　80 000

　　贷：银行存款　　　　　　　　　　　　　　　　　　80 000

10 天之后，鲁班制造有限公司收到该钢厂发来的金属材料，已验收入库。有关发票账单记载，该批货物的货款为 100 000 元，增值税税额位 13 000 元，对方代垫包装费 3 000 元，其中增值税税额 390 元，所欠款项以银行存款的形式付讫。

（1）材料入库时：

借：原材料——金属材料　　　　　　　　　　　　　102 610

　　应交税费——应交增值税（进项税额）　　　　　　13 390

　　贷：预付账款——某钢厂　　　　　　　　　　　　116 000

（2）补付货款时：

借：预付账款　　　　　　　　　　　　　　　　　　36 000

　　贷：银行存款　　　　　　　　　　　　　　　　　36 000

2. 领用库存材料的会计核算

企业生产经营领用库存材料，按实际成本，借记“生产成本”“制造费用”“销售费用”“管理费用”等科目，贷记“原材料”科目；企业发出委托外单位加工的库存材料，借记“委托加工物资”科目，贷记“原材料”科目。

基建工程、福利等部门领用的库存材料，按实际成本加上不予抵扣的增值税税额等，借记“在建工程”“应付职工薪酬——职工福利”等科目，按实际成本，贷记“原材料”科目，按不予抵扣的增值税税额，贷记“应交税费——应交增值税（进项税额转出）”科目。

企业各生产单位及有关部门领用的材料具有种类多、业务频繁等特点。为了简化核算，可以在月末根据“领料单”或“限额领料单”中有关领料的单位、部门等加以归类，编制“发料凭证汇总表”，据以编制记账凭证、登记入账。发出材料实际成本的确定，可以由企业从上述个别计价法、先进先出法、月末一次加权平均法、移动加权平均法等方法中选择。计价方法一经确定，不得随意变更。

如需变更，应在财务报表附注中予以说明。

【例 3-5】领用原材料的会计核算。

甲建筑公司根据"发料凭证汇总表"的记录，2×19 年 1 月基本生产车间领用一种不锈钢材料 10 000 元，辅助生产车间领用该种不锈钢材料 2 000 元，车间管理部门领用该材料 5 000 元，企业行政管理部门领用该材料 4 000 元，合计 21 000 元。

借：生产成本——基本生产成本   10 000

    ——辅助生产成本   2 000

  制造费用   5 000

  管理费用   4 000

  贷：原材料——不锈钢材料   21 000

3. 出售库存材料的核算

对于出售的库存材料，企业应当按已收或应收的价款，借记"银行存款"或"应收账款"等科目，按实现的营业收入，贷记"其他业务收入"等科目，按应交的增值税税额，贷记"应交税费——应交增值税（销项税额）"科目；月度终了，按出售库存材料的实际成本，借记"其他业务成本"科目，贷记"原材料"科目。

3.2.2 采用计划成本法进行库存材料的核算

计划成本法是指企业存货的收入、发出和结余均按预先制订的计划成本计价，同时另设"材料成本差异"（或产品成本差异）科目，登记实际成本与计划成本的差额。存货按计划成本核算，要求存货的总分类核算和明细分类核算均按计划成本计价。计划成本法一般适用于存货品种繁多、收发频繁的企业，如大中型企业中的各种库存材料、低值易耗品等。如果企业的自制半成品、产成品品种繁多，或者在管理上需要分别核算其计划成本和成本差异，也可采用计划成本法核算。

（一）采用计划成本法进行库存材料核算的常用科目

采用计划成本法进行库存材料核算经常使用的会计科目有"原材料""材料采购""材料成本差异"等。采用计划成本法进行库存材料核算的常用科目及相关科目如表 3-8 所示。

表 3-8　库存材料核算的常用科目及相关科目

科目名称	科目意义及内容
原材料	用于核算库存各种材料的收发与结存情况。在材料采用计划成本核算时，本科目的借方登记入库材料的计划成本，贷方登记发出材料的计划成本，期末余额在借方，反映企业库存材料的计划成本
材料采购	借方登记采购材料的实际成本，贷方登记入库材料的计划成本。借方大于贷方表示超支，从本科目贷方转入"材料成本差异"科目的借方；贷方大于借方表示节约，从本科目借方转入"材料成本差异"科目的贷方；期末为借方余额，反映企业在途材料的采购成本
材料成本差异	反映企业已入库各种材料的实际成本与计划成本的差异，借方登记超支差异及发出材料应负担的节约差异，贷方登记节约差异及发出材料应负担的超支差异。期末如为借方余额，反映企业库存材料的实际成本大于计划成本的差异（即超支差异）；如为贷方余额，反映企业库存材料实际成本小于计划成本的差异（即节约差异）

（二）计划成本法的会计核算程序

采用计划成本法的前提是制订每一品种规格存货的计划成本，存货计划成本的组成内容应与其实际成本的构成一致，包括买价、运杂费和有关的税金等。存货的计划成本一般由企业采购部门会同财会等有关部门共同制订，制订的计划成本应尽可能接近实际。采用计划成本进行日常核算的企业，其基本的核算程序如图 3-1 所示。

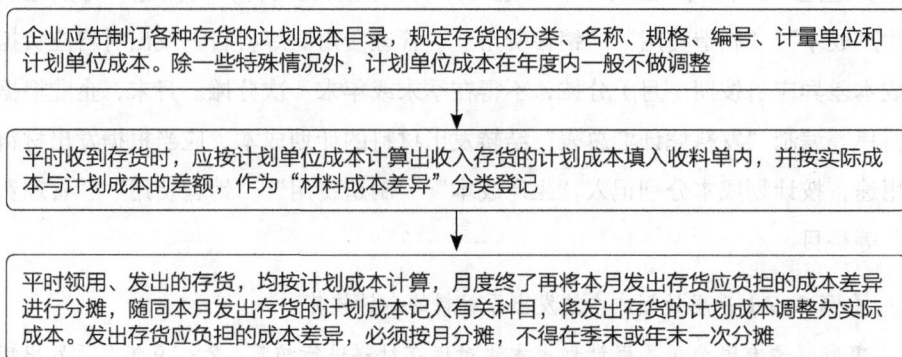

企业应先制订各种存货的计划成本目录，规定存货的分类、名称、规格、编号、计量单位和计划单位成本。除一些特殊情况外，计划单位成本在年度内一般不做调整

平时收到存货时，应按计划单位成本计算出收入存货的计划成本填入收料单内，并按实际成本与计划成本的差额，作为"材料成本差异"分类登记

平时领用、发出的存货，均按计划成本计算，月度终了再将本月发出存货应负担的成本差异进行分摊，随同本月发出存货的计划成本记入有关科目，将发出存货的计划成本调整为实际成本。发出存货应负担的成本差异，必须按月分摊，不得在季末或年末一次分摊

图 3-1　计划成本法的会计核算程序

（三）采用计划成本法的账务处理

1. 计划成本法下取得库存材料的核算

在计划成本法下，取得的库存材料先要通过"材料采购"科目进行核算，其实际成本与计划成本的差异，通过"材料成本差异"科目进行核算。

【例 3-6】 采用计划成本法购入原材料的会计核算。

鲁班制造有限公司经税务部门核定为一般纳税人，2×19 年 4 月 2 日，购入材料一批，取得的增值税专用发票上注明的价款为 8 000 元，增值税税额为 1 040 元，发票等结算凭证已经收到，货款已通过银行转账支付。材料已验收入库。该批材料的计划成本为 7 000 元。有关会计分录如下。

（1）借：材料采购　　　　　　　　　　　　　　　　　8 000

　　　　应交税费——应交增值税（进项税额）　　　　　1 040

　　　　　贷：银行存款　　　　　　　　　　　　　　　　　　9 040

（2）借：原材料　　　　　　　　　　　　　　　　　　7 000

　　　　材料成本差异　　　　　　　　　　　　　　　　1 000

　　　　　贷：材料采购　　　　　　　　　　　　　　　　　　8 000

2. 计划成本下发出存货的核算

企业日常采用计划成本核算的，发出的材料成本应由计划成本调整为实际成本，通过"材料成本差异"科目进行结转，按照发出材料的用途，分别记入"生产成本""制造费用""销售费用""管理费用"等科目。发出材料应负担的成本差异应当按期（月）分摊，不得在季末或年末一次分摊。月末，企业根据领料单等编制"发料凭证汇总表"结转发出材料的计划成本，应当根据发出材料的用途，按计划成本分别记入"生产成本""制造费用""销售费用""管理费用"等科目。

【例 3-7】 采用计划成本法发出原材料的会计核算

鲁班制造有限公司采用计划成本法对库存材料进行核算，2×19 年 5 月发出库存材料的计划成本如下：生产部门 45 000 元，管理部门 6 800 元，销售部门 1 000 元，合计 52 800 元。

该公司 5 月初库存材料账户余额为 20 000 元，本月收入材料计划成本为 40 000

元。月初材料成本差异账户为贷方余额 2 400 元，本月入库材料成本差异为贷方余额 600 元。请对本月的库存材料发出业务进行会计处理。

（1）在发出以上的库存材料时，首先按照发出库存材料的计划成本进行有关成本费用的会计处理。

借：生产成本　　　　　　　　　　　　　　　　45 000

　　管理费用　　　　　　　　　　　　　　　　6 800

　　销售费用　　　　　　　　　　　　　　　　1 000

　　贷：原材料　　　　　　　　　　　　　　　　　　52 800

（2）本月月底时，计算此种库存材料的材料成本差异率，对与此种库存材料有关的成本费用科目进行调整。

材料成本差异率＝（月初结存材料的成本差异＋本月收入材料的成本差异）÷（月初结存材料的计划成本＋本月收入材料的计划成本）×100%

则，5 月材料成本差异率＝（－2 400－600）÷（20 000+40 000）×100%＝－5%

本月发出材料成本差异＝本月发出材料计划成本×材料成本差异率

则，5 月发出库存材料总成本差异＝52 800×（－5%）＝－2 640（元）

本月发出材料实际成本应调整的金额如下。

生产成本应调整的金额＝45 000×（－5%）＝－2 250（元）

管理费用应调整的金额＝6 800×（－5%）＝－340（元）

销售费用应调整的金额＝1 000×（－5%）＝－50（元）

根据计算结果，编制会计分录如下。

借：材料成本差异　　　　　　　　　　　　　　2 640

　　贷：生产成本　　　　　　　　　　　　　　　　2 250

　　　　管理费用　　　　　　　　　　　　　　　　340

　　　　销售费用　　　　　　　　　　　　　　　　50

3.3 周转材料的会计核算

3.3.1 周转材料的概念及分类

周转材料的概念及分类如表 3-9 所示。

表 3-9 周转材料的概念及分类

周转材料的概念	周转材料的分类	
周转材料是指在施工生产过程中能多次反复周转使用并基本保持其物质形态，或经过整理便可以保持或恢复实物形态的材料，如模板、挡土板、脚手架、安全网等。企业的周转材料大多是用主要材料加工制成的，或是直接从外部购入的。就周转材料在施工生产中所起的作用来说，其具有劳动资料的性质。但周转材料的使用期限较短，价值较低，领用频繁，一般作为流动资产进行管理和核算	模板	指浇灌混凝土使用的木模、组合钢模以及配合模板使用的支撑材料、滑模材料、构件等。固定资产管理的固定钢模和现场固定大型钢模板不包括在内
	挡板	指土方工程使用的挡土板等，包括支撑材料在内
	脚手架	指搭脚手架的竹竿、木杆、竹木跳板、钢管脚手架及其附件等
	其他	如塔吊使用的轻轨、枕木等，但不包括附属于塔吊的钢轨

3.3.2 周转材料的摊销方法

建筑施工企业应当根据具体情况对周转材料采用一次转销、分期摊销、分次摊销或者定额摊销的方法。具体介绍如表 3-10 所示。

表 3-10 周转材料的摊销方法

摊销方法名称	含义	计算公式	适用范围
一次摊销	是指领用时将周转材料的价值一次计入受益成本核算对象的成本的方法	—	适用于易腐易糟，不宜反复周转使用的周转材料，如安全网等
分期摊销	是根据周转材料原价、预计残值和预计使用期限计算每期摊销额的一种方法	周转材料每月摊销额＝周转材料原价×（1-残值率）÷预计使用月数	适用于脚手架、跳板、塔吊轻轨、枕木等周转材料

摊销方法名称	含义	计算公式	适用范围
分次摊销	是根据周转材料原值、预计残值和预计使用次数，计算每次摊销额的一种方法	周转材料每月一次的摊销额=周转材料原值×（1-残值率）÷预计使用次数 本期摊销额=本期使用次数×每次摊销额	适用于预制钢筋混凝土构件时所使用的定型模板、模板和土木方程使用的挡土板等周转材料
定额摊销	根据实际完成的实物工作量和预算定额规定的周转材料消耗定额，计算确认本期摊入相关工程成本、费用的金额	周转材料本期摊销额=本期实际完成的实物工作量×单位工程周转材料消耗定额	适用于各种周转材料

对各种周转材料的具体摊销方法，由建筑施工企业根据具体情况确定，一经确定，一般不随意更改，如需改变，应在会计报表附注中加以说明。

对于建筑施工企业来说，施工生产的自然条件较差，周转材料大部分都是露天堆放，发生的损耗较大。所以周转材料无论采用哪种摊销方法计算摊销额都不可能与实际消耗价值完全一致。为了使计提的周转材料摊销额尽可能与实际损耗价值一致，以保证工程成本的准确性，年终或工程竣工时，建筑施工企业还必须对周转材料进行清理，根据实际损耗情况调整已提摊销额。

3.3.3　周转材料核算中的科目设置与会计核算

为了核算建筑施工企业库存和在用的各种周转材料的实际成本或计划成本，应设置"周转材料"科目。该科目借方核算企业库存及在用周转材料的计划成本或实际成本，贷方核算周转材料摊销价值及因盘亏、报废、毁损等原因减少的周转材料价值。期末借方余额反映企业期末所有在库周转材料的计划成本或实际成本以及在用周转材料的摊余价值。

由于周转材料在施工中能反复使用，它的价值是逐渐转移于工程成本中的，在核算上既要反映它的原值，又要反映它的损耗价值。根据这个要求，对周转材料应在"周转材料"科目下设置"在库周转材料""在用周转材料""周转材料摊销"3个明细科目，并按周转材料的种类设置明细账，进行明细核算。采用一次摊销法的,可以不设置以上3个明细科目。

(一)领用周转材料的会计核算

采用一次摊销法的,领用时,将其计划成本或实际成本计入有关的成本、费用科目。

借:工程施工等

    贷:周转材料

采用其他摊销法的,领用时,按其计划成本或实际成本核算。

借:周转材料——在用

    贷:周转材料——在库

摊销时,按摊销额核算。

借:工程施工等

    贷:周转材料——摊销

退库时,按其全部价值核算。

借:周转材料——在库

    贷:周转材料——在用

其中,采用计划成本核算的建筑施工企业,月度终了时,应结转当月领用周转材料应分摊的成本差异,通过"材料成本差异"科目,计入有关成本、费用科目。

借:工程施工或销售费用等

    贷:材料成本差异

实际成本小于计划成本的差异做相反的会计分录。

【例3-8】领用周转材料的会计核算(一次摊销法)。

泰山建设工程公司施工部门2×19年领取尼龙防护网一批,该企业对周转材料按照实际成本进行核算,其实际成本为5 000元,采用一次摊销法核算。其会计分录如下。

借:工程施工   5 000

    贷:周转材料——在库   5 000

【例3-9】领用周转材料的会计核算(一次摊销法,有材料成本差异)。

泰山建设工程公司施工部门2×19年领用安全网一批,采用一次摊销法摊销,其计划成本为 5 000 元，应负担的材料成本差异为 -1%，领用手续已办。

（1）根据周转材料领用单编制以下会计分录。

借：工程施工　　　　　　　　　　　　　　　　　　　　5 000

　　贷：周转材料——在库　　　　　　　　　　　　　　　　5 000

（2）月末结转该安全网材料成本差异时，编制以下会计分录。

应结转的材料成本差异 =5 000×（-1%）=-50（元）

借：材料成本差异——周转材料　　　　　　　　　　　　　50

　　贷：工程施工　　　　　　　　　　　　　　　　　　　　50

【例 3-10】 领用周转材料的会计核算（分次摊销法，有残值）。

某工程 2×19 年领用全新挡土板一批，其账面价值为 10 000 元，预计使用期限为 5 次，预计残值占账面价值的 10%，采用分次摊销法核算。

（1）领用这批周转材料时，编制以下会计分录。

借：周转材料——在用　　　　　　　　　　　　　　　　10 000

　　贷：周转材料——在库　　　　　　　　　　　　　　　10 000

（2）计算本次摊销额时，编制以下会计分录。

本次摊销额 =10 000×（1 - 10%）÷5=1 800（元）

借：工程施工　　　　　　　　　　　　　　　　　　　　1 800

　　贷：周转材料——摊销　　　　　　　　　　　　　　　1 800

（二）报废周转材料的会计核算

周转材料报废时，应分以下情况进行会计核算，如表 3-11 所示。

表 3-11　报废周转材料的会计核算

情况	会计核算
采用一次摊销法	将报废周转材料的残料价值作为当月周转材料摊销额的减少，冲减有关成本、费用，借记"原材料"等科目，贷记"工程施工"等科目
采用其他摊销法	首先需要补提摊销额，对尚未计提的周转材料余额，借记"工程施工"等科目，贷记"周转材料——摊销"科目；将报废周转材料的残料价值作为当月周转材料摊销额的减少，冲减有关成本、费用，借记"原材料"等科目，贷记"工程施工"等有关科目，同时，将已提摊销额，借记"周转材料——摊销"科目，贷记"周转材料——在用"科目

【例 3-11】 报废周转材料的会计核算。

某工程 2×19 年领用全新挡土板一批，其账面价值为 10 000 元，预计使用期限为 5 次，预计残值占账面价值的 10%，采用分次摊销法核算。这批挡土板在使用到 5 次时已全部报废，收回残料价值为 800 元，挡土板已提摊销额 9 000 元。其账务处理如下。

挡土板应提摊销额 =10 000-800 = 9 200（元）

应补提摊销额 =9 200-9 000 = 200（元）

（1）补提摊销额时，编制以下会计分录。

借：工程施工　　　　　　　　　　　　　　　　　　　　200

　　贷：周转材料——摊销　　　　　　　　　　　　　　　　　200

（2）将残料验收入库，编制以下会计分录。

借：原材料　　　　　　　　　　　　　　　　　　　　800

　　周转材料——摊销　　　　　　　　　　　　　　　9 200

　　贷：周转材料——在用　　　　　　　　　　　　　　　10 000

3.4　材料物资的会计核算

3.4.1　材料物资的盘存方法

企业存货的数量需要通过盘存来确定，常用的存货数量盘存方法主要有实地盘存制和永续盘存制两种。在表 3-12 中将对这两种方法进行较详细的解释。

表 3-12　存货盘存方法

存货数量盘存方法	具体内容	相关说明	相关公式
实地盘存制（定期盘存制）	会计期末通过对全部存货进行实地盘点，以确定期末存货的结存数量，然后分别乘以各项存货的盘存单价，计算出期末存货的总金额，记入各有关存货科目，倒轧本期已耗用或已销售存货的成本	平时对有关存货科目只记借方，不记贷方，每一期末，通过实地盘点确定存货数量，据以计算期末存货成本，然后计算出当期耗用或销货成本，记入有关存货科目的贷方。这一方法用于建筑施工企业，称为"以存计耗"或"盘存计耗"；用于商品流通企业，称为"以存计销"或"盘存计销"	"以存计耗"和"以存计销"以下列存货的基本等式为依据： 期初存货 + 本期购货 = 本期耗用或销货 + 期末存货 用历史成本计价，则上述公式可以改写为： 本期耗用或销货成本 = 期初存货成本 + 本期购货成本 – 期末存货成本
永续盘存制（账面盘存制）	对存货项目设置经常性的库存记录，即分别通过品名、规格设置存货明细账，逐笔或逐日地登记收入发出的存货，并随时记列结存数	通过会计账簿资料，就可以完整地反映存货的收入、发出和结存情况。在没有丢失和被盗的情况下，存货账户的余额应当与实际库存相符。采用永续盘存制，并不排除对存货的实物盘点，为了核对存货账面记录，加强对存货的管理，每年至少应对存货进行一次全面盘点，具体盘点次数视企业内部控制要求而定	期末存货结存的数量 = 期初存货结存数量 + 本期增加存货数量 – 本期发出存货数量

3.4.2　存货盘盈、盘亏的会计核算

企业在进行存货的日常收发及保管过程中，因种种原因可能造成存货实际结存数量与账面结存数量不符，有时会因非常事项而造成存货毁损。为了确保账实相符，企业应定期或不定期进行存货盘点。发生存货盘盈（实际结存数量大于账面结存数量）、盘亏（实际结存数量小于账面结存数量）及毁损（非常性事项造成的存货损失）时，应及时查明原因，并进行账务处理，以保证账实一致。

（一）存货盘盈的账务处理方法

发现盘盈的存货时的账务处理见表3-13。

表3-13　存货盘盈账务处理

发生存货盘盈	账务处理
批准处理以前	先根据盘盈的存货，按同类或类似存货的市场价格计价入账调整存货账面记录，以使账实一致，即借记"原材料""库存商品"等科目，贷记"待处理财产损溢——待处理流动资产损溢"科目
盘盈的存货查明原因后	借记"待处理财产损溢——待处理流动资产损溢"科目，贷记有关科目
无法确定具体原因	冲减企业的管理费用，借记"待处理财产损溢——待处理流动资产损溢"科目，贷记"管理费用"科目

【例3-12】 原材料盘盈的会计核算。

某企业2×19年进行财产清查，根据发生的有关存货盘盈的经济业务编制会计分录如下。

（1）盘点原材料，发现甲材料盘盈，按市场价格计算其成本为1 000元，盘盈原因待查。

借：原材料　　　　　　　　　　　　　　　　　　　　　　1 000

　　贷：待处理财产损溢——待处理流动资产损溢　　　　　　　　　1 000

（2）查明原因，盘盈的原材料系收发时的计量误差所致，经批准冲销企业的管理费用。

借：待处理财产损溢——待处理流动资产损溢　　　　　　　1 000

　　贷：管理费用　　　　　　　　　　　　　　　　　　　　　　1 000

（二）存货盘亏和毁损的账务处理

存货盘亏或毁损时的账务处理见表3-14。

表3-14　存货盘亏和毁损的账务处理

发生存货盘亏和毁损	账务处理
批准处理以前	借记"待处理财产损溢——待处理流动资产损溢"科目，贷记有关存货科目

发生存货盘亏和毁损	账务处理
发生非正常毁损（如自然灾害、被盗窃或因管理不善造成大量霉烂变质等）	按非正常损失的价值借记"待处理财产损溢——待处理流动资产损溢"科目，贷记有关存货科目，按非正常损失存货应负担的进项税额，贷记"应交税费——应交增值税（进项税额转出）"科目
查明盘亏和毁损的原因后	借记有关科目（属于定额内合理盘亏，应作为管理费用列支；属于一般经营性损失的，扣除残料价值以及可以收回的保险赔偿和过失人赔偿剩余净损失，经批准也可以作为管理费用列支；属于自然灾害损失，因管理不善造成货物被盗、发生霉烂变质等损失以及其他非正常损失的，扣除可以收回的保险赔偿及残料价值后的净损失，作为企业的营业外支出进行处理），贷记"待处理财产损溢——待处理流动资产损溢"科目

注：根据我国《增值税暂行条例》的规定，企业发生的非正常损失的购进货物及相关的应税劳务，以及非正常损失的在产品、产成品所耗用的购进货物或应税劳务的进项税额不得从销项税额中抵扣。

【例 3-13】原材料盘亏的会计核算。

金元公司在 2×19 年年末盘点时，发生以下有关的存货盘亏和毁损的经济业务，编制的会计分录如下。

（1）甲材料发生盘亏，实际成本为 800 元，原因待查。

借：待处理财产损溢——待处理流动资产损溢　　　　　　　　800

　　贷：原材料　　　　　　　　　　　　　　　　　　　　　　800

（2）后查明原因，盘亏甲材料系定额内合理损耗，批准作为管理费用列支。

借：管理费用　　　　　　　　　　　　　　　　　　　　　800

　　贷：待处理财产损溢——待处理流动资产损溢　　　　　　800

（3）因发生水灾，对财产进行清查盘点。其中，产成品毁损额按实际成本计算为 2 000 元，产成品耗用的原材料及应税劳务的进项税额为 260 元，并通知保险公司。

借：待处理财产损溢——待处理流动资产损溢　　　　　　2 260

　　贷：产成品　　　　　　　　　　　　　　　　　　　　2 000

　　　　应交税费——应交增值税（进项税额转出）　　　　　260

（4）公司对水灾造成的产成品损失已经做出处理决定，残料估值 300 元，可以由保险公司赔偿的损失为 1 000 元，由企业负担的损失为 960 元。

借：原材料 300
    其他应收款——保险公司 1 000
    营业外支出 960
    贷：待处理财产损溢——待处理流动资产损溢 2 260

3.5 存货跌价准备的会计核算

3.5.1 存货的期末计量

企业的存货应当在期末（即资产负债表日）按成本与可变现净值孰低计量，对可变现净值低于存货成本的差额，计提存货跌价准备，计入当期损益。成本与可变现净值孰低法中的"成本"，是指期末存货的实际成本（即历史成本）；如企业在存货成本的日常核算中采用计划成本法、售价金额核算法等简化核算方法，则成本为"经调整后的实际成本"。"可变现净值"是指在日常活动中，以存货的估计售价减去至完工时估计将要发生的成本、估计的销售费用以及相关税费后的金额，并不是指存货的现行售价。

"成本与可变现净值孰低法"的理论基础主要是使存货符合资产的定义。当存货的可变现净值下跌至成本以下时，由此所形成的损失已不符合资产的定义，因而应将这部分损失从资产价值中抵销，列入当期损益。否则，当存货的可变现净值低于其成本价值时，如果仍然以其历史成本计价，就会出现虚夸资产的现象，导致会计信息的失真。

企业持有存货的目的不同，确定存货可变现净值的计算方法也不同，如用于出售的存货和用于继续加工的存货，其可变现净值的计算方法就不相同。企业持有存货的目的如图 3-2 所示。

```
┌──────────┐        ┌─────────────────────────────────────────────┐
│          │   ───→ │ 以备出售, 如商品、产成品, 其中又分为有合同约定的存货和 │
│ 企业持有  │        │ 没有合同约定的存货                              │
│ 存货的目的 │        └─────────────────────────────────────────────┘
│          │        ┌─────────────────────────────────────────────┐
│          │   ───→ │ 将在生产过程或提供劳务过程中耗用, 如材料等        │
└──────────┘        └─────────────────────────────────────────────┘
```

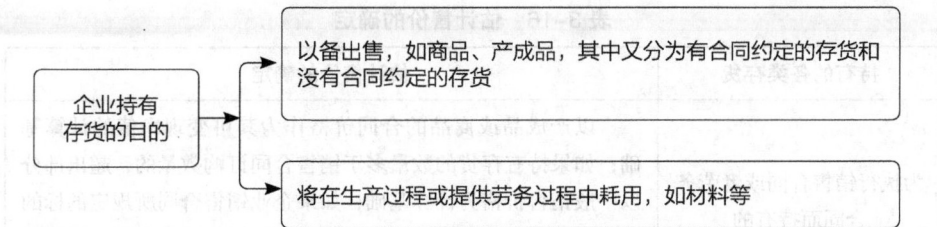

图 3-2　企业持有存货的目的

　　企业在确定存货的可变现净值时还应考虑资产负债表日后事项等的影响, 这些事项应能够确定资产负债表日存货的存在状况, 即在确定资产负债表日存货的可变现净值时, 不仅要考虑资产负债表日与该存货相关的价格与成本波动, 而且还应考虑未来的相关事项。也就是说, 不仅限于财务报告批准报出日之前发生的相关价格与成本波动, 还应考虑以后期间发生的相关事项。

3.5.2　存货期末计价的方法

　　存货期末计价的方法中有一种是可变现净值法, 用可变现净值法对不同性质的存货进行确定的方法见表 3-15。

表 3-15　可变现净值的确定

企业持有的、目的不同的存货	可变现净值的确定
产成品、商品和用于出售的材料等直接用于出售的	以该存货的估计售价减去估计的销售费用和相关税费后的金额确定
需要经过加工的材料存货	以所生产的产成品的估计售价减去至完工时估计将要发生的成本、估计的销售费用以及相关税费后的金额确定
资产负债表日, 同一项存货中一部分有合同价格约定, 其他部分不存在合同价格约定的	分别确定其可变现净值, 并与其相对应的成本进行比较, 分别确定存货跌价准备的计提或转回的金额

　　不同性质的存货在确定其估计售价时所用的方法是不同的, 具体情况及方法见表 3-16。

表 3-16   估计售价的确定

持有的各类存货	估计售价的确定
为执行销售合同或者劳务合同而持有的	以产成品或商品的合同价格作为其可变现净值的计算基础；如果持有存货的数量多于销售合同订购数量的，超出部分以一般销售价格为计算基础；如果企业销售合同所规定的标的物还没有生产出来，但持有专门用于该标的物生产的原材料，其可变现净值应当以合同价格作为计算基础
没有销售合同约定的	以产成品或商品一般销售价格（即市场销售价格）作为计算基础
用于出售的材料等	以市场销售价格作为其可变现净值的计算基础

企业应当定期或者至少于每年年度终了对存货进行全面清查，如由于存货遭受毁损、全部或部分陈旧过时或销售价格低于成本等原因，使存货成本高于其可变现净值的，应按可变现净值低于成本的差额，计提存货跌价准备。如果以前减记存货价值的影响因素已经消失，则减记的金额应当予以恢复，并在原已计提的存货跌价准备的金额内转回，以此减少计提的存货跌价准备。在资产负债表中，存货项目按照减去存货跌价准备的净额反映。应计提存货跌价准备的几种情况如表 3-17 所示。

表 3-17   应计提存货跌价准备的情况

应计提存货跌价准备的情况	该存货的市价持续下跌，并且在可预见的未来无回升的希望
	企业使用该项原材料生产的产品的成本大于产品的销售价格
	企业因产品更新换代，原有库存原材料已不适应新产品的需要，而该原材料的市场价格又低于其账面成本、或因企业所提供的商品、或劳务过时、或消费者偏好改变而使市场的需求发生变化，导致市场价格逐渐下跌
	其他足以证明该项存货实质上已经发生减值的情形

在计提存货跌价准备时会用到可变现净值，在表 3-18 中将简单介绍存货的可变现净值为零的几种特殊情形。

表 3 18　存货的可变现净值为零的情形

存货的可变现净值为零的情形	已霉烂变质的存货
	已过期且无转让价值的存货
	衍生产品中已不再需要，并且已无使用价值和转让价值的存货
	其他足以证明已无使用价值和转让价值的存货

存货跌价准备通常应当按单个存货项目计提。在某些情况下，例如：① 与在同一地区生产和销售的产品系列相关，具有相同或类似最终用途或目的，且难以与其他项目分开计量的存货，可以合并计提存货跌价准备；② 对于数量繁多、单价较低的存货，可以按存货类别计提存货跌价准备。企业按成本与可变现净值孰低法对存货计价时，可供选择的计算方法见表 3–19。

表 3–19　企业按成本与可变现净值孰低法对存货计价时，可供选择的计算方法

3种不同的计算方法	单项比较法（逐项比较法或个别比较法）	对库存的每一种存货的成本与可变现净值逐项进行比较，每项存货均取较低数确定期末的存货成本
	分类比较法（类比法）	按存货类别的成本与可变现净值进行比较，每类存货取其较低数确定存货的期末成本
	综合比较法（总额比较法）	按全部存货的总成本与可变现净值总额相比较，以较低数作为期末全部存货的成本

【例 3–14】原材料如何进行期末计价。

某企业 2×19 年有甲、乙两大类 A、B、C、D 4 种存货，各种存货分别按 3 种计算方式确定期末存货的成本。其期末存货成本与可变现净值的比较见表 3–20。

表 3–20　期末存货成本与可变现净值比较

存货项目	成本	可变现净值	期末计价		
			单项比较法	分类比较法	综合比较法
甲类存货	10 000.00	9 600.00		9 600.00	
A 存货	4 000.00	3 200.00	3 200.00		
B 存货	6 000.00	6 400.00	6 000.00		
乙类存货	20 000.00	20 800.00		20 000.00	
C 存货	8 000.00	9 200.00	8 000.00		

续表

存货项目	成本	可变现净值	期末计价		
			单项比较法	分类比较法	综合比较法
D 存货	12 000.00	11 600.00	11 600.00		
总计	30 000.00	30 400.00	28 800.00	29 600.00	30 000.00
应计提减值准备			1 200.00	400.00	—

由表 3-20 可知，单项比较法确定的期末存货成本最低，为 28 800 元；分类比较法次之，为 29 600 元；综合比较法最高，为 30 000 元。相应地，计提的存货跌价准备分别为 1 200 元、400 元、0 元。

3.5.3 存货跌价准备的核算

（一）存货跌价准备的计提

资产负债表日，存货的成本高于其可变现净值的，企业应当计提存货跌价准备。存货跌价准备的计提方法见表 3-21。

表 3-21 存货跌价准备的计提方法

情况	计提类型	计提方法
通常情况	按照单个存货项目计提存货跌价准备	成本与其可变现净值的差额即为应计提的存货跌价准备，与已提数进行比较，若应提数大于已提数，则应予补提。企业计提的存货跌价准备，应计入当期损益
数量繁多、单价较低的存货	按照存货类别计提存货跌价准备	与在同一地区生产和销售的产品系列相关、具有相同或类似最终用途或目的，且难以与其他项目分开计量的存货，可以合并计提存货跌价准备

【例 3-15】计提存货跌价准备的会计核算。

北方股份有限公司采用成本与可变现净值孰低法对 2×19 年期末存货进行计量，采用单项比较法进行存货成本与可变现净值的比较。2×19 年 12 月 31 日，A、B 两种存货的成本分别为 40 万元、27 万元，可变现净值分别为 36 万元、30 万元。

对于 A 存货，其成本 40 万元高于可变现净值 36 万元，应计提存货跌价准备 4 万元（40-36）。

借：资产减值损失 40 000

　　贷：存货跌价准备 40 000

对于 B 存货，其成本 27 万元低于可变现净值 30 万元，不需计提存货跌价准备。

因此，该企业对 A、B 两种存货计提的跌价准备共计为 4 万元，在当日资产负债表中列示的存货金额为 63 万元（36+27）。

（二）存货跌价准备的转回

当以前减记存货价值的影响因素已经消失，减记的金额应当予以恢复，并在原计提的存货跌价准备金额内转回，转回的金额计入当期损益（资产减值损失）。

转回的存货跌价准备与计提该跌价准备的存货项目或类别应当存在直接对应关系。在原已计提的存货跌价准备金额内转回，意味着转回的金额以将存货跌价准备的余额冲减至零为限。

【例 3-16】 转回存货跌价准备的会计核算。

北方股份有限公司采用成本与可变现净值孰低法对期末存货进行计量，采用单项比较法进行存货成本与可变现净值的比较。2×18 年 12 月 31 日，A、B 两种存货的成本分别为 40 万元、27 万元，可变现净值分别为 36 万元、30 万元。对存货 A 计提存货跌价准备 4 万元。

假设 2×19 年末，存货的种类和数量、账面成本和已计提的存货跌价准备未发生变化，但是，2×20 年以来 A 存货市场价格持续上升，市场前景明显好转，可以判断以前造成减记存货价值的影响因素已经消失，减记的金额应当在原已计提的存货跌价准备金额内予以恢复。相关账务处理如下：

借：存货跌价准备 40 000

　　贷：资产减值损失 40 000

需要注意的是，导致存货跌价准备转回的是以前减记存货价值的影响因素的消失，而不是在当期造成存货可变现净值高于其成本的其他影响因素。如果本期导致存货可变现净值高于其成本的影响因素不是以前减记该存货价值的影响因素，则企业会计准则不允许将该存货跌价准备转回。

（三）存货跌价准备的结转

存货跌价准备结转的处理方法见表 3-22。

表 3-22　存货跌价准备的结转

具体情形	账务处理
计提了存货跌价准备的部分存货已经销售	结转销售成本时，应同时结转对其已计提的存货跌价准备
因债务重组、非货币性交易转出的存货	结转已计提的存货跌价准备，但不冲减当期的管理费用
按类别计提存货跌价准备的存货	按比例结转相应的存货跌价准备

注：因销售、债务重组、非货币性交易应结转的存货跌价准备 = 上期末该类存货所计提的存货跌价准备账面余额 ÷ 上期末该类存货的账面余额 × 因销售、债务重组、非货币性交易而转出的存货的账面余额。

【例 3-17】结转存货跌价准备的会计核算。

2×19 年，甲公司库存 A 机器 5 台，每台成本为 5 000 元，已经计提的存货跌价准备为 6 000 元。2×20 年，甲公司将库存的 5 台机器全部以每台 6 000 元的价格售出。假定不考虑可能发生的销售费用及税金的影响，甲公司应将这 5 台 A 机器已经计提的跌价准备在结转其销售成本的同时，全部予以结转。

甲公司的相关账务处理如下。

借：主营业务成本　　　　　　　　　　　　　　　　　　　19 000

　　存货跌价准备　　　　　　　　　　　　　　　　　　　　6 000

　　　贷：原材料——A 机器　　　　　　　　　　　　　　　　　25 000

第4章
固定资产的会计核算

一顿好饭光有新鲜的时蔬是不够的，还需要锅碗瓢盆的恰当配合，这个道理对于建筑施工企业亦然。比如外购的注塑设备、租赁的环保设备、抑或是自行建造的模具、挡板等，都在企业的日常生产中扮演着重要角色。本章首先阐述了固定资产的特征及确认条件，再分阶段对固定资产的初始计量、折旧、后续支出、终止及处置、以及固定资产的清查的会计核算及涉及环节进行了详细介绍。

4.1　固定资产的特征及确认条件

4.1.1　固定资产的特征

固定资产的特征见表4-1。

表4-1　固定资产的特征

固定资产的特征	为生产商品、提供劳务、出租或经营管理而持有的
	使用寿命（企业使用固定资产的预计期间，或者该固定资产所能生产产品或提供劳务的数量）超过一个会计年度
	必须是有形资产

4.1.2　固定资产的确认条件

固定资产的确认条件如表 4-2 所示。

表 4-2　固定资产的确认条件

固定资产的确认条件 （同时满足）	与该固定资产有关的经济利益很可能流入企业
	该固定资产的成本能够可靠地计量

如果固定资产在存续期间，发生了与固定资产有关的后续支出，而且符合《企业会计准则第 4 号——固定资产》所规定的确认条件的，应当计入固定资产成本，不符合确认条件的，应当在发生时计入当期损益。

4.1.3　固定资产确认条件的具体应用

尽管《企业会计准则》对固定资产的确认条件比较明确，但在会计实务中，仍会有一些特殊的情况。在本节中，将会对一些特殊情况下，是否可以将其确认为固定资产进行具体的分析与说明。对特殊情况的说明见表 4-3。

表 4-3　特殊情况的说明

特殊情况	具体的分析与说明	举例说明
固定资产的各组成部分是否单独确认为固定资产	各组成部分有不同的使用寿命或者以不同的方式为企业提供经济利益，将其各组成部分单独确认为单项固定资产	飞机的引擎，与飞机机身具有不同的使用寿命，从而适用不同的折旧率或折旧方法
环保与安全设备	虽然不能直接为企业带来经济利益，但有助于企业从相关资产中获得经济利益，或者将减少企业未来经济利益的流出，应将其确认为固定资产	为净化环境或者满足国家有关排污标准的需要购置的环保设备
一些特殊行业专用器材	符合固定资产的定义及其确认条件，就应当确认为固定资产；不符合固定资产的定义或没有满足固定资产的确认条件，就不应当确认为固定资产，而应当作为流动资产进行核算和管理	建筑施工企业持有的工具、模具、管理用具、玻璃用具、玻璃器皿等资产，建筑施工企业持有的模板、挡板、架料等周转材料，以及地质勘探企业持有的管材等资产

4.2　固定资产的初始计量

在学习固定资产的初始计量之前，先在表 4-4 中对一些相关概念进行简单的说明。

表 4-4　固定资产相关说明

相关概念	具体含义	相关说明
固定资产的初始计量	企业取得固定资产时初始成本的确定	准确地计量固定资产的成本，对于体现收入成本匹配原则、合理地分摊固定资产的成本有重要的意义
固定资产的成本	企业购建某项固定资产达到预定可使用状态前所发生的一切合理、必要的支出	对于特定行业的特定固定资产，确定其成本时，还应考虑预计弃置费用因素，如核电站核废料的处置等
固定资产的取得方式	主要包括购买、自行建造、融资租入	取得的方式不同，初始计量方法也各不相同

4.2.1　外购固定资产的核算

企业外购固定资产的成本，包括购买价款、相关税费、使固定资产达到预定可使用状态前所发生的可归属于该项资产的运输费、装卸费、安装费和专业人员服务费等。外购固定资产分为购入不需要安装的固定资产和购入需要安装的固定资产两类。

（一）购入不需要安装的固定资产

企业购入不需要安装的固定资产，按应计入固定资产成本的金额和缴纳的增值税税额做账务处理。

借：固定资产

应交税费——应交增值税（进项税额）

贷：银行存款等

（二）购入需要安装的固定资产

购入需要安装的固定资产，先记入"在建工程"科目，达到预定可使用状态时再转入"固定资产"科目。

【例 4–1】购入需要安装的固定资产的会计核算。

2×19 年 5 月 10 日，北方建筑工程公司购入一台需要安装的注塑成型设备，取得的增值税专用发票上注明设备价款为 100 000 元，为将设备运输到安装地点共支付运输费合计 3 000 元，增值税税额合计为 13 270 元，全部款项已通过银行转账的形式予以支付。

在安装设备时，领用原材料一批，其账面成本为 5 000 元，未计提存货跌价准备；应支付安装工人薪酬 1 800 元。假定不考虑其他相关税费。该建筑施工企业应该进行的会计处理如下。

（1）支付设备价款、运输费合计为 103 000 元（100 000+3 000）。

借：在建工程   103 000

    应交税费——应交增值税（进项税额）   13 270

      贷：银行存款   116 270

（2）领用本公司原材料、支付安装工人薪酬等费用合计为 6 800 元（5 000+1 800）。

借：在建工程   6 800

      贷：原材料   5 000

         应付职工薪酬   1800

（3）设备安装完毕达到预定可使用状态时，该设备的总成本为 109 800 元（103 000+6 800）。

借：固定资产   109 800

      贷：在建工程   109 800

（三）外购固定资产的特殊考虑

以一笔款项购入多项没有单独标价的固定资产，应当按照各项固定资产的公允价值比例对总成本进行分配，分别确定各项固定资产的成本。

【例 4–2】购入需要分摊购买价款的固定资产的会计核算。

2×19 年 5 月 12 日，北方建筑工程公司一次性购入 3 台独立运行的设备，这些设备的价款合计为 2 000 000 元，3 套设备的装卸费、保险费合计 4 000 元，增值税税额合计为 260 240 元。这 3 套设备都具备确认为固定资产的条件，其公允价值分别为 900 000 元、600 000 元、500 000 元；不考虑其他相关税费。该建筑施工企业的会计处理如下。

（1）确定 A、B 和 C 这 3 套设备的成本分配比例。

A 设备的成本分配比例 =900 000÷（900 000+600 000+500 000）=45%

B 设备的成本分配比例 =600 000÷（900 000+600 000+500 000）=30%

C 设备的成本分配比例 =500 000÷（900 000+600 000+500 000）=25%

（2）确定应计入固定资产成本的总金额，包括买价、装卸费、保险费等应计入固定资产成本的金额 =2 000 000+4 000=2 004 000（元）。

（3）确定设备 A、B 和 C 各自的入账价值。

A 设备的入账价值 =2 004 000×45%=901 800（元）

B 设备的入账价值 =2 004 000×30%=601 200（元）

C 设备的入账价值 =2 004 000×25%=501 000（元）

（4）编制会计分录。

借：固定资产——A 设备　　　　　　　　　　　　　901 800

　　　　——B 设备　　　　　　　　　　　　　601 200

　　　　——C 设备　　　　　　　　　　　　　501 000

　　应交税费——应交增值税（进项税额）　　　　260 240

　　贷：银行存款　　　　　　　　　　　　　　2 264 240

（四）由于延期付款需要支付利息的核算

有时，企业购买固定资产的价款有可能会延期支付。购入固定资产超过正常信用条件延期支付价款、实质上具有融资性质的，按应付购买价款的现值，借记"固定资产"科目或"在建工程"科目、"应交税费——应交增值税（进项税额）"科目，按应支付的金额，贷记"长期应付款"科目，按其差额，借记"未确认融资费用"科目。

【例 4-3】延期付款购入固定资产的会计核算。

2×20 年 1 月 1 日，甲建筑施工公司与乙公司签订一项购货合同，从乙公司购入一台需要安装的大型机器设备，收到的增值税专用发票上注明的设备价款为 9 000 000 元。合同约定，甲建筑施工企业于 2×20—2×24 年 5 年内，每年的 12 月 31 日支付 1 800 000 元。2×20 年 1 月 1 日，甲建筑施工企业收到该设备并投入安装，发生保险费、装卸费等 7 000 元，增值税税额合计为 1 170 420 元，保险费、装卸费和增值税税额均以银行存款支付。2×20 年 12 月 31 日，该设备安装完毕达到预定可使用的状态，共发生安装费 50 000 元，增值税税额为 4 500 元，款项均以银行存款支付。假定甲建筑施工企业综合各方面因素后决定采用 10% 作为折现率，不考虑其他因素。甲建筑施工企业的账务处理如下。

（1）2×20 年 1 月 1 日，确定购入固定资产成本的金额，包括购买价款、保险费、装卸费等。

购入固定资产成本 =1 800 000×3.790 8+7 000=6 830 440（元）

借：在建工程　　　　　　　　　　　　　　　　6 830 440
　　应交税费——应交增值税（进项税额）　　　1 170 420
　　未确认融资费用　　　　　　　　　　　　　2 176 560
　贷：长期应付款　　　　　　　　　　　　　　　9 000 000
　　　银行存款　　　　　　　　　　　　　　　　1 177 420

（2）2×20 年度发生安装费用 50 000 元。

借：在建工程　　　　　　　　　　　　　　　　50 000
　　应交税费——应交增值税（进项税额）　　　4 500
　贷：银行存款　　　　　　　　　　　　　　　　54 500

（3）确定未确认融资费用在信用期间的分摊额，见表 4-5。

表 4-5　未确认融资费用分摊

日期	分期付款额 （1）	确认的融资费用 （2）=期初（4） ×10%	应付本金减少额 （3）=（1）-（2）	应付本金余额 （4）=期初 （4）-（3）
2×20 年 1 月 1 日				6 830 440.00
2×20 年 12 月 31 日	1 800 000.00	683 044.00	1 116 956.00	5 713 484.00
2×21 年 12 月 31 日	1 800 000.00	571 384.40	1 228 651.60	4 484 832.40
2×22 年 12 月 31 日	1 800 000.00	448 483.24	1 351 516.76	3 133 315.64
2×23 年 12 月 31 日	1 800 000.00	313 331.56	1 486 668.44	1 646 647.20
2×24 年 12 月 31 日	1 800 000.00	164 664.70	1 646 647.20	0.00
合计	9 000 000.00	2 180 871.90	6 830 440.00	0.00

（4）2×20 年 12 月 31 日，分摊未确认融资费用、结转工程成本、支付款项。

```
借：在建工程                                  683 044
    贷：未确认融资费用                              683 044
借：固定资产                                  683 044
    贷：在建工程                                  683 044
借：长期应付款                              1 800 000
    贷：银行存款                               1 800 000
```

（5）2×21 年 12 月 31 日，分摊未确认融资费用、支付款项。

```
借：财务费用                                570 578.4
    贷：未确认融资费用                            570 578.4
借：长期应付款                              1 800 000
    贷：银行存款                               1 800 000
```

2×22—2×24 年分摊未确认融资费用、支付款项的账务处理比照 2×21 年的相关账务处理。

4.2.2　自行建造固定资产的核算

自行建造的固定资产，按建造该项资产达到预定可使用状态前所发生的必要支出，作为入账价值。其中，"建造该项资产达到预定可使用状态前所发生的必要的支出"，包括工程用物资成本、人工成本、缴纳的相关税费、应予资本化的借款费用以及应分摊的间接费用等。企业为在建工程准备的各种物资，应按实际支付的购买价款、运输费、保险费等相关税费，作为实际成本，并按各种专项物资的种类进行明细核算。

自营工程

企业自营工程主要通过"工程物资"和"在建工程"科目进行核算。具体的核算内容和借贷方处理见表 4-6。

表 4-6　会计核算科目

会计科目	核算内容	借贷方内容	明细科目的设置
工程物资	核算用于基建工程、更改工程和大修理工程准备的各种物资的实际成本，包括为工程准备的材料、尚未交付安装的需要安装设备的实际成本，以及预付大型设备款和基本建设期间根据项目概算购入为生产准备的工具及器具等的实际成本	借方登记增加的工程物资的实际成本，贷方登记减少（包括工程领用、转作生产用料、对外出售、盘亏毁损等）的工程物资的实际成本，余额在借方，反映企业为工程购入但尚未领用的专用材料的实际成本、购入需要安装设备的实际成本，以及为生产准备但尚未交付的工具及器具的实际成本等	按专用材料、专用设备、预付大型设备款、为生产准备的工具及器具设置明细科目
在建工程	核算企业为基建工程、安装工程、技术改造工程、大修理工程所发生的实际支出，以及改扩建工程等转入的固定资产净值	借方登记工程的各项支出，贷方登记工程完工转作固定资产的成本，余额在借方，反映企业尚未完工的基建工程发生的各项实际支出	按建筑工程、安装工程、在安装设备、技术改造工程、大修理工程、其他支出设置明细科目

1. 工程物资的核算

与工程物资相关的业务的会计处理见表 4-7。

表 4-7　工程物资的会计处理

相关业务	会计处理
企业购入为工程准备的物资	借记"工程物资——专用材料或专用设备"科目，按可抵扣的增值税进项税额，借记"应交税费——应交增值税（进项税额）"科目，贷记"银行存款""应付账款""应付票据"等科目
为购置大型设备而预付款	借记"工程物资——预付大型设备款"科目，贷记"银行存款"科目
收到设备并补付设备价款	借记"工程物资——专用设备"科目，按预付的价款，贷记"工程物资——预付大型设备款"科目，按可抵扣的增值税进项税额，借记"应交税费——应交增值税（进项税额）"科目，按补付的价款，贷记"银行存款"等科目
领用工程物资	借记"在建工程"科目，贷记"工程物资——专用材料等"科目

相关业务	会计处理
工程完工后对领出的剩余工程物资应当办理退库手续	做与领用工程物资相反的会计分录
工程完工，将为生产准备的工具及器具交付生产使用	借记"低值易耗品"科目，贷记"工程物资——为生产准备的工具及器具"科目
工程完工后剩余的工程物资，如转作本企业存货的	借记"原材料"科目，按转入存货的剩余工程物资的账面余额，贷记"工程物资"科目；如工程完工后剩余的工程物资对外出售的，出售时，应确认收入并结转相应的成本
盘盈、盘亏、报废、毁损的工程物资	减去保险公司、过失人赔偿部分，工程项目尚未完工的，计入或冲减所建工程项目的成本，工程已经完工的，计入营业外收支

2. 在建工程的核算

与在建工程相关的业务的会计处理见表 4-8。

表 4-8　在建工程的会计处理

相关业务	会计处理
领用工程用材料物资	借记"在建工程——××工程（建筑工程或安装工程等）"科目，贷记"工程物资"科目
基建工程领用本企业外购生产经营用原材料	借记"在建工程——××工程（建筑工程或安装工程等）"科目，按原材料的实际成本或计划成本，贷记"原材料"科目，按不能抵扣的增值税进项税额，贷记"应交税费——应交增值税（进项税额转出）"科目；采用计划成本进行材料日常核算的企业，还应当分摊材料成本差异
基建工程领用本企业的商品、产品以及委托加工收回的材料物资	借记"在建工程——××工程（建筑工程或安装工程等）"科目，按应交的相关税费，贷记"应交税费——应交增值税（销项税额）"等科目，贷记"库存商品"科目
基建工程应负担的职工工资	借记"在建工程——××工程（建筑工程或安装工程等）"科目，贷记"应付职工薪酬"科目
企业的辅助生产部门为工程提供的水、电、设备安装、修理、运输等劳务	借记"在建工程——××工程（建筑工程或安装工程等）"科目，贷记"生产成本——辅助生产成本"科目

续表

相关业务	会计处理
基建工程发生的工程管理费、征地费、可行性研究费、临时设施费、公证费、监理费等	借记"在建工程——其他支出"科目,贷记"银行存款"等科目;基建工程应负担的税金,借记"在建工程——其他支出"科目,贷记"银行存款"等科目
由于自然灾害等原因造成的单项工程或单位工程报废或毁损	减去残料价值和过失人或保险公司等赔款后的净损失,报经批准后计入继续施工的工程成本,借记"在建工程——其他支出"科目,贷记"在建工程——××工程(建筑工程或安装工程等)"科目;如为非正常原因造成的报废或毁损,或在建工程项目全部报废或毁损,应将其净损失直接计入当期营业外支出
工程物资在建设期间发生的盘亏、报废及毁损	报经批准后,借记"在建工程"科目,贷记"工程物资"科目;盘盈的工程物资或处置收益,做相反的会计分录
基建工程达到预定可使用状态前进行负荷联合试车发生的费用	借记"在建工程——其他支出"科目,贷记"银行存款""库存商品"等科目
获得的试车收入或按预计售价将能对外销售的产品转为库存商品	做上述相反会计分录
基建工程完工后应当进行清理,已领出的剩余材料应当办理退库手续	借记"工程物资"科目,贷记"在建工程"科目

注:基建工程完工交付使用时,企业应当计算各项交付使用固定资产的成本,编制交付使用固定资产明细表。

企业应当设置"在建工程其他支出备查簿",专门登记基建项目发生的构成项目概算内容但不通过"在建工程"科目核算的其他支出,包括按照建设项目概算内容购置的不需要安装设备、现成房屋、无形资产以及发生的递延费用等。企业在发生上述支出时,应当通过"固定资产""无形资产""长期待摊费用"科目核算。但同时应在"在建工程其他支出备查簿"中进行登记。

【例 4-4】自行建造固定资产的会计核算。

某建筑施工企业自行建造仓库一座，用于增值税应税项目，购入为工程准备的各种物资 20 000 元，支付的增值税税额为 2 600 元，实际领用工程物资（不含增值税）18 000 元，剩余物资转作企业存货；另外还领用了企业生产用的原材料一批，实际成本为 3 000 元；支付工程人员工资 5 000 元，企业辅助生产车间为工程提供有关劳务支出 1 000 元，工程完工交付使用。有关会计处理如下。

（1）购入为工程准备的物资。

借：工程物资　　　　　　　　　　　　　　　20 000
　　应交税费——应交增值税（进项税额）　　 2 600
　　贷：银行存款　　　　　　　　　　　　　　　22 600

（2）工程领用物资。

借：在建工程——仓库　　　　　　　　　　　18 000
　　贷：工程物资　　　　　　　　　　　　　　　18 000

（3）工程领用原材料。

借：在建工程——仓库　　　　　　　　　　　 3 000
　　贷：原材料　　　　　　　　　　　　　　　　 3 000

（4）支付工程人员工资。

借：在建工程——仓库　　　　　　　　　　　 5 000
　　贷：应付职工薪酬　　　　　　　　　　　　　 5 000

（5）辅助生产车间为工程提供的劳务支出。

借：在建工程——仓库　　　　　　　　　　　 1 000
　　贷：生产成本——辅助生产成本　　　　　　　 1 000

（6）工程完工交付使用。

借：固定资产　　　　　　　　　　　　　　　27 000
　　贷：在建工程——仓库　　　　　　　　　　　27 000

（7）剩余工程物资转作企业存货。

借：原材料　　　　　　　　　　　　　　　　 2 000
　　贷：工程物资　　　　　　　　　　　　　　　 2 000

3. 出包工程

出包工程是指企业通过招标方式将工程项目发包给建造承包商，由建造承包商组织施工的建筑工程和安装工程。企业采用出包方式进行的固定资产工程，其工程的具体支出主要由建造承包商核算，在这种方式下，"在建工程"科目主要反映企业与建造承包商办理工程价款结算的情况，企业支付给建造承包商的工程价款作为工程成本，通过"在建工程"科目核算。

企业按合理估计的发包工程进度和合同规定向建造承包商结算的进度款，并由对方开具增值税专用发票，按增值税专用发票上注明的价款，借记"在建工程"科目，按增值税专用发票上注明的增值税进项税额，借记"应交税费——应交增值税（进项税额）"科目，按应实际支付的金额，贷记"银行存款"科目。工程达到预定可使用状态时，按其成本，借记"固定资产"科目，贷记"在建工程"科目。与出包工程相关的业务的会计处理见表4-9。

表4-9　出包工程的会计处理

相关业务	会计处理
企业应按合同规定向承包企业预付工程款、备料款	借记"在建工程——××工程（建筑工程或安装工程等）"科目，贷记"银行存款"科目
以拨付给承包企业的材料抵作预付备料款	借记"在建工程——××工程（建筑工程或安装工程等）"科目，贷记"工程物资"科目
将需要安装的设备交付承包企业进行安装	借记"在建工程——在安装设备"科目，贷记"工程物资"科目
与承包企业办理工程价款结算时，补付工程款	借记"在建工程——××工程（建筑工程或安装工程等）"科目，借记"应交税费——应交增值税（进项税额）"科目，贷记"银行存款""应付账款"等科目

企业采用出包方式建造固定资产发生的、需分摊计入固定资产价值的待摊支出，应按下列公式进行分摊。

待摊支出分配率 = 累计发生的待摊支出 ÷（建筑工程支出 + 在安装设备支出）× 100%

某工程应分配的待摊支出 = 某工程的建筑工程支出、安装工程支出和在安装设备支出合计 × 待摊支出分配率

【例4-5】对外出包建造固定资产的会计核算。

某建筑施工企业经批准新建一个火电厂，包括建造发电车间、冷却塔、安装发电设备等3个单项工程。2×20年2月1日，该建筑施工企业与A公司签订合同，

将火电厂新建工程出包给 A 公司。双方约定，建造发电车间的价款为 5 000 000 元，建造冷却塔的价款为 2 800 000 元，安装发电设备的安装费用为 450 000 元。其他有关资料如下。

（1）2×20 年 2 月 1 日，该建筑施工企业向 A 公司预付建造发电车间的工程价款 3 000 000 元。

（2）2×20 年 5 月 8 日，该建筑施工企业购入发电设备，支付价款 3 800 000 元，增值税税额为 494 000 元。

（3）2×20 年 7 月 2 日，该建筑施工企业向 A 公司预付建造冷却塔的工程价款 1 400 000 元。

（4）2×20 年 7 月 22 日，该建筑施工企业将发电设备运抵现场，交付 A 公司安装。

（5）工程项目发生管理费、可行性研究费、公证费、监理费共计 116 000 元，款项已经支付。

（6）工程建造期间，由于台风造成冷却塔工程部分毁损，经核算，损失为 450 000 元，保险公司已承诺支付 300 000 元。

（7）2×20 年 12 月 20 日，所有工程完工，该建筑施工企业收到 A 公司的有关工程结算单据后，补付剩余工程款，并取得 A 公司开具的增值税专用发票，税率为 9%，增值税税额 742 500 元。

该建筑施工企业的账务处理如下。

（1）2×20 年 2 月 1 日，预付建造发电车间工程款。

借：预付账款——建筑工程（发电车间）　　　　　　　3 000 000

　　贷：银行存款　　　　　　　　　　　　　　　　　　　　　3 000 000

（2）2×20 年 5 月 8 日，购入发电设备。

借：工程物资——发电设备　　　　　　　　　　　　　3 800 000

　　应交税费——应交增值税（进项税额）　　　　　　　494 000

　　贷：银行存款　　　　　　　　　　　　　　　　　　　　　4 294 000

（3）2×20 年 7 月 2 日，预付建造冷却塔工程款。

借：预付账款——建筑工程（冷却塔）　　　　　　　　1 400 000

　　贷：银行存款　　　　　　　　　　　　　　　　　　　　　1 400 000

（4）2×20 年 7 月 22 日，将发电设备交付 A 公司安装。

借：在建工程——在安装设备（发电设备）　　　　　　3 800 000

　　贷：工程物资——发电设备　　　　　　　　　　　　　3 800 000

（5）支付工程发生的管理费、可行性研究费、公证费、监理费。

借：在建工程——待摊支出　　　　　　　　　　　116 000

　　贷：银行存款　　　　　　　　　　　　　　　　　　116 000

（6）台风造成冷却塔工程部分毁损。

借：营业外支出　　　　　　　　　　　　　　　150 000

　　其他应收款——保险公司　　　　　　　　　　300 000

　　贷：在建工程——建筑工程（冷却塔）　　　　　　　450 000

（7）2×20年12月20日，结算工程款并补付剩余工程款。

借：在建工程——建筑工程（发电车间）　　　　5 000 000

　　　　　　——建筑工程（冷却塔）　　　　　2 800 000

　　　　　　——安装工程（发电设备）　　　　　450 000

　　应交税费——应交增值税（进项税额）　　　　742 500

　　贷：银行存款　　　　　　　　　　　　　　　　　4 592 500

　　　　预付账款——建筑工程（发电车间）　　　　　　3 000 000

　　　　　　　　——建筑工程（冷却塔）　　　　　　　1 400 000

（8）分摊待摊支出。

待摊支出分配率=116 000÷（5 000 000+2 800 000-450 000+3 800 000+450 000）×100%=1%

发电车间应分配的待摊支出=5 000 000×1%=50 000（元）

冷却塔应分配的待摊支出=（2 800 000-450 000）×1%=23 500（元）

发电设备（安装工程）应分配的待摊支出=450 000×1%=4 500（元）

发电设备（在安装设备）应分配的待摊支出=3 800 000×1%=38 000（元）

借：在建工程——建筑工程（发电车间）　　　　　50 000

　　　　　　——建筑工程（冷却塔）　　　　　　23 500

　　　　　　——安装工程（发电设备）　　　　　　4 500

　　　　　　——在安装设备（发电设备）　　　　　38 000

　　贷：在建工程——待摊支出　　　　　　　　　　　116 000

（9）结转固定资产。

借：固定资产——发电车间　　　　　　　　　　　　5 050 000

　　　　　——冷却塔　　　　　　　　　　　　　　2 823 500

　　　　　——发电设备　　　　　　　　　　　　　4 292 500

　　贷：在建工程——建筑工程（发电车间）　　　　5 050 000

　　　　　　——建筑工程（冷却塔）　　　　　　　2 823 500

　　　　　　——安装工程（发电设备）　　　　　　　454 500

　　　　　　——在安装设备（发电设备）　　　　　3 838 000

4.2.3　融资租入固定资产的核算

融资租赁，是指实质上转移了与资产所有权有关的全部风险和报酬的租赁。其所有权最终可能转移，也可能不转移。企业与出租人签订的租赁合同是否应该认定为融资租赁合同，不在于租赁合同的形式，而应视出租人是否将租赁资产的风险和报酬转移给了承租人而定。如果实质上转移了与资产所有权有关的全部风险和报酬，则该项租赁应认定为融资租赁；如果实质上并没有转移与资产所有权有关的全部风险和报酬，则该项租赁应认定为经营租赁。

企业采用融资租赁方式租入的固定资产，虽然在法律形式上资产的所有权在租赁期间仍然属于出租人，但由于资产的租赁期基本上包括了资产的有效使用年限，承租企业实质上获得了租赁资产所能提供的主要经济利益，同时承担了与资产所有权有关的风险。因此，承租企业应将融资租入资产作为一项固定资产入账，同时确认相应的负债，并采用与自有应折旧资产相一致的折旧政策计提折旧。

为与企业自有固定资产相区别，企业应对融资租入固定资产单设"融资租入固定资产"明细科目进行核算。融资租入固定资产的会计处理见表 4-10。

表 4-10　融资租入固定资产的会计处理

会计事项	会计处理
在租赁期开始日	将租赁期开始日租赁资产的公允价值与最低租赁付款额现值两者中较低者，加上在租赁谈判和签订租赁合同过程中发生过的、可直接归属于租赁项目的手续费、律师费、差旅费、印花税等初始直接费用，作为租入资产的入账价值，借记"固定资产——融资租入固定资产"科目；按最低租赁付款额，贷记"长期应付款"科目；按发生的初始直接费用，贷记"银行存款""库存现金"等科目；按其差额，借记"未确认融资费用"科目

续表

会计事项	会计处理
每期支付租金费用	借记"长期应付款"科目，贷记"银行存款"科目
支付的租金中包含履约成本	按履约成本金额，借记"制造费用""管理费用"等科目，贷记"银行存款"科目
每期采用实际利率法分摊未确认融资费用	按当期应分摊的未确认融资费用金额，借记"财务费用"科目，贷记"未确认融资费用"科目
租赁期届满	如合同规定将租赁资产所有权转归承租企业的，企业应进行转账，将固定资产从"融资租入固定资产"明细科目转入有关明细科目

采用实际利率法分摊未确认融资费用时，确定分摊率的具体几种情况见表4-11。

表4-11　采用实际利率法分摊未确认融资费用时，确定分摊率的具体几种情况

采用实际利率法分摊未确认融资费用时，确定分摊率的具体几种情况	以出租人租赁内含利率作为折现率将最低租赁付款额折现，且以该现值作为租赁资产入账价值的，应当将租赁内含利率作为未确认融资费用的分摊率
	以合同规定利率作为折现率将最低租赁付款额折现，且以该现值作为租赁资产入账价值的，应当将合同规定利率作为未确认融资费用的分摊率
	以银行同期贷款利率作为折现率将最低租赁付款额折现，且以该现值作为租赁资产入账价值的，应当将银行同期贷款利率作为未确认融资费用的分摊率
	以租赁资产公允价值作为入账价值的，应当计算分摊率，该分摊率是使最低租赁付款额的现值等于租赁资产公允价值的折现率

【例4-6】 经营租赁固定资产的会计核算

2×19年1月5日，A公司与B租赁公司签订了一项融资租赁合同，合同主要条款如下：

1.租赁标的物：某产品生产线；2.起租日：2×19年1月1日；3.租赁期：2×19年1月1日至2×21年12月31日，共3年；4.租金支付方式：每年年初支付租金540 000元；5.租赁合同规定利率6%；6.承租人选择到期退回，担保余值200 000元；7.该日出租人该资产账面价值1 670 000元；8.不存在或有租金问题。

另，承租人对该项目固定资产采用年数总和法计提折旧。

对于A公司：

（1）2×19年1月1日：

① 计算最低租赁付款额=540 000×3+200 000=1 820 000（元）

② 计算最低租赁付款额现值 =540 000+540 000×PA(2,6%)+200 000×PV(3,6%)

=540 000+540 000×1.833+200 000×0.84=1 697 820(元）

③ 判断租赁类型：满足75%和90%（1 697 820÷1 670 000大于90%）条件，属于融资租赁。

（2）确认资产入账价值时，最低租赁付款额现值1 697 820元，高于租赁期开始日的公允价值1 670 000元，应以1 670 000元作为入账价值，作会计分录如下：

借：固定资产——融资租入固定资产　　　　　　　　　　　　1 670 000

　　未确认融资费用　　　　　　　　　　　　　　　　　　　　150 000

　　　贷：长期应付款——应付融资租赁款　　　　　　　　　　　　　1 820 000

（3）租金的支付和融资费用的分摊：

① 各期支付租金时：

借：固定资产——融资租入固定资产　　　　　　　　　　　　540 000

　　　贷：长期应付款——应付融资租赁款　　　　　　　　　　　　　540 000

② 确定融资费用分摊率：

由于租赁资产入账价值为原账面价值，故应重新计算融资费用分摊率，即：

540 000+540 000×PA（2,r）+200 000×PV（3,r）=1 670 000

用插值法计算得出：r=7.53%

③ 未确认融资费用分摊：

日期 ①	租金 ②	确认的融资费用 ③= 期初 ⑤×7.53%	应付本金减少额 ④=② － 上期 ③	应付本金余额 期末 ⑤= 期初 ⑤ － ④
2×19.01.01				1 670 000
2×19.01.01	540 000			1 130 000
2×19.12.31		85 089		1 130 000
2×20.01.01	540 000		454 911	675 089
2×20.12.31		50 834		675 089
2×21.01.01	540 000		489 166	185 923
2×21.12.31		14 077		200 000
合计	1 620 000	150 000	1 470 000	200 000

确认融资费用的分录（以后各期确认分录相同）：

借：财务费用   85 089

  贷：未确认融资费用   85 089

④每期支付租金时：

借：长期应付款——应付融资租赁款   540 000

  贷：银行存款   540 000

⑤支付履约成本：

借：制造费用   50 000

  贷：银行存款   50 000

（4）计提折旧：

日期	原价	担保余值	折旧率	当年折旧额	净值
2×19.01.01	1 670 000	200 000			1 470 000
2×19.12.31			3/6	735 000	935 000
2×20.12.31			2/6	490 000	445 000
2×21.12.31			1/6	245 000	200 000
合计	1 670 000	200 000	1	1 470 000	

借：制造费用——折旧费   735 000

  贷：银行存款   735 000

以后各期计算折旧分录相同。

（5）租赁期满日：

借：长期应付款——应付融资租赁款   200 000

  累计折旧   1 470 000

  贷：固定资产——融资租入固定资产   1 670 000

4.2.4 存在弃置费用的固定资产的核算

对于特殊行业的特定固定资产，确定其初始入账成本时还应考虑弃置费用。弃置费用通常是指根据国家法律和行政法规、国际公约等规定，企业承担的环境保护和生态恢复等义务所确定的支出，如核电站核设施等的弃置和恢复环境等义务。

对于这一特殊行业的特定的固定资产，企业应当按照弃置费用的现值计入相关固定资产的成本。石油天然气开采企业应当按照油气资产的弃置费用现值计入相关油气资产的成本。在固定资产或油气资产的使用寿命内，按照预计负债的摊余成本和实际利率计算确定的利息费用，应当在发生时计入财务费用。

一般工商企业的固定资产发生的报废清理费用，不属于弃置费用，应当在发生时作为固定资产处置费用处理。

【例4-7】 *存在弃置费用的固定资产的会计核算。*

甲公司主要从事化工产品的生产和销售。2×19年12月31日，甲公司一套化工产品生产线达到预定可使用状态并投入使用，预计使用寿命为15年。根据有关法律，甲公司在该生产线使用寿命届满时应对环境进行复原，预计将发生弃置费用2 000 000元。甲公司采用的折现率为10%。甲公司与弃置费用有关的账务处理如下。

（1）2×19年12月31日，按弃置费用的现值计入固定资产原价。

弃置费用的现值 =2 000 000÷（1+10%）^{15} ≈ 478 800（元）

借：固定资产　　　　　　　　　　　　　　　　　　478 800

　　贷：预计负债　　　　　　　　　　　　　　　　　　478 800

（2）2×20年12月31日—2×34年12月31日利息费用的计算见表4-12。

表4-12　利息费用的计算

年度	利息费用	预计负债账面价值
	（1）=（2）×10%	上期（2）+（1）
2×19		478 800.00
2×20	47 880.00	526 680.00
2×21	52 668.00	579 348.00
2×22	57 934.80	637 282.80
2×23	63 728.28	701 011.08
2×24	70 101.11	771 112.19
2×25	77 111.22	848 223.41
2×26	84 822.34	933 045.75
2×27	93 304.58	1 026 350.33

年度	利息费用	预计负债账面价值
	（1）=（2）×10%	上期（2）+（1）
2×28	102 635.03	1 128 985.36
2×29	112 898.54	1 241 883.90
2×30	124 188.39	1 366 072.29
2×31	136 607.23	1 502 679.52
2×32	150 267.95	1 652 947.47
2×33	165 294.75	1 818 242.22
2×34	181 757.78	2 000 000.00

2×20 年 12 月 31 日，确认利息费用的账务处理如下。

借：财务费用   47 880

 贷：预计负债   47 880

2×21—2×34 年，确认利息费用的账务处理比照 2×20 年的相关账务处理。

4.2.5 其他方式取得的固定资产

对其他方式取得的固定资产的相关规定见表 4-13。

表 4-13 其他方式取得的固定资产

其他方式取得的固定资产	相关规定
投资者投入固定资产的成本	按照投资合同或协议约定的价值确定，但合同或协议约定价值不公允的除外
非货币性资产交换、债务重组等方式取得的固定资产的成本	分别按照"非货币性资产交换""债务重组"的有关规定确定

4.3　固定资产折旧的会计核算

4.3.1　固定资产折旧的概念与相关内容

（一）固定资产折旧的相关概念

固定资产折旧的相关概念见表 4-14。

表 4-14　固定资产折旧的相关概念

固定资产折旧的相关概念	具体含义
固定资产折旧	在固定资产使用寿命内，按照确定的方法对应计折旧额进行系统分摊
使用寿命	企业使用固定资产的预计期间，或者该固定资产所能生产产品或提供劳务的数量
应计折旧额	应当计提折旧的固定资产的原价扣除其预计净残值后的金额
预计净残值	假定固定资产预计使用寿命已满并处于使用寿命终了时的预期状态，企业目前从该项资产处置中获得的扣除预计处置费用后的金额

注：（1）造成折旧的原因有两种，一种叫有形损耗，另一种叫无形损耗。有形损耗就是自然磨损，而无形损耗是因为科技进步、顾客爱好的变化等带来的。例如电脑更新换代非常快，可能一台电脑两年后就已跟不上时代潮流了，并且因此贬值。

（2）企业应当根据固定资产的性质和使用情况，合理确定固定资产的使用寿命和预计净残值。固定资产的使用寿命、预计净残值一经确定，不得随意变更。

（3）固定资产折旧的会计核算，实际上就是固定资产的成本在多个会计期间进行分摊的问题。这个问题的关键是在固定资产的使用年限内，每期摊多少，也就是把其价值在一个会计期间内分摊多少作为费用，计入成本。

（二）固定资产折旧应考虑的要素

计算固定资产折旧时应该考虑的要素见表 4-15。

表 4–15　计算每期折旧费用的 4 个要素

计算每期折旧费用的 4 个要素	具体内容
计提折旧基数	计提固定资产折旧的基数是固定资产的原始价值或固定资产的账面净值。一般以固定资产的原值作为计提折旧的依据，选用双倍余额递减法核算的企业，以固定资产的账面净值作为计提折旧的依据
固定使用寿命	折旧年限长短直接关系到折旧率的高低，它是影响企业计提折旧额的关键因素。企业在确定固定资产的使用寿命时，主要考虑因素：① 预计生产能力或实物产量；② 预计有形损耗或无形损耗；③ 法律或者类似规定对资产使用的限制
折旧方法	企业折旧方法不同，在一个会计期间所计提的折旧额相差很大
固定资产净残值	固定资产净残值由预计固定资产清理报废时可以收回的残值扣除预计清理费用得出

（三）固定资产计提折旧的范围

固定资产计提折旧的范围见表 4–16。

表 4–16　计提折旧除外的情况

企业对所有固定资产计提折旧除外的情况	已提足折旧仍继续使用的固定资产
	按照规定单独估价作为固定资产入账的土地

提足折旧，是指已经提足该项固定资产的应计折旧额。已达到预定可使用状态但尚未办理竣工决算的固定资产，应当按照估计价值确定其成本，并计提折旧；待办理竣工决算后，再按照实际成本调整原来的暂估价值，但不需要调整原已计提的折旧额。

融资租入的固定资产，应当采用与自有应计提折旧资产相一致的折旧政策。能够合理确定租赁期届满时将会取得租赁资产所有权的，应当在租赁资产尚可使用年限内计提折旧；无法合理确定租赁期届满时能否取得租赁资产所有权的，应当在租赁期与租赁资产尚可使用年限两者中较短的期间内计提折旧。

处于更新改造过程停止使用的固定资产，应将其账面价值转入在建工程，不再计提折旧。更新改造项目达到预定可使用状态转为固定资产后，再按照重新确定的折旧方法和该项固定资产尚可使用年限计提折旧。因进行大修理而停用的固定资产，应当照提折旧，计提的折旧额应计入相关资产成本或当期损益。

（四）固定资产计提折旧的开始和终止

固定资产计提折旧的开始和终止见表 4-17。

表 4-17　固定资产计提折旧的开始和终止

固定资产计提折旧的开始和终止	按月计提折旧，当月增加的固定资产，当月不计提折旧，从下月起计提折旧；当月减少的固定资产，当月仍然计提折旧，从下月起不再计提折旧
	已达到预定可使用状态但尚未办理竣工决算的固定资产，应当按照估计价值确定其成本，并计提折旧；待办理竣工决算后，再按实际成本调整原来的暂估价值，但不需要调整原已计提的折旧额
	提足折旧后，不论能否继续使用，均不再计提折旧；提前报废的固定资产，也不再补提折旧

4.3.2　固定资产折旧的计算方法

固定资产折旧方法可以采用年限平均法、工作量法、双倍余额递减法、年数总和法等。折旧方法一经确定，不得随意变动。如需变更，应当在财务报表附注中予以说明。

（一）年限平均法

年限平均法是指将固定资产的可折旧价值平均分摊到其可折旧年限内的一种方法。这种方法适用于在各个会计期间使用程度比较均衡的固定资产。其计算公式如下。

公式 1：年折旧额 = （固定资产原值 - 预计净残值）÷ 预计使用年限

公式 2：月折旧额 = 年折旧额 ÷ 12

【例 4-8】年限平均法下固定资产累计折旧的会计核算。

北方建筑工程公司一台生产用设备原值为 30 000 元，预计清理费为 1 200 元，而预计残值为 3 000 元。使用年限为 4 年。那么用年限平均法怎么算折旧额呢？

年折旧额 =[30 000 - （3 000 - 1 200）]÷ 4= （30 000 - 1 800）÷ 4=7 050（元）

月折旧额 =7 050÷12=587.5（元）

由于是生产用设备，此项折旧应计入制造费用，每期的分录如下。

借：制造费用　　　　　　　　　　　　　　　　　　　　587.5

　　贷：累计折旧　　　　　　　　　　　　　　　　　　587.5

（二）工作量法

工作量法又称作业量法，是根据固定资产在使用期间完成的总的工作量平均计算折旧的一种方法。工作量法和年限平均法都是平均计算折旧的方法，都属平均法。其计算公式如下。

公式1：单位工作量折旧额=（固定资产原值-预计净残值）÷预计总工作量=固定资产原值×（1-预计净残值率）÷预计总工作量

公式2：月折旧额=单位工作量折旧额×当月实际完成工作量

在会计实务中，工作量法广泛应用于以下3种方式：第1种，按照工作小时计算折旧；第2种，按行驶里程计算折旧；第3种，按台班计算折旧。

【例4-9】工作量法下固定资产累计折旧的会计核算1。

华光电器厂购置一台专用机床，价值200 000元，预计总工作小时数为300 000小时，预计净残值为20 000元，购置的当年便工作了2 400小时，则该固定资产的年折旧额计算如下。

每小时折旧额=（200 000-20 000）÷300 000=0.6（元）

当年的折旧额=2 400×0.6=1 440（元）

工作量法把产量与成本相联系，也就是把收入与费用相配。于是年末计提折旧时的会计分录如下。

借：制造费用　　　　　　　　　　　　　　　　　　　　　　1 440

　　贷：累计折旧　　　　　　　　　　　　　　　　　　　　　　1 440

【例4-10】工作量法下固定资产累计折旧的会计核算2。

A公司有经理用的小汽车一辆，原值为150 000元，预计净残值率为5%，预计总行驶里程为600 000千米，当月行驶里程为3 000千米，该项固定资产的月折旧额计算如下。

单位里程折旧额=（150 000-150 000×5%）÷600 000=0.2375（元）

本月折旧额=3 000×0.2375=712.5（元）

因为这辆车是企业管理者作为管理用的，所以会计分录如下。

借：管理费用　　　　　　　　　　　　　　　　　　　　　　712.5

　　贷：累计折旧　　　　　　　　　　　　　　　　　　　　　　712.5

（三）双倍余额递减法

双倍余额递减法是加速折旧法的一种，是按年限平均法折旧率的两倍，乘以固定资产在每个会计期间的期初账面净值计算折旧的方法。在计算折旧率时通常不考虑固定资产残值。其计算公式如下。

公式 1：年折旧率（双倍直线折旧率）＝（2÷预计使用年限）×100%

公式 2：年折旧额＝期初固定资产账面净值×年折旧率

采用双倍余额递减法应注意的问题及处理方法如表 4-18 所示。

表 4-18　采用双倍余额递减法应注意的问题及处理方法

采用双倍余额递减法时，应注意的问题	处理办法
由于每年的折旧额是递减的，可能出现某年按双倍余额递减法所提折旧额小于按年限平均法计提的折旧额	当这一情况在某一折旧年度出现时，应换为按年限平均法计提折旧
各年计提折旧后，固定资产账面净值不能小于预计净残值	在可能出现此现象的那一年转换为年限平均法，即：将当年年初的固定资产账面净值减去预计净残值，其差额在剩余的使用年限中平均摊销。但在实际工作中，企业一般采用简化的办法，在固定资产预计耐用年限到期前两年转换成年限平均法

【例 4-11】双倍余额递减法下固定资产累计折旧的会计核算。

A 公司购入一部自动化生产线，安装完毕后，固定资产原值为 200 000 元，预计使用年限为 5 年，预计净残值收入 8 000 元。该生产线按双倍余额递减法计算各年的折旧额如下。

年折旧率＝2÷5×100%＝40%

第 1 年应提折旧＝200 000×40%＝80 000（元）

第 2 年应提折旧＝（200 000 - 80 000）×40%＝48 000（元）

第 3 年应提折旧＝（200 000 - 80 000 - 48 000）×40%＝72 000×40%＝28 800（元）

第 4 年应提折旧＝（200 000 - 80 000 - 48 000 - 28 800 - 8 000）÷2＝17 600（元）

第 5 年应提折旧＝（200 000 - 80 000 - 48 000 - 28 800 - 8 000）÷2＝17 600（元）

可以看出折旧率 40% 是固定不变的。而每一期的期初账面余额是上一期的期末账面余额，每一期的折旧额都是递减的，但累计折旧总额却在增加。等到使用期的最后两年时，把此时的固定资产的账面价值减去预估的残值，进行均分便是最后两年每一年的折旧额。

（四）年数总和法

年数总和法是以固定资产的原值减去预计净残值后的净额为基数，以一个逐年递减的分数为折旧率，计算各年固定资产折旧额的一种折旧方法。

年数总和法的各年折旧率，是以固定资产尚可使用年限做分子，以固定资产使用年限的逐年数字之和做分母。假定固定资产使用年限为 n 年，分母即为 $1+2+3+\cdots+n=n(n+1)\div2$。计算公式如下。

公式 1：年折旧率 = 尚可使用年限 ÷ 预计使用年限的逐年数字总和

公式 2：年折旧额 =（固定资产原值 - 预计净残值）× 年折旧率

公式 3：月折旧额 =（固定资产原值 - 预计净残值）× 月折旧率

【例 4-12】年数总和法下固定资产累计折旧的会计核算。

韵美公司的一台小型机床，原值为 50 000 元，预计使用年限为 5 年，预计净残值为 2 000 元。分别采用年限平均法、双倍余额递减法、年数总和法这 3 种方法提折旧，用表 4-19 表示。

表 4-19　3 种折旧计提方法的比较

单位：元

年份	比较项目	年限平均法	双倍余额递减法	年数总和法
第 1 年	当年折旧基数	48 000	50 000	48 000
	年折旧率	1÷5=20%	2÷5=40%	5÷（1+2+3+4+5）
	折旧额	9 600	20 000	16 000
第 2 年	当年折旧基数	48 000	30 000	48 000
	年折旧率	1÷5=20%	2÷5=40%	4÷（1+2+3+4+5）
	折旧额	9 600	12 000	12 800
第 3 年	当年折旧基数	48 000	18 000	48 000
	年折旧率	1÷5=20%	2÷5=40%	3÷（1+2+3+4+5）
	折旧额	9 600	7 200	9 600

年份	比较项目	年限平均法	双倍余额递减法	年数总和法
第 4 年	当年折旧基数	48 000	8 800	48 000
	年折旧率	1÷5=20%	50%	2÷（1+2+3+4+5）
	折旧额	9 600	4 400	6 400
第 5 年	当年折旧基数	48 000	8 800	48 000
	年折旧率	1÷5=20%	50%	1÷（1+2+3+4+5）
	折旧额	9 600	4 400	3 200

注：双倍余额递减法计算折旧，初期不考虑净残值，在最后 2 年才涉及净残值，且平摊该净残值。

（1）年限平均法折旧，折旧额每年都相等；双倍余额递减法折旧率不变，余额递减，相乘后得出递减的折旧额；而年数总和法是用递减的折旧率乘以固定的基数，得出折旧额的递减。

（2）双倍余额递减法，在使用的最后 2 年，用原值减去累计折旧额再减去净残值后的余额，将其进行平摊，最后 2 年不涉及折旧率的问题。

（3）5 年后，这 3 种方法的账面都会剩余净残值 2 000 元。

4.4　固定资产的后续支出

固定资产的后续支出，是指固定资产在使用过程中发生的更新改造支出、修理费用等。企业的固定资产投入使用后，为了适应新技术发展的需要，或者为维护或提高固定资产的使用效能，往往需要对现有固定资产进行维护、改建、扩建或者改良。

4.4.1　资本化的后续支出

固定资产的后续支出，是指固定资产在使用过程中发生的更新改造支出、修理费用等。

固定资产的更新改造、修理等后续支出，满足固定资产确认条件的，应当计入固定资产成本，如有被替换的部分，应同时将被替换部分的账面价值从该固定资产原账面价值中扣除；不满足固定资产确认条件的后续支出，应当在发生时计入当期损益。

固定资产发生可资本化后续支出时，应当通过"在建工程"科目核算。固定资产发生可资本化的后续支出时，企业应将该固定资产的原价、已计提的累计折旧和减值准备转销，将固定资产的账面价值转入在建工程，借记"在建工程""累计折旧""固定资产减值准备"等科目，贷记"固定资产"科目。发生可资本化后续支出时，借记"在建工程"科目，发生后续支出取得增值税专用发票的，按增值税专用发票上注明的增值税进项税额，借记"应交税费——应交增值税（进项税额）"科目，按实际支付的金额，贷记"银行存款"等科目。发生后续支出的固定资产达到预定可使用状态时，借记"固定资产"科目，贷记"在建工程"科目。

企业生产车间（部门）和行政管理部门的固定资产发生不可资本化后续支出，如固定资产日常修理费用及其可抵扣的增值税进项税额，应借记"管理费用""应交税费——应交增值税（进项税额）"科目，贷记"银行存款"等科目。企业专设销售机构的固定资产发生不可资本化的后续支出，如固定资产日常修理费用及其可抵扣的增值税进项税额，应借记"销售费用""应交税费——应交增值税（进项税额）"科目，贷记"银行存款"等科目。

【例4-13】固定资产资本化后续支出的会计核算1。

北方建筑工程公司是一家从事金属产品制造的企业，2×17年新建一条不锈钢器材生产线，有关的会计资料如下。

（1）2×17年12月，该企业自行建成了一条不锈钢器材生产线并投入使用，建造成本为568 000元；采用年限平均法计提折旧；预计净残值率为固定资产原价的3%，预计使用年限为6年。

（2）2×20年1月1日，由于生产的产品适销对路，现有生产线的生产能力已难以满足公司生产发展的需要。但若新建生产线，则成本过高、周期过长，于是该企业决定对现有生产线进行改扩建，以提高其生产能力。

（3）2×20年1月1日—3月31日，经过3个月的改扩建，完成了对该不锈钢器材生产线的改扩建工程，共支出 268 900 元，税率为 9%，增值税税额为 24 201 元，全部以银行存款支付。

（4）该生产线改扩建工程达到预定可使用状态后，大大提高了生产能力，预计尚可使用年限为 7 年 9 个月。假定改扩建后的生产线的预计净残值率为改扩建后固定资产账面价值的 3%；折旧方法仍为年限平均法。

（5）为简化计算，不考虑其他相关税费，企业按年度计提固定资产折旧。

该建筑施工企业的账务处理如下。

（1）2×18 年 1 月 1 日—2×19 年 12 月 31 日两年间，即固定资产后续支出发生前，该条生产线的应计折旧额为 550 960 元［568 000×（1-3%）］，年折旧额约为 91 826.67 元（550 960÷6）。各年计提固定资产折旧的账务处理如下。

借：制造费用　　　　　　　　　　　　　　　91 826.67

　　贷：累计折旧　　　　　　　　　　　　　　　91 826.67

（2）2×20 年 1 月 1 日，该生产线的账面价值为 384 346.66 元［568 000-（91 826.67×2）］，该生产线转入改扩建工程时的账务处理如下。

借：在建工程　　　　　　　　　　　　　　　384 346.66

　　累计折旧　　　　　　　　　　　　　　　183 653.34

　　贷：固定资产——生产线　　　　　　　　　568 000

（3）2×20 年 1 月 1 日—3 月 31 日，发生固定资产后续支出的账务处理如下。

借：在建工程　　　　　　　　　　　　　　　268 900

　　应交税费——应交增值税（进项税额）　　24 201

　　贷：银行存款　　　　　　　　　　　　　　　293 101

（4）2×20 年 3 月 31 日，生产线改扩建工程达到预定可使用状态，将后续支出全部资本化后的生产线账面价值为 653 246.66 元（384 346.66+268 900），其账务处理如下。

借：固定资产——生产线　　　　　　　　　　653 246.66

　　贷：在建工程　　　　　　　　　　　　　　　653 246.66

（5）2×20 年 3 月 31 日，生产线改扩建工程达到预定可使用状态后，其每年应计提的折旧额为 817 61.19 元，每年计提固定资产折旧的账务处理如下。

每年应计提的折旧额 =［653 246.66×（1-3%）÷（7×12+9）×12］≈ 81 761.19（元）

2×20 年应计提的折旧额＝81 761.19÷12×9 ≈ 61 320.89（元）

借：制造费用   61 320.89

  贷：累计折旧   61 320.89

以后各年计提固定资产折旧的会计处理如下。

借：制造费用   81 761.19

  贷：累计折旧   81 761.19

企业在发生可资本化的固定资产后续支出时，可能涉及替换固定资产的某个组成部分。如果满足固定资产的确认条件，应当将用于替换的部分资本化，计入固定资产账面价值，同时终止确认被替换部分的账面价值，以避免将替换部分的成本和被替换部分的账面价值同时计入固定资产成本。在实务中，如果企业不能确定被替换部分的账面价值，可将替换部分的成本视为被替换部分的账面价值。

【例 4-14】固定资产资本化后续支出的会计核算 2。

2×11 年 12 月，甲公司采用出包方式建造的营业厅达到预定可使用状态投入使用，并结转固定资产成本 1 800 000 元。该营业厅内有一部电梯，成本为 200 000 元，未单独确认为固定资产。2×20 年 1 月，为吸引顾客，甲公司决定更换一部观光电梯。支付的新电梯购买价款为 320 000 元，适用的增值税税率为 13%，增值税税额为 41 600 元，以银行存款支付；安装新电梯花费 320 000 元，以银行存款支付。旧电梯的回收价格为 100 000 元，款项尚未收到。假定营业厅的年折旧率为 3%，净残值率为 3%。

甲公司的账务处理如下。

（1）2×20 年 1 月，购入观光电梯一部。

借：工程物资   320 000

  应交税费——应交增值税（进项税额） 41 600

  贷：银行存款   361 600

（2）2×20 年 1 月，将营业厅的账面价值转入在建工程。

营业厅的累计折旧金额 =1 800 000×（1 - 3%）×3%×8=419 040（元）

借：在建工程   1 380 960

  累计折旧   419 040

  贷：固定资产   1 800 000

（3）2×20 年 1 月，转销旧电梯的账面价值。

旧电梯的账面价值 =200 000 - 200 000÷1 800 000×419 040=153 440（元）

借：其他应收款	100 000	
营业外支出	53 440	
贷：在建工程		153 440

（4）2×20 年 1 月，安装新电梯。

借：在建工程	351 000	
贷：工程物资		320 000
银行存款		31 000

（5）电梯安装完毕达到预定可使用状态投入使用。

借：固定资产	1 578 520	
贷：在建工程		1 578 520

4.4.2　费用化的后续支出

一般情况下，固定资产投入使用之后，由于固定资产磨损、各组成部分耐用程度不同，可能会导致固定资产的局部损坏，为了维持固定资产的正常运转和使用，充分发挥其使用效能，企业会对固定资产进行必要的维护。固定资产的日常维护支出只是确保固定资产的正常工作状况，通常不满足固定资产的确认条件，应在发生时计入管理费用或销售费用，不得采用预提或待摊方式处理。

【例 4-15】固定资产费用化后续支出的会计核算 1。

2×12 年 1 月 23 日，甲公司对某办公楼进行修理，修理过程中领用原材料一批，价值为 120 000 元，应支付维修人员薪酬为 43 320 元。

甲公司的账务处理如下。

借：管理费用	163 320	
贷：原材料		120 000
应付职工薪酬		43 320

固定资产发生的各项后续支出的处理方法见表 4-20。

表 4-20　固定资产发生的各项后续支出的处理

固定资产发生的各项后续支出	通常的处理
固定资产修理费用	直接计入当期费用
固定资产改良支出	计入固定资产账面价值
固定资产修理、改良及其结合	企业应当判断与固定资产有关的后续支出是否满足固定资产的确认条件。如果该后续支出满足了固定资产的确认条件，后续支出应当计入固定资产账面价值；否则，后续支出应当确认为当期费用
固定资产装修费用	满足固定资产的确认条件，装修费用应当计入固定资产账面价值，并在"固定资产"科目下单设"固定资产装修"明细科目进行核算，对于资本化后续支出的装修费用，应在两次装修间隔期间与固定资产尚可使用年限两者中较短的期间内，采用合理的方法单独计提折旧。在下次装修时，与该项固定资产相关的"固定资产装修"明细科目仍有账面价值，应将该账面价值一次全部计入当期营业外支出

注：（1）融资租入固定资产发生的固定资产后续支出，比照上述原则处理。发生的固定资产装修费用等，满足固定资产确认条件的，应在两次装修间隔期间、剩余租赁期与固定资产尚可使用年限三者中较短的期间内，采用合理的方法单独计提折旧。

（2）经营租入固定资产发生的改良支出，应通过"长期待摊费用"科目核算，并在剩余租赁期与租赁资产尚可使用年限两者中较短的期间内，采用合理的方法进行摊销。

【例 4-16】固定资产费用化后续支出的会计核算 2。

2×16 年 1 月 25 日，甲公司对所属一家商场进行装修，发生以下有关支出：领用生产用原材料 40 000 元，购进该批原材料时支付的增值税进项税额 5 200 元；辅助生产车间为商场装修工程提供的劳务支出为 14 660 元；发生有关人员薪酬 29 640 元。2×16 年 12 月 26 日，商场装修完工，达到预定可使用状态交付使用，该企业预计下次装修时间为 2×27 年 12 月。2×19 年 12 月 31 日，该企业决定对该商场重新进行装修。假定该商场的装修支出符合固定资产确认条件，该商场预计尚可使用年限为 6 年，装修形成的固定资产预计净残值为 1 100 元，采用年限平均法计提折旧，不考虑其他因素。

甲公司的账务处理如下。

（1）装修领用原材料。

借：在建工程　　　　　　　　　　　　　　　　　　45 200

　　贷：原材料　　　　　　　　　　　　　　　　　　40 000

　　　　应交税费——应交增值税（进项税额转出）　　5 200

（2）辅助生产车间为装修工程提供劳务。

借：在建工程　　　　　　　　　　　　　　　　　　14 660

　　贷：生产成本——辅助生产成本　　　　　　　　14 660

（3）发生有关人员薪酬。

借：在建工程　　　　　　　　　　　　　　　　　　29 640

　　贷：应付职工薪酬　　　　　　　　　　　　　　29 640

（4）装修工程达到预定可使用状态交付使用。

借：固定资产——固定资产装修　　　　　　　　　　89 500

　　贷：在建工程　　　　　　　　　　　　　　　　89 500

（5）2×16 年年度计提装修形成的固定资产折旧。

因下次装修时间为 2×19 年 12 月，大于固定资产预计尚可使用年限 6 年，所以，应按固定资产预计尚可使用年限 6 年计提折旧。

借：管理费用　　　　　　　　　　　　　　　　　14 733.33

　　贷：累计折旧　　　　　　　　　　　　　　　14 733.33

（6）2×19 年 12 月 31 日重新装修。

借：营业外支出　　　　　　　　　　　　　　　　45 300

　　累计折旧　　　　　　　　　　　　　　　　　44 200

　　贷：固定资产——固定资产装修　　　　　　　89 500

【例 4-17】固定资产费用化后续支出的会计核算 3。

2×19 年 8 月 20 日，某建筑施工企业对采用经营租赁方式租入的一条生产线进行改良，发生以下有关支出：领用生产用原材料 24 000 元；辅助生产车间为生产线改良提供的劳务支出为 2 560 元；发生有关人员薪酬 54 720 元。2×19 年 12 月 31 日，生产线改良工程完工，达到预定可使用状态交付使用。假定该生产线预计尚可使用年限为 6 年，剩余租赁期为 5 年，采用年限平均法进行摊销，不考虑其他因素。

该企业的账务处理如下。

（1）改良工程领用原材料。

借：在建工程　　　　　　　　　　　　　　　　　　24 000

　　贷：原材料　　　　　　　　　　　　　　　　　　24 000

（2）辅助生产车间为改良工程提供劳务。

借：在建工程　　　　　　　　　　　　　　　　　　2 560

　　贷：生产成本——辅助生产成本　　　　　　　　2 560

（3）发生有关人员薪酬。

借：在建工程　　　　　　　　　　　　　　　　　　54 720

　　贷：应付职工薪酬　　　　　　　　　　　　　　54 720

（4）改良工程达到预定可使用状态交付使用。

借：长期待摊费用　　　　　　　　　　　　　　　　81 280

　　贷：在建工程　　　　　　　　　　　　　　　　81 280

（5）2×20年度进行摊销。

因生产线预计尚可使用年限为6年，剩余租赁期为5年，所以，应按剩余租赁期5年进行摊销。

借：制造费用　　　　　　　　　　　　　　　　　　16 256

　　贷：长期待摊费用　　　　　　　　　　　　　　16 256

【例4-18】固定资产费用化后续支出的会计核算4。

北方建筑工程公司是一家在上海证券交易所发行股票的企业，其主要从事金属产品的制造，属于增值税一般纳税人，适用的增值税税率为13%。其有关业务资料如下。

（1）2×19年12月1日，该企业购入一条需要安装的生产线，取得的增值税专用发票上注明的生产线价款为10 000 000元，发生保险费25 000元，增值税税额合计为1 325 000元，款项均以银行存款支付，没有发生其他相关税费。

（2）2×19年12月1日，该企业开始以自营方式安装该生产线。安装期间领用生产用原材料的实际成本和计税价格均为100 000元，发生安装工人薪酬50 000元，没有发生其他相关税费。该原材料没有计提存货跌价准备。

（3）2×19年12月31日，该生产线达到预定可使用状态，当日投入使用。该生产线预计使用年限为6年，预计净残值为132 000元，采用年限平均法计提折旧。

（4）2×20 年 12 月 31 日，该企业在对该生产线进行检查时发现其已经发生减值，可收回金额为 8 075 600 元。

（5）2×21 年 1 月 1 日，该生产线预计尚可使用年限为 5 年，预计净残值为 125 600 元，采用年限平均法计提折旧。

（6）2×21 年 6 月 30 日，该企业采用出包方式对该生产线进行改良。当日，该生产线停止使用，开始进行改良。在改良过程中，企业以银行存款支付工程总价款 1 221 400 元。

（7）2×21 年 8 月 20 日，改良工程完工验收合格并于当日投入使用，预计尚可使用年限为 8 年，预计净残值为 102 000 元，采用年限平均法计提折旧。2×21 年 12 月 31 日，该生产线未发生减值。

该企业的账务处理如下。

（1）2×19 年 12 月 1 日，购入生产线。

借：在建工程　　　　　　　　　　　　　　　　　10 025 000
　　应交税费——应交增值税（进项税额）　　　　　1 325 000
　　贷：银行存款　　　　　　　　　　　　　　　　　　11 350 000

（2）2×19 年 12 月 1 日，安装该生产线。

借：在建工程　　　　　　　　　　　　　　　　　150 000
　　贷：原材料　　　　　　　　　　　　　　　　　　100 000
　　　　应付职工薪酬　　　　　　　　　　　　　　　　50 000

（3）2×19 年 12 月 31 日，生产线达到预定可使用状态投入使用。

借：固定资产　　　　　　　　　　　　　　　　　10 175 000
　　贷：在建工程　　　　　　　　　　　　　　　　　10 175 000

（4）2×20 年度计提折旧。

生产线 2×20 年度折旧额 =（10 175 000 - 132 000）÷ 6 ≈ 1 673 833.33（元）

借：制造费用　　　　　　　　　　　　　　　　　1 673 833.33
　　贷：累计折旧　　　　　　　　　　　　　　　　　1 673 833.33

（5）2×20 年 12 月 31 日，确认减值损失。

生产线应确认的减值损失 =（10 175 000 - 1 673 833.33）- 8 075 600
= 425 566.67（元）

借：资产减值损失　　　　　　　　　　　　　　　425 566.67

　　　　贷：固定资产减值准备　　　　　　　　　　　　425 566.67

（6）2×21年上半年计提折旧。

2×21年上半年折旧额＝（8 075 600－125 600）÷5÷2=795 000（元）

　　借：制造费用　　　　　　　　　　　　　　　795 000

　　　　贷：累计折旧　　　　　　　　　　　　　　　795 000

（7）2×21年6月30日，将生产线转入改良。

　　借：在建工程　　　　　　　　　　　　　　7 280 600

　　　　累计折旧　　　　　　　　　　　　　2 468 833.33

　　　　固定资产减值准备　　　　　　　　　　425 566.67

　　　　贷：固定资产　　　　　　　　　　　　　10 175 000

　　借：在建工程　　　　　　　　　　　　　　1 221 400

　　　　贷：银行存款　　　　　　　　　　　　　　1 221 400

（8）2×21年8月20日，改良工程完工达到预定可使用状态投入使用。

　　借：固定资产　　　　　　　　　　　　　　8 502 000

　　　　贷：在建工程　　　　　　　　　　　　　　8 502 000

（9）2×21年生产线改良后计提折旧。

2×21年生产线改良后折旧额＝（8 502 000－102 000）÷8×4÷12=350 000(元)

　　借：制造费用　　　　　　　　　　　　　　350 000

　　　　贷：累计折旧　　　　　　　　　　　　　　350 000

4.5　固定资产处置的会计核算

4.5.1　固定资产终止确认的条件

　　固定资产处置，包括固定资产的出售、转让、报废和毁损、对外投资、非货币性资产交换、债务重组等。固定资产终止确认的条件见表4-21。

表 4-21 固定资产终止确认的条件

固定资产终止确认的条件 （任一即可）	该固定资产处于处置状态
	该固定资产预期通过使用或处置不能产生经济利益

4.5.2 固定资产处置的会计处理

企业出售、转让、报废固定资产或发生固定资产毁损，应当将处置收入扣除账面价值和相关税费后的金额计入当期损益。固定资产的账面价值是固定资产成本扣减累计折旧和累计减值准备后的金额。固定资产处置一般通过"固定资产清理"科目进行核算。

（一）固定资产出售、报废或毁损的会计处理

固定资产出售、报废或毁损的会计处理见表 4-22。

表 4-22 固定资产出售、报废或毁损的会计处理

会计业务	相关会计处理
出售、报废和毁损等原因减少的固定资产	按减少的固定资产账面价值，借记"固定资产清理"科目，按已提折旧，借记"累计折旧"科目，按已计提的减值准备，借记"固定资产减值准备"科目，按固定资产原值，贷记"固定资产"科目
清理过程中发生的费用以及应交的税金	借记"固定资产清理"科目，贷记"银行存款""应交税费——应交增值税（进项税额）"科目
收回出售固定资产的价款、毁损报废取得的残料价值和变价收入	收回出售固定资产的价款和税款，借记"银行存款"科目，按增值税专用发票上注明的价款，贷记"固定资产清理"科目，按增值税专用发票上注明的增值税销项税额，贷记"应交税费——应交增值税（销项税额）"科目。残料入库，按残料价值，借记"原材料"等科目，贷记"固定资产清理"科目
由保险公司或过失人赔偿的损失	借记"其他应收款"等科目，贷记"固定资产清理"科目

固定资产清理后的净收益的会计处理见表 4-23。

表 4-23　固定资产清理后的净收益的会计处理

固定资产清理后的净收益的时间	会计处理
属于筹建期间的	冲减长期待摊费用，借记"固定资产清理"科目，贷记"长期待摊费用"科目
属于生产经营期间的	借记"固定资产清理"科目，贷记"营业外收入——处置固定资产净收益"科目

固定资产清理后的净损失的会计处理见表 4-24。

表 4-24　固定资产清理后的净损失的会计处理

固定资产清理后的净损失的时间	会计处理
属于筹建期间的	计入长期待摊费用，借记"长期待摊费用"科目，贷记"固定资产清理"科目
属于生产经营期间由于自然灾害等非正常原因造成的损失	借记"营业外支出——非常损失"科目，贷记"固定资产清理"科目
属于生产经营期间正常的处理损失	借记"资产处置损益"科目，贷记"固定资产清理"科目

【例 4-19】处置固定资产的会计核算。

北方建筑工程公司出售一幢闲置厂房。该房屋账面原始价值为 200 000 元，已提折旧 110 000 元；取得出售价款 110 000 元；应交增值税 5 500 元。该厂房已计提减值准备 10 000 元，有关会计处理如下。

（1）出售固定资产。

借：固定资产清理 80 000

　　累计折旧 110 000

　　固定资产减值准备 10 000

　　贷：固定资产 200 000

（2）取得清理收入。

借：银行存款 110 000

　　贷：固定资产清理 110 000

（3）应交增值税。

借：固定资产清理 5 500

　　贷：应交税费——应交增值税（销项税额） 5 500

（4）结转清理净收益。

借：固定资产清理　　　　　　　　　　　　　　　　　　　24 500

　　贷：营业外收入——处置固定资产清理收益　　　　　　　　　24 500

（二）其他方式减少的固定资产

企业持有待售的固定资产，应当调整其预计净残值，使预计净残值能够反映其公允价值减去处置费用后的金额，但不得超过其账面价值。原账面价值高于预计净残值的差额，应作为资产减值损失计入当期损益。持有待售固定资产从划归为持有待售之日起停止计提折旧和减值准备。

其他方式减少的固定资产，如以固定资产清偿债务、投资转出固定资产、以非货币性资产交换换出固定资产等，分别按照债务重组、非货币性资产交换等的处理原则进行核算。

4.6　固定资产的清查

为了保证固定资产核算的真实性，企业应定期或者至少于每年年末对固定资产进行清查盘点，以保证固定资产核算的真实性，充分挖掘企业现有固定资产的潜力。在固定资产清查过程中，如果发现盘盈、盘亏的固定资产，应填制固定资产盘盈盘亏报告表。清查固定资产的损溢，应及时查明原因，并按照规定程序报批处理。

4.6.1　固定资产盘盈

企业在财产清查中盘盈的固定资产，根据《企业会计准则第 28 号——会计政策、会计估计变更和差错更正》的规定，应当作为重要的前期差错进行会计处理。企业在财产清查中盘盈的固定资产，在按管理权限报经批准处理前，应先通过"以前年度损益调整"科目核算。

盘盈的固定资产，应按重置成本确定其入账价值，借记"固定资产"科目，贷记"以前年度损益调整"科目；由于以前年度损益调整而增加的所得税费用，借记"以前年度损益调整"科目，贷记"应交税费——应交所得税"科目；将以前年度损益调整科目余额转入留存收益时，借记"以前年度损益调整"科目，贷记"盈余公积""利润分配——未分配利润"科目。

【例 4–20】 固定资产盘盈的会计核算。

2×20 年 1 月 20 日丁公司在财产清查过程中，发现 2×19 年 12 月购入的一台设备尚未入账，重置成本为 30 000 元（假定与其计税基础不存在差异）。根据《企业会计准则第 28 号——会计政策、会计估计变更和差错更正》规定，该盘盈固定资产作为前期差错进行处理。假定丁公司按净利润的 10% 计提法定盈余公积，不考虑相关税费及其他因素的影响。丁公司应编制以下会计分录。

（1）盘盈固定资产时。

借：固定资产 　　　　　　　　　　　　　　　　　　　　　　30 000

　　贷：以前年度损益调整 　　　　　　　　　　　　　　　　　30 000

（2）结转为留存收益时。

借：以前年度损益调整 　　　　　　　　　　　　　　　　　　30 000

　　贷：盈余公积——法定盈余公积 　　　　　　　　　　　　　3 000

　　　　利润分配——未分配利润 　　　　　　　　　　　　　　27 000

4.6.2　固定资产盘亏

企业在财产清查中盘亏的固定资产，按照盘亏固定资产的账面价值，借记"待处理财产损溢"科目，按照已计提的累计折旧，借记"累计折旧"科目，按照已计提的减值准备，借记"固定资产减值准备"科目，按照固定资产的原价，贷记"固定资产"科目。

企业按照管理权限报经批准后处理时，按照可收回的保险赔偿或过失人赔偿，借记"其他应收款"科目，按照应计入营业外支出的金额，借记"营业外支出——盘亏损失"科目，贷记"待处理财产损溢"科目。

【例 4–21】 固定资产盘亏的会计核算。

北方建筑公司于 2×19 年 9 月 22 日进行了一次资产清查，清查之后发现盘亏一台原值为 50 000 元的设备，经查账发现此台设备已提折旧为 24 000 元。该公司应编制会计分录如下。

借：待处理财产损溢　　　　　　　　　　　　　　26 000
　　累计折旧　　　　　　　　　　　　　　　　　24 000
　　贷：固定资产　　　　　　　　　　　　　　　　　　50 000

上报上级主管部门后，批准转入"营业外支出"科目。

借：营业外支出——盘亏损失　　　　　　　　　　26 000
　　贷：待处理财产损溢　　　　　　　　　　　　　　　26 000

4.6.3　固定资产减值

固定资产在资产负债表日存在可能发生减值的迹象时，其可收回金额低于账面价值的，企业应当将该固定资产的账面价值减记至可收回金额，减记的金额确认为减值损失，计入当期损益，同时计提相应的资产减值准备，借记"资产减值损失——计提的固定资产减值准备"科目，贷记"固定资产减值准备"科目。固定资产减值损失一经确认，在以后会计期间不得转回。

【例 4-22】计提固定资产减值准备的会计核算。

2×19 年 12 月 31 日，丁公司的某生产线存在可能发生减值的迹象。经计算，该机器的可收回金额合计为 1 230 000 元，账面价值为 1 400 000 元，以前年度表示对该生产线计提过减值准备。

由于该生产线的可收回金额为 1 230 000 元，账面价值为 1 400 000 元，可收回金额低于账面价值，应按两者之间的差额 170 000 元（1 400 000 - 1 230 000）计提固定资产减值准备。丁公司应做以下会计处理。

借：资产减值损失——计提的固定资产减值准备　　170 000
　　贷：固定资产减值准备　　　　　　　　　　　　　170 000

企业的生产和经营都离不开各项成本及费用支出。本章将重点聚焦在建筑施工企业成本费用会计核算上，并在此基础上明确了建筑施工企业营业利润、营业外收入、营业外支出的相关核算。进一步的，针对建筑施工企业涉及到的城市维护建设税、房产税、城镇土地使用税、个人所得税的税务重难点进行了详细的讲解。

5.1 成本费用的概述

本节的主要内容是建筑施工企业会计核算的重要组成部分，即合同成本和期间费用的核算。成本费用的正确核算，可以综合反映建筑施工企业的劳务消耗，提高企业的经营效率，进而增加企业的利润。建筑施工企业在其存续期间内，为了进行施工生产而发生的各种耗费，可以称之为施工成本费用。在建筑施工企业的会计核算实务中，为了准确地核算每一个施工项目的成本耗费，以比较各种工程项目的经济效益，往往需要把与生产有直接关系的生产费用，以各个单项工程为对象，按一定的方法进行归集，就构成各项工程的成本。

企业在与客户之间建立合同关系过程中发生的成本主要有合同取得成本和合同履约成本。

（一）合同取得成本

企业为取得合同发生的增量成本预期能够收回的，应作为合同取得成本确认为一项资产。增量成本是指企业不取得合同就不会发生的成本，也就是企业发生的与合同直接相关，但又不是所签订合同的对象或内容（如建造商品或提供服务）本身所直接发生的费用。如销售佣金等。如果销售佣金等预期可通过未来的相关服务收入予以补偿，该销售佣金（即增量成本）应在发生时确认为一项资产，即合同取得成本。

合同成本的内容与会计处理如表 5-1 所示。

表 5-1　合同成本的内容与会计处理

合同成本	内容	会计处理
合同取得成本	增量成本	确认为一项资产
	增量成本之外的其他支出	计入当期损益
合同履约成本	履行合同可能会发生各种成本	确认为一项资产

企业取得合同发生的增量成本已经确认为资产的，应当采用与该资产相关的商品收入确认相同的基础进行摊销，计入当期损益。为简化实务操作，该资产摊销期限不超过一年的，可以在发生时计入当期损益。

企业为取得合同发生的、除预期能够收回的增量成本之外的其他支出，如无论是否取得合同均会发生的差旅费、投标费、为准备投标资料发生的相关费用等，应当在发生时计入当期损益，除非这些支出明确由客户承担。

【例 5-1】合同取得成本的会计核算。

甲公司是一家建筑公司，通过竞标赢得一项设备安装工程，该项目含税价款总额为 1 962 000 元，合同约定根据完工进度支付价款。为取得与该客户的合同，甲公司为投标而发生的差旅费为 10 000 元，支付销售人员佣金 50 000 元。甲公司预期这些支出未来均能够收回。此外，甲公司根据其整体盈利情况及个人业绩等，向销售部门经理支付年度奖金 10 000 元。

在本例中，甲公司因签订该客户合同而向销售人员支付的佣金属于取得合同发生的增量成本，应当将其作为合同取得成本确认为一项资产。甲公司为投标发生的差旅费以及向销售部门经理支付的年度奖金（不能直接归属于可识别的合同）不属于增量成本，应当于发生时直接计入当期损益。甲公司应编制以下会计分录。

（1）支付相关费用。

借：合同取得成本　　　　　　　　　　　　　　　50 000

　　管理费用　　　　　　　　　　　　　　　　　10 000

　　销售费用　　　　　　　　　　　　　　　　　10 000

　　贷：银行存款　　　　　　　　　　　　　　　　　　70 000

（2）1个月后，经专家确认完工进度为50%，确认收入，并摊销销售佣金。

服务收入 =1 962 000÷（1+9%）×50% =900 000（元）

销售佣金摊销额 =50 000×50%= 25 000（元）

借：应收账款　　　　　　　　　　　　　　　　981 000

　　销售费用　　　　　　　　　　　　　　　　　25 000

　　贷：合同取得成本　　　　　　　　　　　　　　　　25 000

　　　　主营业务收入　　　　　　　　　　　　　　　900 000

　　　　应交税费——应交增值税（销项税额）　　　　81 000

（二）合同履约成本

合同履约成本是指企业为履行当前或预期取得的合同所发生的、属于《企业会计准则第14号——收入》规定范围并且按照该准则应当确认为一项资产的成本。合同履约成本的确认条件如表5-2所示。

表5-2　合同履约成本的确认条件

合同履约成本的确认	确认的条件（同时满足）	具体内容
合同履约成本	（1）该成本与一份当前或预期取得的合同直接相关	①与合同直接相关的成本。包括：A. 直接人工（如支付给直接为客户提供所承诺服务的人员的工资、奖金等）；B. 直接材料（如为履行合同耗用的原材料、辅助材料、构配件、零件、半成品的成本和周转材料的摊销及租赁费用等）；C. 制造费用或类似费用（如组织和管理相关生产、施工、服务等活动发生的费用，包括管理人员的职工薪酬、劳动保护费、固定资产折旧费及修理费、物料消耗、取暖费、水电费、办公费、差旅费、财产保险费、工程保修费、临时设施摊销费等）

合同履约成本的确认	确认的条件（同时满足）	具体内容
		② 明确由客户承担的成本以及仅因该合同而发生的其他成本（如支付给分包商的成本、机械使用费、设计和技术援助费用、施工现场二次搬运费、生产工具和用具使用费、检验试验费、工程定位复测费、工程点交费用、场地清理费等）
	（2）该成本增加了企业未来用于履行（或持续履行）履约义务的资源	—
	（3）该成本预期能够收回	—

非合同履约成本的会计处理见表 5-3。

表 5-3　非合同履约成本的会计处理

分类	会计处理
管理费用	计入当期损益
非正常消耗的直接材料、直接人工和制造费用（履行合同发生，但未反映在合同价格中）	
与履约义务中已履行(包括已全部履行或部分履行)部分相关的支出，即该支出与企业过去的履约活动相关	
无法在尚未履行的与已履行（或已部分履行）的履约义务之间区分的相关支出	

合同履约成本的会计处理如表 5-4 所示。

表 5-4　合同履约成本的会计处理

相关业务	会计处理
发生合同履约成本	借记"合同履约成本"科目，贷记"银行存款""应付职工薪酬""原材料"等科目
对合同履约成本进行摊销	借记"主营业务成本""其他业务成本"等科目，贷记"合同履约成本"科目

【例 5-2】合同履约成本的会计核算。

甲公司为一家建筑施工企业,与客户签订合同,为该客户拥有的一条铁路更换 100 根铁轨,合同价格为 100 万元(不含税价),合同约定按完工进度支付价款。截至 2×19 年 12 月 31 日,甲公司共更换铁轨 60 根,甲企业为完成该合同累计发生装修人员薪酬 15 万元,材料费用 25 万元。

甲公司提供的更换铁轨的服务属于在某一时段内履行的履约义务,并按照已完成的工作量确定履约进度。因此,截至 2×19 年 12 月 31 日,该合同的履约进度为 60%(60÷100),甲公司应确认的收入为 60 万元(100×60%)。

(1)确认合同履约成本。

借:合同履约成本 400 000
　　贷:应付职工薪酬 150 000
　　　　原材料 250 000

(2)2×19 年 12 月 31 日确认收入并摊销合同履约成本。

借:银行存款 654 000
　　贷:主营业务收入 600 000
　　　　应交税费——应交增值税(销项税额) 54 000
借:主营业务成本 400 000
　　贷:合同履约成本 400 000

5.2　费用的核算

费用主要是指企业日常活动所发生的经济利益的总流出,其包括企业为取得营业收入进行产品销售等营业活动所发生的营业成本、税金及附加和期间费用。企业为生产产品、提供劳务等发生的可归属于产品成本、劳务成本等的费用,应当在确认销售商品收入、提供劳务收入等时,将已销售商品、已提供劳务的成本确认为营业成本(包括主营业务成本和其他业务成本)。期间费用包括管理费用、销售费用和财务费用。

5.2.1　营业成本

（一）主营业务成本

主营业务成本是指企业销售商品、提供服务等经常性活动所发生的成本。企业一般在确认销售商品、提供服务等主营业务收入时，或在月末，将已销售商品、已提供服务的成本转入主营业务成本。企业应当设置"主营业务成本"科目，用于核算企业因销售商品、提供服务等日常活动而发生的实际成本，该科目按主营业务的种类进行明细核算。

主营业务成本相关业务的账务处理见表 5-5。

表 5-5　主营业务成本相关业务的账务处理

相关业务	账务处理
结转已销售商品或提供的服务成本	借记"主营业务成本"科目，贷记"库存商品""合同履约成本"等科目
期末，将主营业务成本的余额转入"本年利润"科目	借记"本年利润"科目，贷记"主营业务成本"科目

【例 5-3】主营业务成本的账务处理 1。

2019 年 5 月 20 日，甲建筑施工企业向乙建筑施工企业销售一批产品，开具的增值税专用发票上注明的价款为 200 000 元，增值税税额为 26 000 元；甲企业已收到乙企业支付的款项 226 000 元，并将提货单送交乙企业；该批产品成本为 190 000 元。该项销售业务属于某一时点履行的履约义务。甲企业应编制以下会计分录。

（1）销售实现时。

借：银行存款　　　　　　　　　　　　　　226 000

　　贷：主营业务收入　　　　　　　　　　　　200 000

　　　　应交税费——应交增值税（销项税额）　　26 000

借：主营业务成本　　　　　　　　　　　　190 000

　　贷：库存商品　　　　　　　　　　　　　　190 000

（2）期末，将主营业务成本结转至本年利润时。

借：本年利润　　　　　　　　　　　　　　190 000

　　贷：主营业务成本　　　　　　　　　　　　190 000

【例 5-4】主营业务成本的账务处理 2。

2019 年 5 月 10 日，某建筑施工企业销售甲产品 100 件，单价为 1 000 元，单位成本为 800 元，开具的增值税专用发票上注明的价款为 100 000 元，增值税税额为 13 000 元，购货方尚未付款，该项销售业务属于某一时点履行的履约义务。7 月 25 日，因产品质量问题购货方退货，并开具增值税专用发票（红字）。假定不考虑其他因素，该企业应编制以下会计分录。

（1）销售产品时。

借：应收账款 113 000
　　贷：主营业务收入 100 000
　　　　应交税费——应交增值税（销项税额） 13 000
借：主营业务成本 80 000
　　贷：库存商品——甲产品 80 000

（2）销售退回时。

借：主营业务收入 100 000
　　应交税费——应交增值税（销项税额） 13 000
　　　　贷：应收账款 113 000
借：库存商品——甲产品 80 000
　　贷：主营业务成本 80 000

【例 5-5】主营业务成本的账务处理 3。

2019 年 8 月末，某建筑施工企业计算已销售的甲、乙、丙 3 种产品的实际成本，分别为 10 000 元、20 000 元和 25 000 元。该企业月末结转已销甲、乙、丙产品成本时，应编制以下会计分录。

借：主营业务成本 55 000
　　贷：库存商品——甲产品 10 000
　　　　　　　　——乙产品 20 000
　　　　　　　　——丙产品 25 000

（二）其他业务成本

其他业务成本是指企业确认的除主营业务活动以外的其他日常经营活动所发生的支出。其他业务成本包括销售材料的成本、出租固定资产的折旧额、出租无形资产的摊销额、出租包装物的成本或摊销额等。采用成本模式计量投资性房地产的，其投资性房地产计提的折旧额或摊销额，也构成其他业务成本。

企业应当设置"其他业务成本"科目，核算企业确认的除主营业务活动以外的其他日常经营活动所发生的支出。"其他业务成本"科目按其他业务成本的种类进行明细核算。

其他业务成本相关业务的账务处理见表 5-6。

表 5-6　其他业务成本相关业务的账务处理

相关业务	账务处理
发生的其他业务成本	借记"其他业务成本"科目，贷记"原材料""周转材料""累计折旧""累计摊销""应付职工薪酬""银行存款"等科目
期末，将"其他业务成本"的余额转入"本年利润"科目	借记"本年利润"科目，贷记"其他业务成本"科目

【例 5-6】其他业务成本的账务处理 1。

2019 年 5 月 10 日，某建筑施工企业销售一批原材料，开具的增值税专用发票上注明的价款为 10 000 元，增值税税额为 1 300 元，款项已由银行收妥。该批原材料的实际成本为 7 000 元。该项销售业务属于某一时点履行的履约义务。该企业应编制以下会计分录。

（1）销售实现时。

借：银行存款　　　　　　　　　　　　　　　　　　　　11 300

　　贷：其他业务收入　　　　　　　　　　　　　　　　　10 000

　　　　应交税费——应交增值税（销项税额）　　　　　　 1 300

借：其他业务成本　　　　　　　　　　　　　　　　　　 7 000

　　贷：原材料　　　　　　　　　　　　　　　　　　　　 7 000

（2）期末，将其他业务成本结转至本年利润时。

借：本年利润　　　　　　　　　　　　　　　　　　　　 7 000

　　贷：其他业务成本　　　　　　　　　　　　　　　　　 7 000

【例 5-7】其他业务成本的账务处理 2。

2019 年 1 月 5 日，甲建筑施工企业将自行开发完成的非专利技术出租给一家企业，该非专利技术成本为 240 000 元，双方约定的租赁期限为 10 年，甲企业每月应摊销 2 000 元（240 000÷10÷12）。甲企业每月摊销非专利技术成本时，应编制以下会计分录。

借：其他业务成本 2 000

　　贷：累计摊销 2 000

【例 5-8】其他业务成本的账务处理 3。

2019 年 11 月 22 日，某建筑施工企业因销售商品领用单独计价的包装物的实际成本为 40 000 元，开具的增值税专用发票上注明价款为 100 000 元，增值税税额为 13 000 元，款项已存入银行。销售商品领用单独计价的包装物属于销售商品和包装物两项履约义务，且属于某一时点履行的履约义务。该企业确认商品销售收入的同时，应编制以下会计分录。

（1）出售包装物时。

借：银行存款 113 000

　　贷：其他业务收入 100 000

　　　　应交税费——应交增值税（销项税额） 13 000

（2）结转出售包装物成本时。

借：其他业务成本 40 000

　　贷：周转材料——包装物 40 000

（3）期末，将其他业务成本结转至本年利润时。

借：本年利润 40 000

　　贷：其他业务成本 40 000

5.2.2 税金及附加

税金及附加是指企业经营活动应负担的相关税费，包括消费税、城市维护建设税、教育费附加、资源税、土地增值税、房产税、城镇土地使用税、车船税、印花税等。

企业应当设置"税金及附加"科目，核算企业经营活动发生的消费税、城市维护建设税、教育费附加、资源税、土地增值税、房产税、城镇土地使用税、车船税、印花税等相关税费。

税金及附加相关业务的账务处理见表 5 7。

表 5-7　税金及附加相关业务的账务处理

相关业务	账务处理
计算确定的与经营活动相关的消费税、城市维护建设税、资源税、教育费附加、房产税、城镇土地使用税、车船税等税费	借记"税金及附加"科目，贷记"应交税费"科目
将"税金及附加"科目余额转入"本年利润"科目	借记"本年利润"科目，贷记"税金及附加"科目

【例 5-9】税金及附加的账务处理 1。

2019 年 8 月 1 日，某建筑施工企业取得应纳消费税的销售商品收入 3 000 000 元，该商品适用的消费税税率为 25%。该企业应编制以下会计分录。

（1）计算确认应交消费税税额。

应交消费税税额 =3 000 000×25%=750 000（元）

借：税金及附加　　　　　　　　　　　　　　　　　750 000

　　贷：应交税费——应交消费税　　　　　　　　　　　　750 000

（2）实际缴纳消费税时。

借：应交税费——应交消费税　　　　　　　　　　　750 000

　　贷：银行存款　　　　　　　　　　　　　　　　　　　750 000

【例 5-10】税金及附加的账务处理 2。

2019 年 9 月，某建筑施工企业当月实际缴纳的增值税为 450 000 元、消费税为 150 000 元。假定城市维护建设税的税率为 7%，教育费附加的税率为 3%。该企业应编制与城市维护建设税、教育费附加有关的会计分录如下。

（1）计算确认应交城市维护建设税和教育费附加时。

应交城市维护建设税 =（450 000+150 000）×7% =42 000（元）

应交教育费附加 =（450 000+150 000）×3% =18 000（元）

借：税金及附加　　　　　　　　　　　　　　　　　60 000

　　贷：应交税费——应交城市维护建设税　　　　　　　　42 000

　　　　　　　　——应交教育费附加　　　　　　　　　　18 000

（2）实际缴纳城市维护建设税和教育费附加时。

借：应交税费——应交城市维护建设税 42 000

——应交教育费附加 18 000

贷：银行存款 60 000

【例 5-11】税金及附加的账务处理 3。

2019 年 12 月，某建筑施工企业一幢房产的原值为 2 000 000 元，已知房产税的税率为 1.2%，当地规定的房产税扣除比例为 30%。该企业应编制以下会计分录。

（1）计算应交房产税税额。

应交房产税税额 =2 000 000×（1-30%）×1.2%=16 800（元）

借：税金及附加 16 800

贷：应交税费——应交房产税 16 800

（2）实际缴纳房产税时。

借：应交税费——应交房产税 16 800

贷：银行存款 16 800

【例 5-12】税金及附加的账务处理 4。

2019 年 12 月，某建筑施工企业按规定当月实际应交车船税 24 000 元，应交城镇土地使用税 50 000 元。该企业应编制以下会计分录。

（1）计算应缴纳的车船税、城镇土地使用税时。

借：税金及附加 74 000

贷：应交税费——应交车船税 24 000

——应交城镇土地使用税 50 000

（2）实际缴纳车船税、城镇土地使用税时。

借：应交税费——应交车船税 24 000

——应交城镇土地使用税 50 000

贷：银行存款 74 000

5.2.3 期间费用

期间费用是指企业日常活动发生的不能计入特定核算对象的成本，而应计入发生当期损益的费用。期间费用包括管理费用、销售费用和财务费用。

（一）管理费用

管理费用含义、内容和科目设置的介绍见表 5-8。

表 5-8　管理费用

含义	内容	科目设置
企业为组织和管理生产经营活动而发生的各种管理费用	企业在筹建期间发生的开办费、董事会和行政管理部门在企业的经营管理中发生的或者应由企业统一负担的公司经费（包括行政管理部门职工薪酬、物料消耗、低值易耗品摊销、办公费和差旅费等）、工会经费、董事会费（包括董事会成员津贴、会议费和差旅费等）、聘请中介机构费、咨询费（含顾问费）、诉讼费、业务招待费、技术转让费、矿产资源补偿费、研究费用、排污费以及企业生产车间（部门）和行政管理部门发生的固定资产修理费等	核算管理费用的发生和结转情况。该科目借方登记企业发生的各项管理费用，贷方登记期末转入"本年利润"科目的管理费用，结转后该科目应无余额。该科目应按管理费用的费用项目进行明细核算

【例 5-13】管理费用的账务处理 1。

2019 年 4 月 10 日，某建筑施工企业为拓展产品销售市场，发生业务招待费 50 000 元，取得的增值税专用发票上注明增值税税额为 3 000 元，已用银行存款支付全部款项。该企业应编制以下会计分录。

借：管理费用——业务招待费　　　　　　　　　　　　　50 000

　　应交税费——应交增值税（进项税额）　　　　　　　　3 000

　　贷：银行存款　　　　　　　　　　　　　　　　　　　　　　53 000

【例 5-14】管理费用的账务处理 2。

某建筑施工企业行政部门 9 月共发生费用 224 000 元，其中：行政人员薪酬为 150 000 元，行政部专用办公设备折旧费为 45 000 元，报销行政人员差旅费为 21 000 元（假定报销人均未预借差旅费），其他办公费、水电费合计为 8 000 元（均用银行存款支付）。该企业应编制会计分录如下。

借：管理费用　　　　　　　　　　　　　　　　　　　224 000

　　贷：应付职工薪酬　　　　　　　　　　　　　　　　　　150 000

　　　　累计折旧　　　　　　　　　　　　　　　　　　　　45 000

　　　　库存现金　　　　　　　　　　　　　　　　　　　　21 000

    银行存款   8 000

（二）销售费用

销售费用含义、内容和科目设置的介绍见表5-9。

表5-9　销售费用含义、内容和科目设置

含义	内容	科目设置
企业在销售商品和材料、提供劳务过程中发生的各项费用	企业在销售商品过程中发生的包装费、保险费、展览费和广告费、商品维修费、预计产品质量保证损失、运输费、装卸费等费用，以及企业发生的为销售本企业商品而专设的销售机构的职工薪酬、业务费、折旧费、固定资产修理费等费用	核算销售费用的发生和结转情况。该科目借方登记企业所发生的各项销售费用，贷方登记期末结转入"本年利润"科目的销售费用，结转后该科目应无余额。该科目应按销售费用的费用项目进行明细核算

【例5-15】销售费用的账务处理。

某建筑施工企业为增值税一般纳税人，2019年6月1日为宣传新产品发生广告费，取得的增值税专用发票上注明的价款为100 000元，增值税税额为6 000元，价税款项用银行存款支付。该企业应编制以下会计分录。

    借：销售费用——广告费   100 000

        应交税费——应交增值税（进项税额）   6 000

        贷：银行存款   106 000

该建筑施工企业于2019年6月12日销售一批产品，取得的增值税专用发票上注明的运输费为7 000元，增值税税额为630元，取得的增值税普通发票上注明的装卸费价税合计为3 000元，上述款项均用银行存款支付。该企业应编制以下会计分录。

    借：销售费用   10 000

        应交税费——应交增值税（进项税额）   630

        贷：银行存款   10 630

该建筑施工企业于2019年6月15日用银行存款支付所销产品保险费合计10 600元，取得的增值税专用发票上注明的保险费为10 000元，增值税税额为600元。该企业应编制以下会计分录。

    借：销售费用——保险费   10 000

        应交税费——应交增值税（进项税额）   600

        贷：银行存款   10 600

该建筑施工企业销售部 2019 年 6 月共发生费用 220 000 元，其中：销售人员薪酬为 100 000 元，销售部专用办公设备和房屋的折旧费为 50 000 元，业务费为 70 000 元（用银行存款支付）。假设不考虑其他因素，该企业应编制以下会计分录。

借：销售费用　　　　　　　　　　　　　　　　　　　　220 000

　　贷：应付职工薪酬　　　　　　　　　　　　　　　　100 000

　　　　累计折旧　　　　　　　　　　　　　　　　　　 50 000

　　　　银行存款　　　　　　　　　　　　　　　　　　 70 000

该建筑施工企业于 2019 年 6 月 30 日将"销售费用"科目余额 340 000 元结转至"本年利润"科目。该企业应编制以下会计分录。

借：本年利润　　　　　　　　　　　　　　　　　　　　340 000

　　贷：销售费用　　　　　　　　　　　　　　　　　　340 000

（三）财务费用

财务费用含义、内容和科目设置的介绍见表 5–10。

表 5–10　财务费用

含义	内容	科目设置
企业为筹集生产经营所需资金等而发生的筹资费用	利息支出（利息支出减利息收入后的差额）、汇兑损益以及相关的手续费、企业发生的现金折扣或收到的现金折扣等	核算财务费用的发生和结转情况。该科目借方登记企业发生的各项财务费用，贷方登记期末结转入"本年利润"科目的财务费用。结转后该科目应无余额。该科目应按财务费用的费用项目进行明细核算

【例 5–16】 财务费用的账务处理。

某建筑施工企业于 2019 年 12 月 1 日向银行借入生产经营用短期借款 360 000 元，期限 6 个月，年利率 5%，该借款本金到期后一次归还，利息分月预提，按季支付。该企业应编制以下会计分录。

每月末，预提当月应计利息 = 360 000 × 5% ÷ 12 = 1 500（元）。

借：财务费用——利息支出　　　　　　　　　　　　　　1 500

　　贷：应付利息　　　　　　　　　　　　　　　　　　1 500

该建筑施工企业于 2019 年 12 月 30 日用银行存款支付本月应负担的短期借款利息 1 500 元。该企业应编制以下会计分录。

借：应付利息   1 500

     贷：银行存款   1 500

2019年12月30日，该建筑施工企业在购买材料业务中，获得对方给予的现金折扣4 000元（假定不考虑增值税）。该企业应编制以下会计分录。

借：应付账款   4 000

     贷：财务费用   4 000

2019年12月31日，该建筑施工企业将"财务费用"科目余额22 940元结转至"本年利润"科目。该企业应编制以下会计分录。

借：本年利润   22 940

     贷：财务费用   22 940

5.3 利润的核算

利润的含义及计算内容的介绍见表5-11。

表5-11 利润的含义及计算内容

含义	计算内容
企业在一定会计期间的经营成果	包括收入减去费用后的净额、直接计入当期利润的利得和损失等。其中直接计入当期损益的利得和损失，是指应计入当期损益、会导致所有者权益发生增减变动的、与所有者投入资本或者向所有者分配利润无关的利得或损失

5.3.1 营业利润的核算公式及相关定义

营业利润的核算公式及相关定义的介绍见表5-12。

表 5-12　营业利润的核算公式及相关定义

各种利润	核算公式	相关定义
营业利润	营业利润＝营业收入－营业成本－税金及附加－销售费用－管理费用－研发费用－财务费用＋其他收益＋投资收益（－投资损失）＋净敞口套期收益（－净敞口套期损失）＋公允价值变动收益（－公允价值变动损失）－信用减值损失－资产减值损失＋资产处置收益（－资产处置损失）	营业收入是指企业经营业务所实现的收入总额，包括主营业务收入和其他业务收入； 营业成本是指企业经营业务所发生的实际成本总额，包括主营业务成本和其他业务成本； 研发费用是指企业进行研究与开发过程中发生的费用支出，以及计入管理费用的自行开发无形资产的摊销； 其他收益主要是指与企业日常活动相关，除冲减相关成本费用以外的政府补助； 投资收益（或损失）是指企业以各种方式对外投资所取得的收益（或损失）； 净敞口套期收益（净敞口套期损失）是指净敞口套期下被套期项目累计公允价值变动转入当期损益的金额（或现金流量转入当期损益的金额） 公允价值变动收益（或损失）是指企业的交易性金融资产等公允价值变动形成的应计入当期损益的利得（或损失）； 信用减值损失是指企业计提各项金融工具信用减值准备所确认的信用损失； 资产减值损失是指企业计提有关资产减值准备所形成的损失； 资产处置收益（或损失）反映企业出售划分为持有待售的非流动资产（金融工具、长期股权投资和投资性房地产除外）或处置组（子公司和业务除外）时确认的处置利得或损失，以及处置未划分为持有待售的固定资产、在建工程、生产性生物资产及无形资产而产生的处置利得或损失，还包括债务重组中因处置非流动资产产生的利得或损失和非货币性资产交换中换出非流动资产产生的利得或损失
利润总额	利润总额＝营业利润＋营业外收入－营业外支出	营业外收入是指企业发生的与其日常活动无直接关系的各项利得； 营业外支出是指企业发生的与其日常活动无直接关系的各项损失
净利润	净利润＝利润总额－所得税费用	所得税费用是指企业确认的应从当期利润总额中扣除的所得税费用

5.3.2 营业外收入和营业外支出的核算

营业外收入的含义、内容、科目设置和会计处理的介绍见表 5-13。

表 5-13 营业外收入

含义	内容	科目设置	会计处理
企业发生的与其日常活动无直接关系的各项利得	非流动资产毁损报废收益、与企业日常活动无关的政府补助、盘盈利得、捐赠利得、债务重组利得等	该科目核算营业外收入的取得及结转情况。该科目贷方登记企业确认的各项营业外收入,借方登记期末结转入"本年利润"科目的营业外收入。结转后该科目应无余额。该科目应按照营业外收入的项目进行明细核算	确认营业外收入时,借记"固定资产清理""银行存款""库存现金""应付账款"等科目,贷记"营业外收入"科目。期末,应将"营业外收入"科目余额转入"本年利润"科目,借记"营业外收入"科目,贷记"本年利润"科目
注:营业外收入并不是企业经营资金耗费所产生的,不需要企业付出代价,其实际上是经济利益的净流入,不可能也不需要与有关的费用进行配比	注:非流动资产毁损报废收益,指因自然灾害等发生毁损、已丧失使用功能而报废非流动资产所产生的清理收益; 与企业日常活动无关的政府补助,指企业从政府无偿取得货币性资产或非货币性资产,且与企业日常活动无关的利得; 盘盈利得,指企业对现金等资产清查盘点时发生盘盈,报经批准后计入营业外收入的金额; 捐赠利得,指企业接受捐赠产生的利得; 债务重组利得,指重组债务的账面价值超过清偿债务的现金、非现金资产的公允价值、所转股份的公允价值或重组后债务账面价值之间的差额		

营业外支出的含义、内容、科目设置和会计处理的介绍见表 5-14。

表 5-14 营业外支出相关内容

含义	内容	科目设置	会计处理
企业发生的与其日常活动无直接关系的各项损失	非流动资产毁损报废损失、捐赠支出、盘亏损失、非常损失、罚款支出、债务重组损失等	该科目核算营业外支出的发生及结转情况。该科目借方登记企业发生的各项营业外支出,贷方登记期末结转入"本年利润"的营业外支出。结转后该科目应无余额。该科目应按照营业外支出的项目进行明细核算	发生营业外支出时,借记"营业外支出"科目,贷记"固定资产清理""待处理财产损溢""库存现金""银行存款"等科目。期末,应将"营业外支出"科目余额转入"本年利润"科目,借记"本年利润"科目,贷记"营业外支出"科目
	注:非流动资产毁损报废损失,指因自然灾害等发生毁损、已丧失使用功能而报废非流动资产所产生的清理损失; 捐赠支出,指企业对外进行捐赠发生的支出; 盘亏损失,主要指对于财产清查盘点中盘亏的资产,查明原因并报经批准后计入营业外支出的损失; 非常损失,指企业对于因客观因素(如自然灾害等)造成的损失,扣除保险公司赔偿后应计入营业外支出的净损失; 罚款支出,指企业支付的行政罚款、税务罚款,以及其他违反法律法规、合同协议等而支付的罚款、违约金、赔偿金等支出; 债务重组损失,指企业按债务重组会计处理规定应计入营业外支出的债务重组损失		

5.4 建筑施工企业的税务处理

5.4.1 城市维护建设税的税务处理

城市维护建设税的税务处理如图 5-1 所示。

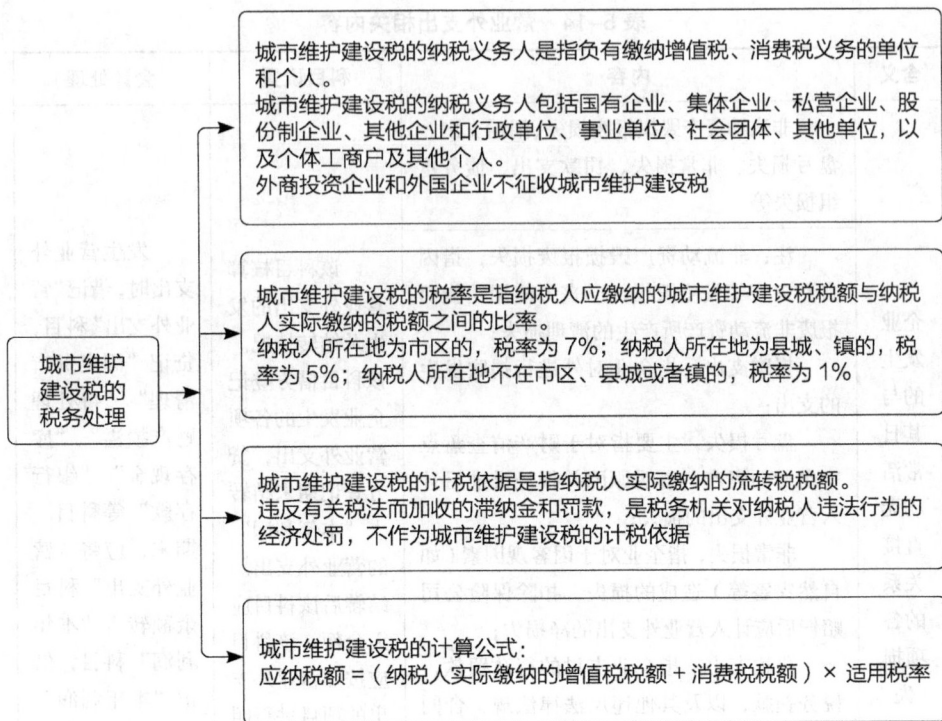

城市维护建设税的纳税义务人是指负有缴纳增值税、消费税义务的单位和个人。
城市维护建设税的纳税义务人包括国有企业、集体企业、私营企业、股份制企业、其他企业和行政单位、事业单位、社会团体、其他单位，以及个体工商户及其他个人。
外商投资企业和外国企业不征收城市维护建设税

城市维护建设税的税率是指纳税人应缴纳的城市维护建设税税额与纳税人实际缴纳的税额之间的比率。
纳税人所在地为市区的，税率为7%；纳税人所在地为县城、镇的，税率为5%；纳税人所在地不在市区、县城或者镇的，税率为1%

城市维护建设税的计税依据是指纳税人实际缴纳的流转税税额。
违反有关税法而加收的滞纳金和罚款，是税务机关对纳税人违法行为的经济处罚，不作为城市维护建设税的计税依据

城市维护建设税的计算公式：
应纳税额＝（纳税人实际缴纳的增值税税额＋消费税税额）× 适用税率

图 5-1　城市维护建设税的税务处理

【例 5-17】城市维护建设税的税务处理

甲建筑公司为一般纳税人，其 2016 年教学楼确认的工程收入为 200 万元，全优工程奖 10 万元，甲建筑公司属于市属单位，计算其教学楼应当缴纳的城市维护建设税如下：

应缴纳的增值税税款＝（200+10）×9%=18.9（万元）

应交城市维护建设税 =18.9×7% ≈ 1.32（万元）

5.4.2　房产税的税务处理

（一）房产税的纳税义务人

房产税的纳税义务人是指在征税范围内的房屋产权所有人。

（二）房产税的征税对象

房产税的征税对象为房产，其是指有屋面和围护结构（有墙或两边有柱），能够遮风避雨，可供人们在其中生产、学习、工作、娱乐、居住或储藏物资的场所。

（三）房产税的征税范围

（1）城市。它是指国务院批准设立的市。

（2）县城。它是指县人民政府所在地的地区。

（3）建制镇。它是指经省、自治区、直辖市人民政府批准设立的建制镇。

（4）工矿区。它是指工商业比较发达、人口比较集中、符合国务院规定的建制镇标准但尚未设立建制镇的大中型工矿企业所在地。

（四）房产税的税率、税基

（1）从价计征：按房产原值一次减除 10%~30% 后的余值计征，税率为1.2%。

（2）从租计征：按房产出租的租金收入计征，税率为 12%（个人出租计征比例为 4%）。

（五）房产税的计算公式

（1）从价计征的计算公式：应纳税额 = 应税房产原值 ×（1- 扣除比例）×1.2%

（2）从租计征的计算公式：应纳税额 = 房产租金收入 ×12%（或 4%）

5.4.3　城镇土地使用税的税务处理

（1）城镇土地使用税的纳税义务人是指在城市、县城、建制镇、工矿区范围内使用土地的单位和个人。

（2）城镇土地使用税的征税范围：在城市、县城、建制镇和工矿区内的国家所有和集体所有的土地。

（3）城镇土地使用税的计税依据：城镇土地使用税以纳税人实际占用的土地面积为计税依据，土地面积计量标准为 m^2。

（4）城镇土地使用税的计算公式：年应纳税额 = 实际占用应税土地面积 × 适用税额

5.4.4　个人所得税的税务处理

（1）个人所得税的纳税义务人是指在中国境内居住有所得的人，以及不在中国境内居住而从中国境内取得所得的个人，包括中国国内公民、在华取得所得的外籍人员和港澳台同胞。

（2）个人所得税的计税公式：应纳税额 = 应纳税所得额 × 适用税率 − 速算扣除数。

（3）个人所得税适用税率为 3% ~ 45% 的超额累进税率。

（4）个人所得税的缴纳时间是次月 15 日前。

随着建筑施工企业的顺利经营，其收入的会计核算及企业所得税处理也成为重要的关注点。本章针对建筑施工企业的特点，将其收入类型按建造工程合同收入及其他业务收入两方面针对会计核算分别进行介绍。在此基础上对建筑施工企业企业所得税所涉及的税额计算、税前扣除、汇算清缴等内容进行了进一步的阐述，并辅以案例进行补充说明。

6.1 收入概述

6.1.1 收入的含义和特征

收入的含义和特征的介绍见表 6-1。

表 6-1 收入的含义和特征

收入的含义	收入的特征
企业在日常活动中形成的、会导致所有者权益增加的、与所有者投入资本无关的经济利益的总流入	（1）收入是企业在日常活动中形成的； （2）收入是与所有者投入资本无关的经济利益的总流入； （3）收入会导致企业所有者权益的增加； （4）收入只包括本企业经济利益的流入，不应该包括为第三方或客户代收的款项

6.1.2 建筑施工企业收入的主要内容

建筑施工企业的营业收入是指企业在生产经营活动中，由于承包工程、销售产品、提供劳务等实现的收入。营业收入是企业生产经营成果的价值表现，是企业的一项重要财务指标。建筑施工企业收入包含的主要内容如图 6-1 所示。

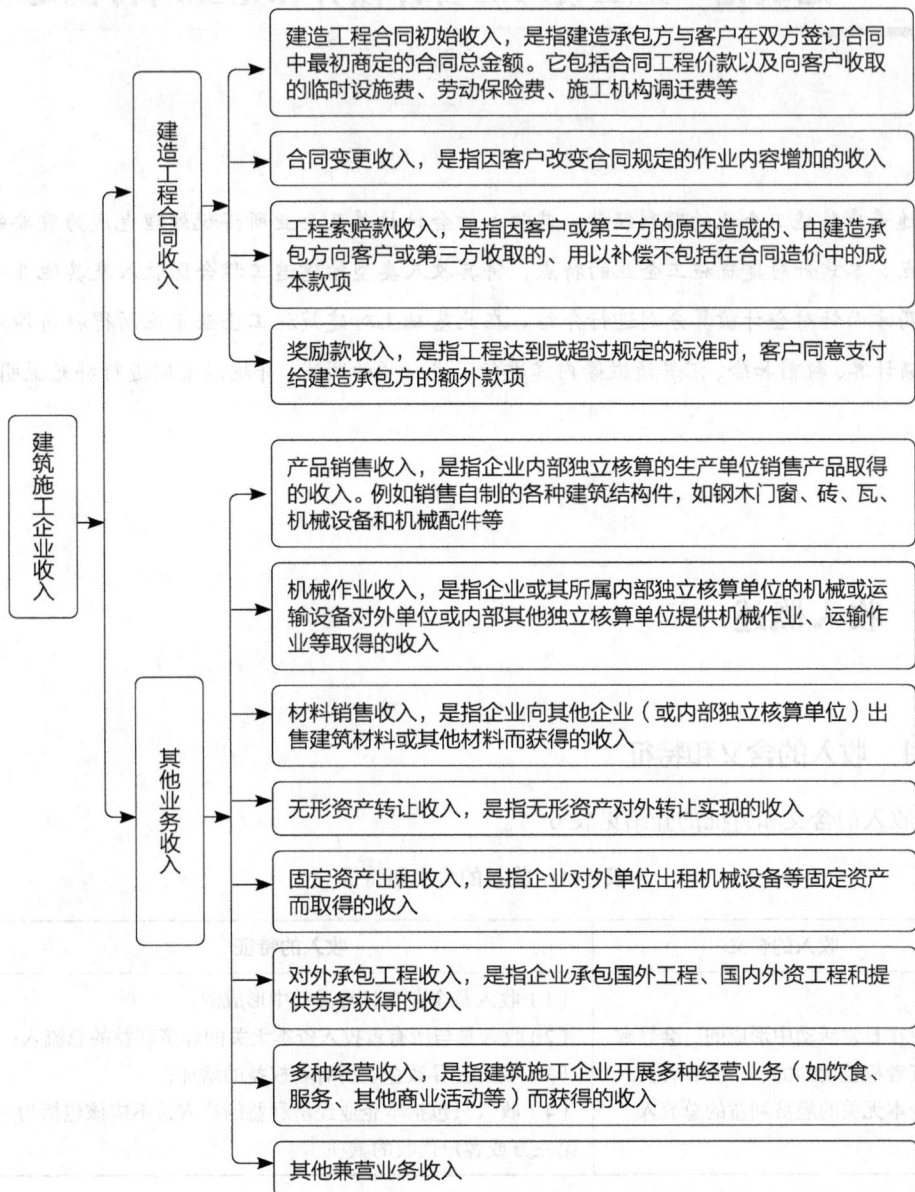

图 6-1　建筑施工企业收入包含的主要内容

知识链接：修订的《企业会计准则第 14 号——收入》（2017）新变化

（1）将收入和建造合同两项准则纳入统一的收入确认模型。

之前收入准则和建造合同准则在某些情形下边界不够清晰，可能导致类似的交易采用不同的收入确认方法，从而对企业财务状况和经营成果产生重大影响。现行的收入准则采用统一的收入确认模型来规范所有与客户之间的合同产生的收入，并且就"在一段时间内"还是"在某一时点"确认收入提供具体指引，有助于更好地解决目前收入确认时点的问题，提高会计信息可比性。

（2）以控制权转移替代风险报酬转移作为收入确认时点的判断标准。

之前收入准则要求区分销售商品收入和提供劳务收入，并且强调在将商品所有权上的主要风险和报酬转移给购买方时确认销售商品收入，但在实务中有时难以判断。现行的收入准则打破了商品和劳务的界限，要求企业在履行合同中的履约义务，即客户取得相关商品（或服务）控制权时确认收入。

（3）对于包含多重交易安排的合同的会计处理提供更明确的指引。

之前收入准则对于包含多重交易安排的合同仅提供了非常有限的指引，具体体现在收入准则第 15 条以及企业会计准则讲解有关奖励积分的会计处理规定。但这些规定远远不能满足实务需要。现行的收入准则对包含多重交易安排的合同的会计处理提供了更明确的指引，要求企业在合同开始日对合同进行评估，识别合同所包含的各项履约义务，按照各项履约义务所承诺商品（或服务）的相对单独售价将交易价格分摊至各项履约义务，进而在履行各履约义务时确认相应的收入。

（4）对于某些特定交易（或事项）的收入确认和计量给出了明确规定。

现行的收入准则对于某些特定交易（或事项）的收入确认和计量给出了明确规定。例如，区分总额和净额确认收入、附有质量保证条款的销售、附有客户额外购买选择权的销售、向客户授予知识产权许可、售后回购、无须退还的初始费等，这些规定将有助于更好地指导企业进行实务操作，从而提高会计信息的可比性。

6.2 收入的核算

6.2.1 收入的确认原则

收入的确认是一个非常重要的问题，它不仅关系到流转税纳税义务发生时间的确定，也会影响成本、费用的正确结转，还会影响利润和应纳税所得额及应纳所得税额计算的正确性。同时还应注意区分会计核算上的收入确认与税法上作为纳税依据的收入确认，二者不能混为一谈。收入的确认原则见表 6-2。

表 6-2　收入的确认原则

收入的确认原则	取得商品控制权的 3 个要素
企业应当在履行了合同中的履约义务，即在客户取得相关商品控制权时确认收入	（1）客户必须拥有现时权利，能够主导该商品的使用并从中获得几乎全部经济利益。如果客户只能在未来的某一期间主导该商品的使用并从中获益，则表明其尚未取得该商品的控制权
	（2）客户有能力主导该商品的使用，即客户在其活动中有权使用该商品，或者能够允许或阻止其他方使用该商品
	（3）客户能够获得商品几乎全部的经济利益

注：表 6-2 所称的客户是指与企业订立合同以向该企业购买其日常活动产出的商品并支付对价的一方；所称的商品包括商品和服务。本章的收入不涉及企业对外出租资产收取的租金、进行债权投资收取的利息、进行股权投资取得的现金股利以及保费收入等。

6.2.2 收入确认的前提条件

企业与客户之间的合同同时满足表 6-3 所示 5 项条件的，企业应当在客户取得相关商品控制权时确认收入。

表 6-3　收入确认的前提条件

收入确认的前提条件	（1）合同各方已批准该合同并承诺将履行各自义务
	（2）该合同明确了合同各方与所转让商品相关的权利和义务
	（3）该合同有明确的与所转让商品相关的支付条款
	（4）该合同具有商业实质，即履行该合同将改变企业未来现金流量的风险、时间分布或金额
	（5）企业因向客户转让商品而有权取得的对价很可能收回

6.2.3　收入确认和计量的步骤

根据 2018 年开始实行的《企业会计准则第 14 号——收入》，收入确认和计量大致分为以下 5 步，如表 6-4 所示。

表 6-4　收入确认和计量的步骤

收入确认和计量的步骤	具体含义
（1）识别与客户订立的合同	合同是指双方或多方之间订立有法律约束力的权利义务的协议。合同有书面形式、口头形式以及其他形式。合同的存在是企业确认客户合同收入的前提，企业与客户之间的合同一经签订，企业即享有从客户处取得与转移商品或服务对价的权利，同时负有向客户转移商品或服务的履约义务
（2）识别合同中的单项履约义务	履约义务是指合同中企业向客户转让可明确区分商品或服务的承诺。企业应当将向客户转让可明确区分商品（或者商品的组合）的承诺，以及向客户转让一系列实质相同且转让模式相同的、可明确区分商品的承诺作为单项履约义务
（3）确定交易价格	交易价格是指企业因向客户转让商品而预期有权收取的对价金额，不包括企业代第三方收取的款项（如增值税）以及企业预期将退还给客户的款项。合同条款所承诺的对价，可能是固定金额、可变金额或二者兼有
（4）将交易价格分摊至各单项履约义务	当合同中包含两项或多项履约义务时，需要将交易价格分摊至各单项履约义务，分摊的方法是在合同开始日，按照各单项履约义务所承诺商品的单独售价（企业向客户单独销售商品的价格）的相对比例，将交易价格分摊至各单项履约义务。通过分摊交易价格，使企业分摊至各单项履约义务的交易价格能够反映其因向客户转让已承诺的相关商品而有权收取的对价金额

续表

收入确认和计量的步骤	具体含义
（5）履行各单项履约义务时确认收入	当企业将商品转移给客户，客户取得了相关商品的控制权，意味着企业履行了合同履约义务，此时，企业应确认收入。企业将商品控制权转移给客户，可能是在某一时段内（即履行履约义务的过程中）发生，也可能在某一时点（即履约义务完成时）发生。企业应当根据实际情况，首先判断履约义务是否满足在某一时段内履行的条件，如不满足，则该履约义务属于在某一时点履行的履约义务

知识链接：施工合同

（1）定义。

施工合同即建筑安装工程承包合同，是发包人和承包人为完成商定的建筑安装工程，明确相互权利、义务关系的合同。

（2）法律特征。

① 签订建设工程施工合同，必须以建设计划和具体建设设计文件已获得国家有关部门批准为前提。签订施工合同须以履行有关法定审批程序为前提，这是因为建设工程施工合同的标的物为建筑产品，需要占用土地，耗费大量的资源，属于国民经济建设的重要组成部分。凡是没有经过计划部门和规划部门批准的，不能进行工程设计，建设行政主管部门不予办理报建手续及施工许可证，更不能组织施工。在施工过程中，如需变更原计划项目功能的，必须报经有关部门审核同意。

② 承包人主体资格受到严格限制建设工程施工合同的承包人，除了在经工商行政管理部门核准的经营范围内从事经营活动外，还应当遵守企业资质等级管理的规定，不得越级承揽任务。

③ 签订及履行施工合同受到国家的严格监督管理。国家对建设工程项目的发包实行招标投标制度。《中华人民共和国招标投标法》第三条规定，在中华人民共和国境内进行工程建设项目必须进行招标。第四条规定，任何单位和个人不得将依法必须进行招标的项目化整为零或者以其他任何方式规避招标。

④ 建设工程施工合同实行备案制度。中华人民共和国建设部令第89号，即《房屋建筑和市政基础设施工程施工招标投标管理办法》第47条规定，订立书面合同后7日内，中标人应当将合同送县级以上建设行政主管部门备案。在施

工过程中,各级政府建设工程质量监督管理部门还要对工程建设的质量进行全面监督。

知识链接:"营改增"对建筑施工企业的影响

1."营改增"对建筑施工企业投标报价的影响

营业税是价内税,增值税是价外税,因此建筑施工企业招标概预算编制将发生重大变化,相应的设计概算和施工图预算也应按新标准执行,对外发布的公开招标书的内容也要进行相应的调整。原工程造价中包含的营业税不再反映,工程造价中只包含城市维护建设税和教育费附加等。编制的招标书中投标总价包含增值税,但增值税又属于价外税。另外,建筑施工企业施工预算需要重新修改,内部定额也要重新编制。所以"营改增"会引起国家招投标体系、预算报价、国家基本建设投资规模及市场发展一系列的变化,对建筑施工企业投标报价产生全面又深刻的影响。

2."营改增"对建筑施工企业财务状况的影响

(1)引起资产负债率上升。由于增值税是价外税,建筑施工企业购置的固定资产、原材料、辅助材料等资产入账成本是扣除进项税额后的金额,资产总额将比"营改增"前有一定幅度的降低,会引起资产负债率上升。

(2)导致营业收入大幅降低,导致净利润大幅下降。收入降低会影响建筑施工企业在国际国内的各类竞争力排名。目前我国没有制定统一的招投标定价标准,大部分省份实行自己的暂行价格标准。

(3)导致现金流出现困难。"营改增"后,企业购买固定资产可以抵扣进项税额,这会激发建筑行业的投资热情从而大规模增加投资,由此产生的融资需求和还本付息压力势必加剧企业资金链条的紧张程度,当企业资金周转出现问题时可能会影响其持续生产经营。因此,"营改增"后会导致企业经营性现金流出现困难。

3."营改增"对建筑施工企业税务管理观点的影响

"营改增"后建筑行业原有的税务管理模式将面临巨大变革。增值税管理应从源头着手,而不应局限于某一个点或面;此外,还应结合企业自身实际情况设计适当的税收筹划方案,拟定税收筹划步骤并严格遵照执行,充分利用税制改革带给企业的税收红利，争取实现涉税零风险。

营业税的计税原理比较简单，基本不需要进行税收筹划，用收入乘以3%就是要缴纳的营业税。但增值税与营业税不同，增值税需要全员参与，企业管理层和职工都需要参与增值税管理，凡是从外面取得增值税专用发票的职工都要按照增值税的管理要求进行处理。由此可见，"营改增"带来的税务思维的改变，不仅涉及财务管理，而且还涉及企业策划。

4. "营改增"对建筑施工企业会计核算的影响

"营改增"后会计核算变得复杂。由于建筑施工企业的财务人员对增值税比较陌生，在财务人员业务能力参差不齐的情况下，按照增值税核算、征管的要求进行账务系统处理，时间紧、难度高、工作量大，会计核算难度增大。

6.2.4 应设置的会计科目

根据收入与费用相配比的原则，企业在确定一定时期收入的同时，必须确定为取得收入而发生的必要的耗费和支出。相关科目设置情况见表6–5。

表6–5 科目设置

项目	设置目的	借贷科目
主营业务收入	核算企业确认的销售商品、提供服务等主营业务的收入	贷方登记企业主营业务活动实现的收入，借方登记期末转入"本年利润"科目的主营业务收入，结转后该科目应无余额。该科目可按主营业务的种类进行明细核算
其他业务收入	核算企业确认的除主营业务活动以外的其他经营活动实现的收入，包括出租固定资产、出租无形资产、销售材料、用材料进行非货币性资产交换（非货币性资产交换具有商业实质且公允价值能够可靠计量）或债务重组等实现的收入	贷方登记企业其他业务活动实现的收入，借方登记期末转入"本年利润"科目的其他业务收入，结转后该科目应无余额。该科目可按其他业务的种类进行明细核算
主营业务成本	核算企业确认销售商品、提供服务等主营业务收入时应结转的成本	借方登记企业确认的主营业务成本，贷方登记期末转入"本年利润"科目的主营业务成本，结转后该科目应无余额。该科目可按主营业务的种类进行明细核算

续表

项目	设置目的	借贷科目
其他业务成本	核算企业确认的除主营业务活动以外的其他经营活动所形成的成本，包括出租固定资产的折旧额、出租无形资产的摊销额、出租包装物的成本或摊销额、销售材料的成本等	借方登记企业确认的其他业务成本，贷方登记期末转入"本年利润"科目的其他业务成本，结转后该科目应无余额。该科目可按其他业务的种类进行明细核算
合同取得成本	核算企业取得合同发生的、预计能够收回的增量成本	借方登记发生的合同取得成本，贷方登记摊销的合同取得成本，期末余额在借方，反映企业尚未结转的合同取得成本。该科目可按合同种类进行明细核算
合同履约成本	核算企业为履行当前或预期取得的合同所发生的、不属于其他企业会计准则规范范围且按照收入准则应当确认为一项资产的成本	借方登记发生的合同履约成本，贷方登记摊销的合同履约成本，期末余额在借方，反映企业尚未结转的合同履约成本。该科目可按合同种类分别通过"服务成本""工程施工"等进行明细核算
合同资产	核算企业已向客户转让商品而有权收取对价的权利，且该权利取决于时间流逝之外的其他因素（如履行合同中的其他履约义务）	借方登记因已转让商品而有权收取对价的对价金额，贷方登记取得无条件收款权的金额，期末余额在借方，反映企业已向客户转让商品而有权收取的对价金额。该科目按合同种类进行明细核算
合同负债	核算企业已收或应收客户对价而应向客户转让商品的义务	借方登记企业向客户转让商品时冲销的金额；贷方登记企业在向客户转让商品之前，已经收到或已经取得无条件收取合同对价权利的金额；期末余额在贷方，反映企业在向客户转让商品之前，已经收到的合同对价或已经取得的无条件收取合同对价权利的金额。该科目按合同种类进行明细核算
销售费用	核算企业为销售商品而发生的费用	—

项目	设置目的	借贷科目
税金及附加	核算企业日常活动应负担的税金及附加，包括消费税、城市维护建设税等	借方登记按照规定计算出的企业应负担的税金及附加，期末将该科目余额转入"本年利润"科目，结转后该科目一般无余额

此外，企业资产发生减值的，还应当设置"合同履约成本减值准备""合同取得成本减值准备""合同资产减值准备"等科目进行核算。

6.3 结算工程价款的核算

6.3.1 结算工程价款的方式

建筑施工企业对于已完工程或竣工工程，应与发包单位结算工程价款。建筑安装工程价款的结算，一般可采用以下几种方式进行会计处理，如表6-6所示。

表6-6 工程价款结算的方式及会计处理

工程价款结算的方式	具体结算的会计处理
按月结算，即在月终按已完分部分项工程结算工程价款	建筑施工企业在采用按月结算工程价款方式时，要先取得各月实际完成的工程数量，并按照工程预算定额中的工程直接费用预算单价、间接费用定额和合同中约定的利税率，计算出已完分部工程结算价款。实际完成的工程数量，由施工单位根据有关资料计算，并编制"已完工程月报表"，然后按照发包单位编制"已完工程月报表"，将各个发包单位的本月已完工程造价汇总反映。再根据"已完工程月报表"编制"工程价款结算账单"，与"已完工程月报表"一起，分送发包单位和经办银行，据以办理结算

续表

工程价款结算的方式	具体结算的会计处理
分段结算，即按工程进度划分的不同阶段（部分），分段结算工程价款	建筑施工企业在采用分段结算工程价款方式时，要在合同中规定工程部分完工的月份，根据已完工程部分的工程数量计算已完工程结算价款，按发包单位编制"已完工程月报表"和"工程价款结算账单"
竣工后一次结算，即在单项工程或建设项目全部建筑安装工程竣工以后结算工程价款	建筑施工企业采用完成合同后（竣工）一次结算工程价款办法的，应于合同完成、建筑施工企业与客户进行工程价款结算时，确认工程结算收入的实现，实现的收入额为承发包双方结算的合同价款总额

"工程价款结算账单"是办理工程价款结算的依据。工程价款结算账单中所列应收工程款应与随同附送的"已完工程月报表"中的工程造价相符，"工程价款结算账单"除了列明应收工程款外，还应列明应扣预收工程款、预收备料款、发包单位供给材料价款等应扣款项，算出本月实收工程款。

为了保证工程按期收尾竣工，在施工期间，不论工程长短，其结算工程款一般不得超过承包工程价值的 95%，结算双方可以在 5% 的幅度内协商确定尾款比例，并在工程承包合同中订明。建筑施工企业如已向发包单位出具履约保函或有其他保证的，可以不留工程尾款。

6.3.2　工程结算收入的核算

完工进度的确定

确定合同完工进度有 3 种方法，如表 6-7 所示。

表 6-7　合同完工进度计算方法

计算合同完工进度的方法	相应内容
根据累计实际发生的合同成本占合同预计总成本的比例确定	该方法是确定合同完工进度比较常用的方法。计算公式如下： 合同完工进度 = 累计实际发生的合同成本 ÷ 合同预计总成本 × 100% 累计实际发生的合同成本是指形成工程完工进度的工程实体和工作量所耗用的直接成本和间接成本，不包括与合同未来活动相关的合同成本（如施工中尚未安装、使用或耗用的材料成本），以及在分包工程的工作量完成之前预付给分包单位的款项（根据分包工程进度支付的分包工程进度款，应构成累计实际发生的合同成本）

续表

计算合同完工进度的方法	相应内容
根据已经完成的合同工作量占合同预计总工作量的比例确定	该方法适用于合同工作量容易确定的建造合同，如道路工程、土石方挖掘、砌筑工程等。计算公式如下： 合同完工进度＝已经完成的合同工作量÷合同预计总工作量×100%
根据实际测定的完工进度确定	该方法是在无法根据上述两种方法确定合同完工进度时所采用的一种特殊的技术测量方法，适用于一些特殊的建造合同，如水下施工工程等。需要注意的是，这种技术测量并不是由建造承包商自行随意测定的，而应由专业人员现场进行科学测定

核算工程结算收入的账务处理。

根据企业会计准则的要求，工程结算收入的账务处理流程如图 6-2 所示。

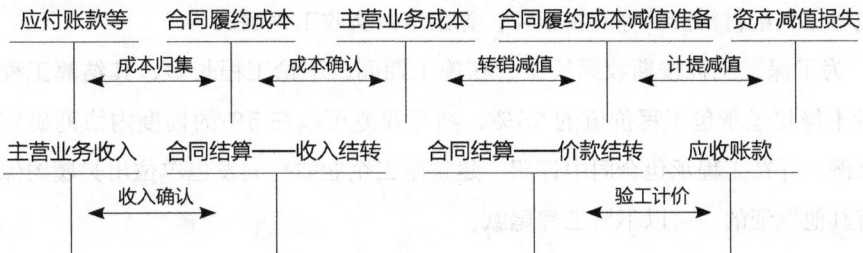

图 6-2　工程结算收入的账务处理流程

【例 6-1】甲建筑施工企业为增值税一般纳税人，装修服务适用增值税税率为 9%。2019 年 12 月 1 日，甲建筑施工企业与乙企业签订一项为期 3 个月的装修合同，合同约定装修价款为 500 000 元，增值税税额为 45 000 元，装修费用每月末按完工进度支付。2019 年 12 月 31 日，经专业测量师测量后，确定该项劳务的完工程度为 25%；乙企业按完工进度支付价款及相应的增值税税款。截至 2019 年 12 月 31 日，甲企业为完成该合同累计发生劳务成本 100 000 元（假定均为装修人员薪酬），估计还将发生劳务成本 300 000 元。假定该业务属于甲建筑施工企业的主营业务，全部由其自行完成；该装修服务构成单项履约义务，并属于在某一时段内履行的履约义务；甲建筑施工企业按照实际测量的完工进度确定履约进度。

甲企业应编制以下会计分录。

（1）实际发生劳务成本 100 000 元。

借：合同履约成本　　　　　　　　　　　　　　　　100 000

　　贷：应付职工薪酬　　　　　　　　　　　　　　　　　100 000

（2）2019 年 12 月 31 日确认劳务收入并结转劳务成本。

2019 年 12 月 31 日确认的劳务收入 =500 000×25%=125 000（元）

借：银行存款　　　　　　　　　　　　　　　　　　136 250

　　贷：主营业务收入　　　　　　　　　　　　　　　　　125 000

　　　　应交税费——应交增值税（销项税额）　　　　　　11 250

借：主营业务成本　　　　　　　　　　　　　　　　100 000

　　贷：合同履约成本　　　　　　　　　　　　　　　　　100 000

2020 年 1 月 31 日，经专业测量师测量后，确定该项劳务的完工程度为 70%；乙企业按完工进度支付价款同时支付对应的增值税税款。2020 年 1 月，甲企业为完成该合同发生劳务成本 180 000 元（假定均为装修人员薪酬），为完成该合同估计还将发生劳务成本 120 000 元。甲企业应编制以下会计分录。

（1）实际发生劳务成本 180 000 元。

借：合同履约成本　　　　　　　　　　　　　　　　180 000

　　贷：应付职工薪酬　　　　　　　　　　　　　　　　　180 000

（2）2020 年 1 月 31 日确认劳务收入并结转劳务成本。

2020 年 1 月 31 日确认的劳务收入 =500 000×70% -125 000 =225 000（元）

借：银行存款　　　　　　　　　　　　　　　　　　245 250

　　贷：主营业务收入　　　　　　　　　　　　　　　　　225 000

　　　　应交税费——应交增值税（销项税额）　　　　　　20 250

借：主营业务成本　　　　　　　　　　　　　　　　180 000

　　贷：合同履约成本　　　　　　　　　　　　　　　　　180 000

2020 年 2 月 28 日，装修完工；乙企业验收合格，按完工进度支付价款同时支付对应的增值税税款。2020 年 2 月，甲企业为完成该合同发生劳务成本 120 000 元（假定均为装修人员薪酬）。甲企业应编制以下会计分录。

（1）实际发生劳务成本 120 000 元。

借：合同履约成本　　　　　　　　　　　　　　　　120 000

　　贷：应付职工薪酬　　　　　　　　　　　　　　　　　120 000

（2）2020 年 2 月 28 日确认劳务收入并结转劳务成本。

2020 年 2 月 28 日确认的劳务收入 =500 000−125 000−225 000=150 000（元）

借：银行存款 163 500

贷：主营业务收入 150 000

应交税费——应交增值税（销项税额） 13 500

借：主营业务成本 120 000

贷：合同履约成本 120 000

【例 6-2】 宣城大学图书馆（以下简称"甲方"）蒸发制冷中央空调销售及安装工程经过招标，安徽宣城远大建设工程有限公司（以下简称"乙方"）中标。甲方和乙方同处于一个地级市。

蒸发制冷设备包括但不限于干空气能间接蒸发冷水机组、间接蒸发与压缩制冷双温冷水机组、多级蒸发制冷空气处理机组及所有设计图纸所含配套设备。安装材料包括但不限于阀门、仪表、管道及其构配件等。

中央空调设备不含税金额为 2 200 万元，安装工程不含税金额为 1 800 万元，总计 4 000 万元，增值税税额为 400 万元。合同签订日为 2×18 年 11 月 23 日。

合同主要内容如下。

安徽宣城远大建设工程有限公司负责空调设备的采购及安装服务，含税价格为 4 400 万元。此价格为图纸范围内含税包干价，不做任何签证（甲方变更除外）。工程工期为 4 个月，总共 120 天，双方初步约定乙方于 2×18 年 12 月 1 日起入场施工，2×19 年 3 月 30 日完工。

合同付款方式：合同签订后一周内支付 30% 的工程款，乙方材料进场后再付 20% 的工程款，其余款项甲方按月进度的 70% 向乙方支付，乙方每月 20 日报当月进度工程量计价款，审核完毕次月 1 号甲方支付进度款。乙方工程完工后 10 日内，甲方组织验收，乙方竣工验收合格后 7 天后，甲方付至工程总价款的 80%。乙方竣工验收合格后，甲方在一个月内完成内部结算审核定案，于该结算审核定案后 10 天内向乙方付至结算价款的 97%，剩余款项为质保金，质保期满 2 年后一星期内一次性支付给乙方。

分析：根据收入准则，满足下列条件之一的，属于在某一时段内履行履约义务。

（1）客户在企业履约的同时即取得并消耗企业履约所带来的经济利益。

（2）客户能控制企业履约过程中在建的商品。

（3）企业履约过程中所产出的商品具有不可替代用途，且该企业在整个合同期内有权就累计至今已完成的履约部分收取款项。

乙方外购空调设备及负责安装属于一个时段内的单项履约义务。

乙方合同预计总收入为4 000万元，预计总成本为3 200万元（其中安装成本为1 000万元）。

乙方相关业务处理如下（以下单位均为万元）。

（1）2×18年11月30日收到工程预付款1 320万元。

借：银行存款　　　　　　　　　　　　　　　　　　　　　　1 320

　　贷：合同负债　　　　　　　　　　　　　　　　　　　　　　1 320

（2）12月预交增值税24万元[1 320÷（1+10%）×2%]。

借：应交税费——预交增值税　　　　　　　　　　　　　　　24

　　贷：银行存款　　　　　　　　　　　　　　　　　　　　　　24

（3）12月25日，收到工程款880万元。

借：银行存款　　　　　　　　　　　　　　　　　　　　　　880

　　贷：应收账款——宣城大学图书馆　　　　　　　　　　　　880

（4）12月31日，所有设备运抵施工现场，价款为2 200万元，另外发生设备运输和人工成本200万元。

借：合同履约成本——工程施工（设备款）　　　　　　　　2 200

　　应交税费——应交增值税（进项税额）　　　　　　　　352

　　贷：应付账款　　　　　　　　　　　　　　　　　　　　　　2 552

借：合同履约成本——工程施工（人工费等）　　　　　　　200

　　贷：应付账款　　　　　　　　　　　　　　　　　　　　　　200

（5）12月31日确认增值税销项税额80万元。

借：应交税费——待转销项税额　　　　　　　　　　　　　80

　　贷：应交税费——应交增值税（销项税额）　　　　　　　80

（6）2×18年12月确认履约进度、收入及成本。

应确认履约进度=（2 400-2 200）÷（3 200-2 200）=200÷1 000=20%

应确认收入=（4 000-2 200）×20%+2 200=2 560（万元）

应确认成本=（3 200-2 200）×20%+2 200=2 400（万元）

实务中，通常按照累计实际发生的成本占预计总成本的比例（即成本法）确定履约进度，累计实际发生的成本包括企业向客户转移商品过程中所发生的直接成本和间接成本，如直接人工、直接材料、分包成本以及其他与合同相关的成本。在下列情形中，企业在采用成本法确定履约进度时，可能需要对已发生的成本进行适当的调整。

一是已发生的成本并未反映企业履行履约义务的进度。

二是已发生的成本与企业履行履约义务的进度不成比例。

（7）本例中，中央空调刚运达施工现场，只发生少额相关人工费。合同预计总成本中必须减除中央空调的采购成本才能合理确定安装工程的履约进度。

借：合同结算——收入结转   2 560

  贷：主营业务收入   2 560

借：主营业务成本   2 400

  贷：合同履约成本——工程施工（设备款） 2 200

        ——工程施工（人工费等） 200

（8）2×19年1月发生安装成本180万元。

借：合同履约成本——工程施工   180

  贷：应付账款/应付职工薪酬/原材料等   180

（9）2×19年1月与甲方结算工程价款，金额为3 300万元。

借：应收账款   3 300

  贷：合同结算——价款结算   3 000

    应交税费——待转销项税额   300

乙方按照合同约定收取工程进度70%的工程款2 310万元（3 300×70%），甲方扣除已支付的2 200万元（1 320+880），在1月还需支付乙方工程款110万元，时间在2×19年2月1日。

（10）2×19年1月确认履约进度、收入、成本。

应确认履约进度＝（200+180）÷（3 200-2 200）＝38%

应确认收入＝（4 000-2 200）×38%-360＝324（万元）

应确认成本＝（3 200-2 200）×38%-200＝180（万元）

借：合同结算——收入结转   324

  贷：主营业务收入   324

借：主营业务成本　　　　　　　　　　　　　　　　　　　　　　180

　　　贷：合同履约成本——工程施工　　　　　　　　　　　　　　180

（11）2×19 年 2 月 1 日收到 1 月工程进度款 110 万元。

借：银行存款　　　　　　　　　　　　　　　　　　　　　　　110

　　　贷：应收账款　　　　　　　　　　　　　　　　　　　　　110

借：应交税费——待转销项税额　　　　　　　　　　　　　　　　10

　　　贷：应交税费——应交增值税（销项税额）　　　　　　　　　10

（12）将 2×18 年 11 月预收的 1 320 万元结转（同时开具增值税专用发票）。

借：合同负债　　　　　　　　　　　　　　　　　　　　　　1 320

　　　贷：应收账款　　　　　　　　　　　　　　　　　　　　1 320

借：应交税费——待转销项税额　　　　　　　　　　　　　　　120

　　　贷：应交税费——应交增值税（销项税额）　　　　　　　　120

（13）2×19 年 2 月发生安装成本 200 万元。

借：合同履约成本——工程施工　　　　　　　　　　　　　　　200

　　　贷：应付账款 / 应付职工薪酬 / 原材料等　　　　　　　　　200

（14）2×19 年 2 月与甲方结算工程价款，金额为 275 万元。

借：应收账款　　　　　　　　　　　　　　　　　　　　　　275

　　　贷：合同结算——价款结算　　　　　　　　　　　　　　　250

　　　　　应交税费——待转销项税额　　　　　　　　　　　　　25

按照合同约定收取工程进度 70% 的工程款 192.5 万元（275×70%）。

（15）2×19 年 2 月确认履约进度、收入、成本。

应确认履约进度 =（200+180+200）÷（3 200-2 200）=58%

应确认收入 =（4 000-2 200）×58%-360-324=360（万元）

应确认成本 =（3 200-2 200）×58%-200-180=200（万元）

借：合同结算——收入结转　　　　　　　　　　　　　　　　360

　　　贷：主营业务收入　　　　　　　　　　　　　　　　　　360

借：主营业务成本　　　　　　　　　　　　　　　　　　　　200

　　　贷：合同履约成本——工程施工　　　　　　　　　　　　　200

（16）2×19 年 3 月 1 日收到 2 月工程进度款 192.5 万元。

借：银行存款　　　　　　　　　　　　　　　　　　　　　192.5

　　　贷：应收账款　　　　　　　　　　　　　　　　　　　　192.5

　　借：应交税费——待转销项税额　　　　　　　　　　　　　17.5

　　　贷：应交税费——应交增值税（销项税额）　　　　　　　17.5

　2×19年3月30日，安装工程完工。经过内部结算审核定案，工程造价因未发生甲方设计变更签证，工程造价为4000万元。

　（17）2×19年3月发生安装成本为420万元。

　　借：合同履约成本——工程施工　　　　　　　　　　　　　420

　　　贷：应付账款/应付职工薪酬/原材料等　　　　　　　　　420

　（18）2×19年3月工程完工后双方进行工程结算。

　　借：应收账款　　　　　　　　　　　　　　　　　　　　　825

　　　贷：合同结算——价款结算　　　　　　　　　　　　　　750

　　　　　应交税费——待转销项税额　　　　　　　　　　　　75

　（19）2×19年3月确认履约进度、收入、成本。

　应确认履约进度=（200+180+200+420）÷（3 200-2 200）=100%

　应确认收入=（4 000-2 200）×100%-360-324-360=756（万元）

　应确认成本=（3 200-2 200）×100%-200-180-200=420（万元）

　　借：合同结算——收入结转　　　　　　　　　　　　　　　756

　　　贷：主营业务收入　　　　　　　　　　　　　　　　　　756

　　借：主营业务成本　　　　　　　　　　　　　　　　　　　420

　　　贷：合同履约成本——工程施工　　　　　　　　　　　　420

　（20）2×19年3月，根据合同约定，收取甲方工程价款至合同金额的80%，本次收款1 017.5万元（4 400×80%-1 320-880-110-192.50）。

　　借：银行存款　　　　　　　　　　　　　　　　　　　　1 017.5

　　　贷：应收账款　　　　　　　　　　　　　　　　　　　1 017.5

　　借：应交税费——待转销项税额　　　　　　　　　　　　　92.5

　　　贷：应交税费——应交增值税（销项税额）　　　　　　　92.5

　（21）2×19年3月，根据合同约定，乙方竣工验收合格后，甲方在一个月内完成内部结算审核定案，该结算审核定案后10天内给乙方付至结算价款的97%，乙方必须全额开具增值税专用发票。

2×19 年 3 月收入此项尾款 748 万元（4 400×97%-1 320-880-110-192.5-
1 017.5）。

借：银行存款　　　　　　　　　　　　　　　　　　　748

　　贷：应收账款　　　　　　　　　　　　　　　　　　　　748

借：应交税费——待转销项税额　　　　　　　　　　　　68

　　贷：应交税费——应交增值税（销项税额）　　　　　　　68

根据合同约定，工程结算定案后乙方出具工程款全额发票（扣除已开发票），
本合同质保金为 132 万元（4 400×3%）。开具 132 万元的发票后确定销项税额。

借：应交税费——待转销项税额　　　　　　　　　　　　12

　　贷：应交税费——应交增值税（销项税额）　　　　　　　12

2×20 年 8 月，甲方通知乙方，蒸发制冷中央空调出现使用问题。由于在产品
质量缺陷责任期内，乙方派员检查，得知设备控制线和风机盘管遥控器功能出现问题。
发生维修成本 15 万元。根据《企业会计准则第 14 号——收入》第二十七条，企业
应当在发生与履约义务中已履行部分相关的支出时，计入当期损益。

乙方不能将维修支出 15 万元计入合同履约成本，而应该计入销售费用。

借：销售费用　　　　　　　　　　　　　　　　　　　15

　　贷：银行存款　　　　　　　　　　　　　　　　　　　　15

发票开具的有关要求如下。

2×18 年 11 月收取 1 320 万元预收款，未发生增值税纳税义务，开具不征税
发票 1 320 万元。

2×18 年 12 月收取 880 万元进度款，发生增值税纳税义务，开具增值税专用
发票 880 万元。

2×19 年 2 月 1 日收取 110 万元进度款，发生增值税纳税义务，开具增值税专
用发票 110 万元。

2×19 年 2 月收取进度款 2 310 万元时，扣回 2018 年 11 月收取预收款 1 320
万元，2 月开具增值税专用发票 1 320 万元。

2×19 年 3 月 1 日收取 192.5 万元进度款，发生增值税纳税义务，开具增值税
专用发票 192.5 万元。

2×19 年 3 月收取 1 017.5 万元完工款，发生增值税纳税义务，开具增值税专
用发票 1 017.5 万元。

2×19年3月收取748万元工程竣工结算款，发生增值税纳税义务，开具增值税专用发票748万元。

2×19年4月开具质保金增值税专用发票132万元。

6.4 其他业务收入的确认与核算

6.4.1 其他业务收入的确认

建筑施工企业的其他业务收入一般包括产品销售收入、作业销售收入、材料销售收入和其他销售收入等。各种类型收入的确认条件如下。

（一）商品销售收入的确认

商品销售收入的确认条件如表6-8所示。

表6-8 商品销售收入的确认条件

	确认的条件（同时满足）
商品销售收入的确认	（1）企业已将商品所有权上的主要风险和报酬转移给购货方；（2）企业既没有保留通常与所有权相联系的继续管理权，也没有对已售出的商品实施有效控制；（3）收入的金额能够可靠地计量；（4）相关的经济利益很可能流入企业；（5）相关的已发生或将发生的成本能够可靠地计量。 注：商品包括企业为销售而生产的产品和为转售而购进的商品，如建筑施工企业生产的产品、商业企业购进的商品等，企业销售的其他存货，如原材料、包装物等，也视同商品

企业销售商品应同时满足上述5个条件，才能确认收入。任何一个条件没有满足，即使收到货款，也不能确认收入。

（二）提供劳务交易结果能够可靠估计的条件

如果劳务是在同一会计年度开始并完成，应在完成劳务时确认。如果劳务的开始和完成分属不同的会计年度，在提供劳务交易结果能够可靠估计的情况下，应按完工百分比法确认营业收入。提供劳务交易的结果能够可靠估计，是指同时满足表 6-9 所示的条件。

表 6-9 提供劳务交易结果能够可靠估计的条件

	估计的条件（同时满足）
提供劳务交易结果能够可靠估计的条件	（1）收入的金额能够可靠地计量，是指提供劳务收入的总额能够合理地估计 （2）交易的完工进度能够可靠地确定，是指交易的完工进度能够合理地估计。企业确定提供劳务交易的完工进度 （3）交易中已发生和将发生的成本能够可靠地计量，是指交易中已经发生和将要发生的成本能够合理地估计

（三）让渡资产使用权取得收入的确认

建筑施工企业出租机器设备的业务属于让渡资产使用权，让渡资产使用权收入主要包括两类，即利息收入和使用费收入。企业对外出租资产收取的租金、进行债权投资收取的利息、进行股权投资取得的股利，也属于让渡资产使用权形成的收入。

让渡资产使用权收入同时满足下列条件的，才能予以确认：一是相关的经济利益很可能流入企业；二是收入的金额能够可靠地计量。

6.4.2 其他业务收入的核算

建筑施工企业的其他销售收入业务应通过"其他业务收入"和"其他业务成本"科目进行核算。为了分别反映产品销售、作业销售、材料销售和其他销售的销售收入、销售成本和销售税金，应在"其他业务收入"科目下设置"产品销售收入""作业销售收入""材料销售收入"等二级科目，在"其他业务成本"科目下设置"产品销售支出""作业销售支出""材料销售支出"等二级科目分别进行核算。

（一）产品销售核算

建筑施工企业附属销售产品实现的销售收入，发生的销售成本和销售税金支出，应分别在"其他业务收入——产品销售收入""其他业务成本——产品销售支出""税金及附加"科目核算。

【例6-3】产品销售收入的会计核算。

泰山建筑工程公司所属水泥搅拌站销售水泥100吨，每吨售价400元，实际成本为每吨260元。该公司增值税税率为13%，增值税销项税额为5 200元。假定城市维护建设税税率为7%，教育费附加征收率为3%。

（1）收到货款时，编制以下分录。

借：银行存款 45 200

　　贷：其他业务收入——产品销售收入 40 000

　　　　应交税费——应交增值税（销项税额） 5 200

（2）结转成本时，编制以下分录。

借：其他业务成本——产品销售支出 26 000

　　贷：库存商品 26 000

（3）结转应交城市维护建设税和教育费附加，编制以下分录。

借：税金及附加 520

　　贷：应交税费——应交城市维护建设税 364

　　　　——应交教育费附加 156

（4）月份终了，应将"其他业务收入——产品销售收入""其他业务成本——产品销售支出""税金及附加"账户的余额，分别转入"本年利润"账户的贷方和借方。编制以下分录。

借：其他业务收入——产品销售收入 40 000

　　贷：本年利润 40 000

借：本年利润 26 520

　　贷：其他业务成本——产品销售支出 26 000

　　　　税金及附加 520

（二）作业销售的核算

建筑施工企业为其他企业提供机械、运输作业所发生的销售收入、销售成本和销售税金，应分别在"其他业务收入——作业销售收入""其他业务成本——销售支出""税金及附加"科目核算。

【例6-4】作业销售收入的会计核算。

泰山建筑工程公司出动1台铲车和3辆载重汽车给其他建筑施工企业清运砂石，

应收价款 10 000 元，应交增值税 900 元，应交城市维护建设税 42 元，应交教育费附加 18 元。按规定的台班成本标准，应结转的作业成本为 8 000 元。

（1）收到作业销售价款 10 000 元时，编制以下分录。

借：银行存款　　　　　　　　　　　　　　　　　　　　10 900
　　贷：其他业务收入——作业销售收入　　　　　　　　　　10 000
　　　　应交税费——应交增值税（销项税额）　　　　　　　　900

（2）结转机械对外作业成本，编制以下分录。

借：其他业务成本——作业销售支出　　　　　　　　　　　8 000
　　贷：机械作业　　　　　　　　　　　　　　　　　　　　8 000

（3）结转应交城市维护建设税及教育费附加，编制以下分录。

借：税金及附加　　　　　　　　　　　　　　　　　　　　　60
　　贷：应交税费——应交城市维护建设税　　　　　　　　　　42
　　　　　　　　——应交教育费附加　　　　　　　　　　　　18

（三）材料销售的核算

建筑施工企业对外销售材料所发生的收入，应记入"银行存款""应收账款"等科目的借方和"其他业务收入——材料销售收入"科目的贷方。结转销售材料的实际成本，记入"其他业务成本——材料销售支出"科目的借方和"原材料""材料成本差异"等科目的贷方；应交的税费，应记入"税金及附加"科目的借方和"应交税费"科目的贷方。

【例 6-5】 材料销售收入的会计核算。

泰山建筑工程公司将本公司剩余的一批地砖对外销售。这批地砖的实际成本为 20 000 元，该公司对材料按照实际成本法进行核算。获得销售款 30 000 元，货款收到并存入开户银行。

（1）收到材料销售货款时，编制以下分录。

借：银行存款　　　　　　　　　　　　　　　　　　　　33 900
　　贷：其他业务收入——材料销售收入　　　　　　　　　　30 000
　　　　应交税费——应交增值税（销项税额）　　　　　　　3 900

（2）结转材料实际成本，编制以下分录。

借：其他业务成本——材料销售支出　　　　　　　　　　20 000

　　　　贷：原材料——地砖　　　　　　　　　　　　　　　　　　　　20 000

　　（3）这项销售业务应交城市维护建设税273元，应交教育费附加117元。编制以下分录。

　　　借：税金及附加　　　　　　　　　　　　　　　　　　　390

　　　　贷：应交税费——应交城市维护建设税　　　　　　　　　　273

　　　　　　——应交教育费附加　　　　　　　　　　　　　　　117

（四）其他销售的核算

　　建筑施工企业对其他企业提供技术服务、技术转让所发生的收入，应记入"银行存款"科目的借方和"其他业务收入——技术服务收入""其他业务收入——无形资产转让收入"科目的贷方。提供技术服务和技术转让的成本，以及应交税费，应记入"应交税费"科目的贷方。

　　建筑施工企业对其他企业出租机械、设备所发生的收入，应记入"银行存款""应收账款"等科目的借方和"其他业务收入——机械设备出租收入""应交税费"科目的贷方。出租机械、设备所发生的各项费用，应先记入"机械作业——机械出租"科目借方，月终转出出租机械设备实际成本和应交税费时，应记入"其他业务成本——机械设备出租支出""税金及附加"科目的借方和"机械作业——机械出租""应交税费"等科目的贷方。

6.5　建筑施工企业的企业所得税处理

6.5.1　企业所得税的概述

　　企业所得税法是指国家制定的用以调整企业所得税征收与缴纳之间权利及义务关系的法律规范。现行企业所得税法的基本规范，是2007年3月16日第十届全国人民代表大会第五次全体会议通过的《中华人民共和国企业所得税法》

（以下简称《企业所得税法》）和 2007 年 11 月 28 日国务院第 197 次常务会议通过的《中华人民共和国企业所得税实施条例》（以下简称《企业所得税实施条例》），以及国务院财政、税务部门发布的相关规定。

企业所得税的纳税义务人（以下简称"纳税人"）是指在中华人民共和国境内的企业和其他取得收入的组织。《中华人民共和国企业所得税法》第一条规定，除个人独资企业、合伙企业不适用企业所得税法外，凡在我国境内，企业和其他取得收入的组织（以下统称企业）为企业所得税的纳税人，依照本法规定缴纳企业所得税。

第二条规定，企业所得税的纳税人分为居民企业和非居民企业。这是根据企业纳税义务的范围进行的分类，不同的企业在缴纳所得税时，纳税义务不同。把企业分为居民企业和非居民企业，是为了更好地保障我国税收管辖权的有效行使。

居民企业和非居民企业有明确的区别。居民企业是指依法在我国境内成立，或者依照外国（地区）法律成立但实际管理机构在我国境内的企业。这里的企业包括国有企业、集体企业、私营企业、联营企业、股份制企业、外商投资企业、外国企业，以及有生产、经营所得和其他所得的其他组织。其中，有生产、经营所得和其他所得的其他组织，是指经国家有关部门批准，依法注册、登记的事业单位、社会团体等组织。

非居民企业是指依照外国（地区）法律成立且实际管理机构不在我国境内，但在我国境内设立机构、场所的，或者在我国境内未设立机构、场所，但有来源于我国境内所得的企业。上述所称机构、场所是指在中国境内从事生产经营活动的机构、场所，包括以下 5 种。

（1）管理机构、营业机构、办事机构。

（2）工厂、农场、开采自然资源的场所。

（3）提供劳务的场所。

（4）从事建筑、安装、装配、修理、勘探等工程作业的场所。

（5）其他从事生产经营活动的机构、场所。

非居民企业委托营业代理人在中国境内从事生产经营活动的，包括委托单位或者个人经常代其签订合同，或者储存、交付货物等，该营业代理人视为非居民企业在中国境内设立的机构、场所。企业所得税的征税对象是指企业的生产经营所得、其他所得和清算所得。

居民企业应就来源于中国境内、境外的所得作为征税对象。所得包括销售货物所得、提供劳务所得、转让财产所得、股息红利等权益性投资所得，以及利息所得、租金所得、特许权使用费所得、接受捐赠所得和其他所得。

非居民企业的征税对象是指非居民企业在我国境内设立机构、场所的，应当就其所设机构、场所取得的来源于我国境内的所得，以及发生在我国境外但与其所设机构、场所有实际联系的所得，缴纳企业所得税。非居民企业在我国境内未设立机构、场所的，或者虽设立机构、场所但取得的所得与其所设机构、场所没有实际联系的，应当就其来源于我国境内的所得缴纳企业所得税。上述所称实际联系，是指非居民企业在我国境内设立的机构、场所拥有的据以取得所得的股权、债权，以及拥有、管理、控制据以取得所得的财产。

企业所得税应纳税所得额的相关规定

应纳税所得额是企业所得税的计税依据，按照企业所得税法的规定，应纳税所得额为企业每一个纳税年度的收入总额，减除不征税收入、免税收入、各项扣除，以及允许弥补的以前年度亏损后的余额。企业应纳税所得额的计算以权责发生制为原则，属于当期的收入和费用，不论款项是否收付，均作为当期的收入和费用；不属于当期的收入和费用，即使款项已经在当期收付，均不作为当期的收入和费用。企业所得税法对应纳税所得额计算做了明确规定，主要内容包括收入总额、扣除范围和标准、资产的税务处理、亏损弥补等。在直接计算法下，居民企业每一纳税年度的收入总额减除不征税收入、免税收入、各项扣除以及允许弥补的以前年度亏损后的余额为应纳税所得额。基本公式如下。

应纳税所得额 = 收入总额 – 不征税收入 – 免税收入 – 各项扣除 – 允许弥补以前年度亏损

在间接计算法下，在会计利润总额的基础上加或减按照税法规定调整的项目金额后，即为应纳税所得额。计算公式如下。

应纳税所得额 = 会计利润总额 ± 纳税调整项目金额

纳税调整项目金额包括两方面的内容：一是企业的财务会计处理和税法规定不一致的应予以调整的金额；二是企业按税法规定准予扣除的税收金额。

我国企业所得税税率的相关规定如下。

（1）我国企业所得税实行比例税率，基本税率为25%。适用于居民企业和在中国境内设有机构、场所且所得与机构、场所有关联的非居民企业。

（2）低税率为 20%。适用于在中国境内未设立机构、场所的，或者虽设立机构、场所但取得的所得与其所设机构、场所没有实际联系的非居民企业。其中小微企业适用税率为 10%；国家需要重点扶持的高新技术技术企业，减按 15% 的税率征收企业所得税。

6.5.2　建筑施工企业的企业所得税收入总额的计算

（一）企业所得税收入总额的总体规定

企业的收入总额包括以货币形式和非货币形式从各种来源取得的收入，具体有销售货物收入，提供劳务收入，转让财产收入，股息、红利等权益性投资收益，以及利息收入、租金收入、特许权使用费收入、接受捐赠收入、其他收入。

企业取得收入的货币形式，包括现金、存款、应收账款、应收票据、准备持有至到期的债券投资以及债务的豁免等；企业取得收入的非货币形式，包括固定资产、生物资产、无形资产、股权投资、存货、不准备持有至到期的债券投资、劳务以及有关权益等，这些非货币资产应当按照公允价值确定收入，公允价值是指按照市场价格确定的价值。收入的具体构成为以下 9 类。

（1）销售货物收入。其是指企业销售商品、产品、原材料、包装物、低值易耗品以及其他存货取得的收入。

（2）提供劳务收入。其是指企业从事建筑安装、修理修配、交通运输、仓储租赁、金融保险、邮电通信、咨询经纪、文化体育、科学研究、技术服务、教育培训、餐饮住宿、中介代理、卫生保健、社区服务、旅游、娱乐、加工以及其他劳务服务活动取得的收入。

（3）转让财产收入。其是指企业转让固定资产、生物资产、无形资产、股权、债权等财产取得的收入。

（4）股息、红利等权益性投资收益。其是指企业因权益性投资从被投资方取得的收入。股息、红利等权益性投资收益，除国务院财政、税务主管部门另有规定外，按照被投资方做出利润分配决定的日期确认收入的实现。

（5）利息收入。其是指企业将资金提供给他人使用但不构成权益性投资，或者因他人占用企业资金取得的收入，包括存款利息、贷款利息、债券利息、欠款利息等收入。利息收入，按照合同约定的债务人应付利息的日期确认收入的实现。

（6）租金收入。其是指企业提供固定资产、包装物或者其他有形财产使用权取得的收入。租金收入，按照合同约定的承租人应付租金的日期确认收入的实现。

（7）特许权使用费收入。其是指企业提供专利权、非专利技术、商标权、著作权以及其他特许权的使用权而取得的收入。特许权使用费收入，按照合同约定的特许权使用人应付特许权使用费的日期确认收入的实现。

（8）接受捐赠收入。其是指企业接受的来自其他企业、组织或者个人无偿给予的货币性资产、非货币性资产。接受捐赠收入，按照实际收到的捐赠资产的日期确认收入的实现。

（9）其他收入。其是指企业取得的除以上收入外的其他收入，包括企业资产溢余收入、逾期未退包装物押金收入、确实无法偿付的应付款项、已做坏账损失处理后又收回的应收款项、债务重组收入、补贴收入、违约金收入、汇兑收益等。

（二）企业确认收入的其他特殊规定

（1）开发产品销售收入的范围为销售开发产品过程中取得的全部价款，包括现金、现金等价物及其他经济利益。企业代有关部门、单位和企业收取的各种基金、费用和附加等，凡纳入开发产品价内或由企业开具发票的，应按规定全部确认为销售收入，未纳入开发产品价内并由企业之外的其他收取部门、单位开具发票的，可作为代收代缴款项进行管理。

（2）企业通过正式签订《房地产销售合同》或《房地产预售合同》所取得的收入，应确认为销售收入的实现，具体按以下规定确认。

① 采取一次性全额收款方式销售开发产品的，应于实际收讫价款或取得索取价款凭据（权利）之日，确认收入的实现。

② 采取分期收款方式销售开发产品的，应按销售合同或协议约定的价款和付款日确认收入的实现。付款方提前付款的，在实际付款日确认收入的实现。

③ 采取银行按揭方式销售开发产品的，应按销售合同或协议约定的价款确定收入额，其首付款应于实际收到日确认收入的实现，余款在银行按揭贷款办理转账之日确认收入的实现。

④ 采取委托方式销售开发产品的，应按以下原则确认收入的实现。

a. 采取支付手续费方式委托销售开发产品的，应按销售合同或协议中约定的价款于收到受托方已销开发产品清单之日确认收入的实现。

b. 采取视同买断方式委托销售开发产品的，属于企业与购买方签订销售合同或协议，或企业、受托方、购买方三方共同签订销售合同或协议的，如果销售合同或协议中约定的价格高于买断价格，则应按销售合同或协议中约定的价格计算的价款于收到受托方已销开发产品清单之日确认收入的实现；如果属于前两种情况中销售合同或协议中约定的价格低于买断价格，以及属于受托方与购买方签订销售合同或协议的，则应按买断价格计算的价款于收到受托方已销开发产品清单之日确认收入的实现。

c. 采取基价（保底价）并实行超基价双方分成方式委托销售开发产品的，属于由企业与购买方签订销售合同或协议，或企业、受托方、购买方三方共同签订销售合同或协议的，如果销售合同或协议中约定的价格高于基价，则应按销售合同或协议中约定的价格计算的价款于收到受托方已销开发产品清单之日确认收入的实现，企业按规定支付受托方的分成额，不得直接从销售收入中减除；如果销售合同或协议约定的价格低于基价，则应按基价计算的价款于收到受托方已销开发产品清单之日确认收入的实现。属于由受托方与购买方直接签订销售合同的，则应按基价加上按规定取得的分成额于收到受托方已销开发产品清单之日确认收入的实现。

d. 采取包销方式委托销售开发产品的，包销期内可根据包销合同的有关约定，参照上述 a 至 c 项规定确认收入的实现；包销期满后尚未出售的开发产品，企业应根据包销合同或协议约定的价款和付款方式确认收入的实现。

（3）企业将开发产品用于捐赠、赞助、职工福利、奖励、对外投资、分配给股东或投资人、抵偿债务、换取其他企事业单位和个人的非货币性资产等行为，应视同销售，于开发产品所有权或使用权转移，或于实际取得利益权利时确认收入（或利润）的实现。确认收入（或利润）的方法和顺序如下。

① 按本企业近期或本年度最近月份同类开发产品市场销售价格确定。

② 由主管税务机关参照当地同类开发产品市场公允价值确定。

③ 按开发产品的成本利润率确定。开发产品的成本利润率不得低于 15%，具体比例由主管税务机关确定。

（4）企业销售未完工开发产品的计税毛利率由各省、自治区、直辖市税务局按下列规定进行确定。

①开发项目位于省、自治区、直辖市和计划单列市人民政府所在地城市城区和郊区的，计税毛利率不得低于15%。

②开发项目位于地级市城区及郊区的，计税毛利率不得低于10%。

③开发项目位于其他地区的，计税毛利率不得低于5%。

④属于经济适用房、限价房和危改房的，计税毛利率不得低于3%。

（5）企业销售未完工开发产品取得的收入，应先按预计计税毛利率分季（或月）计算出预计毛利额，计入当期应纳税所得额。开发产品完工后，企业应及时结算其计税成本并计算此前销售收入的实际毛利额，同时将其实际毛利额与其对应的预计毛利额之间的差额，计入当年度企业本项目与其他项目合并计算的应纳税所得额。

在年度纳税申报时，企业须出具对该项开发产品实际毛利额与预计毛利额之间差异调整情况的报告以及税务机关需要的其他相关资料。

（6）企业新建的开发产品在尚未完工或办理房地产初始登记、取得产权证前，与承租人签订租赁预约协议的，自开发产品交付承租人使用之日起，出租方取得的预租价款按租金确认收入的实现。

（三）企业所得税不征税收入的相关规定

国家为了扶持和鼓励某些特殊的纳税人和特定的项目，或者避免因征税影响企业的正常经营，对企业取得的某些收入予以不征税的特殊政策，以减轻企业的负担，促进经济的协调发展。

（1）财政拨款，是指各级人民政府对纳入预算管理的事业单位、社会团体等组织拨付的财政资金，但国务院和国务院财政、税务主管部门另有规定的除外。

（2）依法收取并纳入财政管理的行政事业性收费、政府性基金。行政事业性收费是指依照法律法规等有关规定，按照国务院规定程序批准，在实施社会公共管理，以及在向公民、法人或者其他组织提供特定公共服务过程中，向特定对象收取并纳入财政管理的费用。政府性基金，是指企业依照法律、行政法规等有关规定，代政府收取的具有专项用途的财政资金。具体规定如下。

①企业按照规定缴纳的，由国务院或财政部批准设立的政府性基金以及由国务院和省、自治区、直辖市人民政府及其财政、价格主管部门批准设立的行政事业性收费，准予在计算应纳税所得额时扣除。

②企业收取的各种基金、收费，应计入企业当年收入总额。

③对企业依照法律、法规及国务院有关规定收取并上缴财政的政府性基金和行政事业性收费，准予作为不征税收入，于上缴财政的当年在计算应纳税所得额时从收入总额中减除；未上缴财政的部分，不得从收入总额中减除。

（3）国务院规定的其他不征税收入，是指企业取得的，由国务院财政、税务主管部门规定专项用途并经国务院批准的财政性资金。财政性资金，是指企业取得的来源于政府及其有关部门的财政补助、补贴、贷款贴息，以及其他各类财政专项资金，包括直接减免的增值税和即征即退、先征后退、先征后返的各种税收，但不包括企业按规定取得的出口退税款。值得注意的是：企业的不征税收入用于支出所形成的费用，不得在计算应纳税所得额时扣除；企业的不征税收入用于支出所形成的资产，其计算的折旧、摊销不得在计算应纳税所得额时扣除。

（四）建筑施工企业收入总额中不征税收入的特殊规定

目前，对于不征税收入，我国税法还没有对建筑施工企业做出特殊性的规定。建筑施工企业的各项工作环节不符合不征税收入的相关条件。

（五）企业所得税收入总额中免税收入的相关规定

国家为了扶持和鼓励某些特殊的纳税人和特定的项目，或者避免因征税影响企业的正常经营，或对企业取得的某些收入予以免税，或准予抵扣应纳税所得额，或对专项用途的资金作为非税收入处理，以减轻企业的税负，增加企业可用资金。免税收入主要包括以下 4 类收入。

（1）国债利息收入。为鼓励企业积极购买国债，支援国家建设项目，税法规定，企业因购买国债所得的利息收入，免征企业所得税。

（2）符合条件的居民企业之间的股息、红利等权益性收益。该收益是指居民企业直接投资于其他居民企业取得的投资收益。

（3）在中国境内设立机构、场所的非居民企业从居民企业取得与该机构、场所有实际联系的股息、红利等权益性投资收益。该收益不包括连续持有居民企业公开发行并上市流通的股票不足 12 个月取得的投资收益。

（4）符合条件的非营利组织的收入。《企业所得税法》第二十六条第四项所称符合条件的非营利组织的收入，不包括非营利组织从事营利性活动取得的收入，但国务院财政、税务主管部门另有规定的除外。

（六）建筑施工企业收入总额中免税收入的特殊规定

国家税务总局对建筑施工企业免税收入无特殊规定。财政部与国家税务总局曾联合下发《关于非营利组织免税资格认定管理有关问题的通知》（财税〔2018〕13号）、《财政部 国家税务总局关于非营利组织企业所得税免税收入问题的通知》（财税〔2009〕122号），其中涉及非营利组织免税收入的特殊规定，但建筑施工企业属于营利性组织，所以上述规定并不适用于建筑施工企业。

6.5.3　建筑施工企业的企业所得税的税前扣除

（一）企业所得税税前扣除的一般规定

《企业所得税法》规定，企业实际发生的与取得收入有关的、合理的支出，包括成本、费用、税金、损失及其他支出，准予在计算应纳税所得额时扣除。在实际中，计算应纳税所得额时还应注意3方面的内容：①企业发生的支出应当区分收益性支出和资本性支出，收益性支出在发生当期直接扣除，资本性支出应当分期扣除或者计入有关资产成本，不得在发生当期直接扣除；②企业的不征税收入用于支出所形成的费用或者财产，不得扣除或者计算对应的折旧、摊销扣除；③除《企业所得税法》和《企业所得税法实施条例》另有规定外，企业实际发生的成本、费用、税金、损失和其他支出，不得重复扣除。

为了更好地理解企业所得税的税前扣除的相关规定，本文将对以下一些重点概念进行介绍。

（1）成本是指企业在生产经营活动中发生的销售成本、销货成本、业务支出，以及其他耗费，即企业销售商品，提供劳务，转让固定资产、无形资产（包括技术转让）的成本。企业必须将经营活动中发生的成本合理划分为直接成本和间接成本。直接成本是指可直接计入有关成本计算对象或劳务的经营成本中的直接材料、直接人工等。间接成本是指多个部门为同一成本对象提供服务的共同成本，或者同一种投入可以制造、提供两种或两种以上的产品或劳务的联合成本。

（2）费用是指企业每一个纳税年度为生产、经营商品和提供劳务等所发生的销售费用、管理费用和财务费用。销售费用是指应由企业负担的为销售商品而发生的费用，包括广告费、运输费、装卸费、包装费、展览费、保险费、销售佣金（能直接认定的进口佣金调整商品进价成本）、代销手续费、经营性租赁费及销售部门发生的差旅费、工资、福利费等费用。管理费用是指企业的行政管理部门为管理组织经营活动提供各项支援性服务而发生的费用。财务费用是指企业筹集经营性资金而发生的费用，包括利息净支出、汇兑净损失、金融机构手续费以及其他非资本化支出。

（3）税金是指企业发生的除企业所得税和允许抵扣的增值税以外的企业缴纳的各项税金及其附加，即企业按规定缴纳的消费税、城市维护建设税、资源税、土地增值税、房产税、车船税、城镇土地使用税、印花税、教育费附加等税费。这些已纳税金准予税前扣除。准许扣除的税金有两种方式：一是在发生当期扣除；二是在发生当期计入相关资产的成本，在以后各期分摊扣除。

（4）损失是指企业在生产经营活动中发生的固定资产和存货的盘亏、毁损、报废损失，转让财产损失，呆账损失，坏账损失，自然灾害等不可抗力因素造成的损失以及其他损失。企业发生的损失减除责任人赔偿和保险赔款后的余额，依照国务院财政、税务主管部门的规定扣除。企业已经作为损失处理的资产，在以后纳税年度又全部收回或者部分收回时，应当计入当期收入。

（5）其他支出是指除成本、费用、税金、损失外，企业在生产经营活动中发生的与生产经营活动有关的、合理的支出。在计算应纳税所得额时，下列项目可按照实际发生额或规定的标准扣除。

① 工资、薪金支出：企业发生的合理的工资、薪金支出准予据实扣除。

② 职工福利费、工会经费、职工教育经费：企业发生的职工福利费、工会经费、职工教育经费按标准扣除，未超过标准的按实际数扣除，超过标准的只能按标准扣除。a. 企业发生的职工福利费支出，不超过工资、薪金总额 14% 的部分，准予扣除。值得注意的是，企业发生的职工福利费，应该单独设置账册进行准确核算。没有单独设置账册准确核算的，税务机关应责令企业在规定的期限内进行改正；逾期仍未改正的，税务机关可对企业发生的职工福利费进行合理的核定。b. 企业拨缴的工会经费，不超过工资、薪金总额 2% 的部分准予扣除。c. 除国务院财政、税务主管部门另有规定外，企业发生的职工教育经费支出，不超过工资、薪金总额 2.5% 的部分，准予扣除；超过部分，准予结转以后纳税年度扣除。上述计算职工福利费、工会经费、职工教育经费的"工资、薪金总额"，是指企业按照上述第 1 条规定实际发放的工资、薪金总和，不包括企业的职工福

利费、职工教育经费、工会经费以及养老保险费、医疗保险费、失业保险费、工伤保险费、生育保险费等社会保险费和住房公积金。属于国有性质的企业，其工资、薪金不得超过政府有关部门给予的限定数额；超过部分，不得计入企业工资、薪金总额，也不得在计算企业应纳税所得额时扣除。

（6）社会保险费。企业依照国务院有关主管部门或者省级人民政府规定的范围和标准为职工缴纳的"五险一金"，即基本养老保险费、基本医疗保险费、失业保险费、工伤保险费、生育保险费等基本社会保险费和住房公积金，准予扣除。企业为投资者或者职工支付的补充养老保险费、补充医疗保险费，在国务院财政、税务主管部门规定的范围和标准内，准予扣除。企业依照国家有关规定为特殊工种职工支付的人身安全保险费和符合国务院财政、税务主管部门规定可以扣除的商业保险费，准予扣除。企业参加财产保险，按照规定缴纳的保险费，准予扣除。企业为投资者或者职工支付的商业保险费，不得扣除。

（7）利息费用。企业在生产、经营活动中发生的利息费用，按下列规定扣除。① 非金融企业向金融企业借款的利息支出、金融企业的各项存款利息支出和同业拆借利息支出、企业经批准发行债券的利息支出可据实扣除。② 非金融企业向非金融企业借款的利息支出，不超过按照金融企业同期同类贷款利率计算数额的部分可据实扣除，超过部分不得扣除。

（8）借款费用。相关规定为：① 企业在生产经营活动中发生的合理的不需要资本化的借款费用，准予扣除。② 企业为购置、建造固定资产、无形资产和经过 12 个月以上的建造才能达到预定可销售状态的存货发生借款的，在有关资产购置、建造期间发生的合理的借款费用，应作为资本性支出计入有关资产的成本；有关资产交付使用后发生的借款利息，可在发生当期扣除。

（9）汇兑损失。企业在货币交易中，以及纳税年度终了时将人民币以外的货币性资产、负债按照期末即期人民币汇率中间价折算为人民币时产生的汇兑损失，除已经计入有关资产成本以及与向所有者进行利润分配相关的部分外，准予扣除。

（10）业务招待费。企业发生的与其生产、经营业务有关的业务招待费支出，按照发生额的 60% 扣除，但最高不得超过当年销售（营业）收入的 5‰。

（11）广告费和业务宣传费。企业发生的符合条件的广告费和业务宣传费支出，除国务院财政、税务主管部门另有规定外，不超过当年销售（营业）收入 15% 的部分，准予扣除；超过部分，准予结转以后纳税年度扣除。

（12）环境保护专项资金。企业依照法律、行政法规有关规定提取的用于环境保护、生态恢复等方面的专项资金，准予扣除。上述专项资金提取后改变用途的，不得扣除。

（13）保险费。企业参加财产保险，按照规定缴纳的保险费，准予扣除。

（14）租赁费。企业根据生产经营需要租入固定资产支付的租赁费，按照以下方法扣除。

① 以经营租赁方式租入固定资产发生的租赁费支出，按照租赁期限均匀扣除。② 以融资租赁方式租入固定资产发生的租赁费支出，按照规定构成融资租入固定资产价值的部分应当提取折旧费用，分期扣除。

（15）劳动保护费。企业发生的合理的劳动保护支出，准予扣除。

（16）公益性捐赠支出。公益性捐赠，是指企业通过公益性社会团体或者县级以上人民政府及其部门，用于《中华人民共和国公益事业捐赠法》规定的公益事业的捐赠。企业发生的公益性捐赠支出，不超过年度利润总额 12% 的部分，准予扣除。年度利润总额，是指企业依照国家统一会计制度的规定计算的年度会计利润。

（17）有关资产的费用。企业转让各类固定资产发生的费用，允许扣除。企业按规定计算的固定资产折旧费、无形资产和递延资产的摊销费，准予扣除。

（18）总机构分摊的费用。非居民企业在中国境内设立的机构、场所，就其中国境外总机构发生的与该机构、场所生产经营有关的费用，能够提供总机构出具的费用汇集范围、定额、分配依据和方法等证明文件，并合理分摊的，准予扣除。

（19）资产损失。企业当期发生的固定资产和流动资产盘亏、毁损净损失，由其提供清查盘存资料经主管税务机关审核后，准予扣除；企业因存货盘亏、毁损、报废等原因不得从销项税额中抵扣的进项税额，应视同企业财产损失，准予与存货损失一起在所得税前按规定扣除。

（20）依照有关法律、行政法规和国家有关税法规定准予扣除的其他项目，如会员费，合理的会议费、差旅费、违约金、诉讼费等。在计算应纳税所得额时，下列支出不得扣除：① 向投资者支付的股息、红利等权益性投资收益款项；② 企业所得税税款；③ 税收滞纳金，是指纳税人违反税收法规，被税务机关处以的滞纳金；④ 罚金、罚款和被没收财物的损失，是指纳税人违反国家有关法律、法规规定，被有关部门处以的罚款，以及被司法机关处以的罚金和被没收财物；⑤ 超过规定标准的捐赠支出；⑥ 赞助支出，是指企业发生的与生产经营活动无关的各种非广告性质支出；⑦ 未经核定的准备金支出，是指不符合国务院财政、税务主管部门规定的各项资产减值准备、风险准备等准备金支出；⑧ 企业之间支付的管理费、企业内营业机构之间支付的租金和特许权使用费，以及非银行企业内营业机构之间支付的利息；⑨ 与取得收入无关的其他支出。

（二）建筑施工企业的企业所得税税前扣除的特殊规定

1. 成本、费用的核算与扣除

企业在进行成本、费用的核算与扣除时，必须按规定区分期间费用和开发产品计税成本、已销开发产品计税成本与未销开发产品计税成本。

（1）企业发生的期间费用、已销开发产品计税成本、税金及附加、土地增值税准予当期按规定扣除。

（2）开发产品计税成本的核算应按有关计税成本核算方法的规定进行处理。

（3）已销开发产品的计税成本，按当期已实现销售的可售面积和可售面积单位工程成本确认。可售面积单位工程成本和已销开发产品的计税成本按下列公式计算确定。

可售面积单位工程成本 = 成本对象总成本 ÷ 成本对象总可售面积

已销开发产品的计税成本 = 已实现销售的可售面积 × 可售面积单位工程成本

（4）企业对尚未出售的已完工开发产品和按照有关法律、法规或合同规定对已售开发产品进行日常维护、保养、修理等实际发生的维修费用，准予在当期据实扣除。

（5）企业将已计入销售收入的共用部位、共用设施设备维修基金按规定移交给有关部门、单位的，应于移交时扣除。

（6）企业在开发区内建造的会所、物业管理场所、电站、热力站、水厂、文体场馆、幼儿园等配套设施，按以下规定进行处理。

　　① 属于非营利性且产权属于全体业主的，或无偿赠与地方政府、公用事业单位的，可将其视为公共配套设施，其建造费用按公共配套设施费的有关规定进行处理。② 属于营利性的，或产权归企业所有的，或未明确产权归属的，或无偿赠与地方政府、公用事业单位以外的其他单位的，应当单独核算其成本。除企业自用应按建造固定资产进行处理外，其他一律按建造开发产品进行处理。

　　（7）企业在开发区内建造的邮电通讯、学校、医疗设施应单独核算成本，其中，由企业与国家有关业务管理部门、单位合资建设，完工后有偿移交的，国家有关业务管理部门、单位给予的经济补偿可直接抵扣该项目的建造成本，抵扣后的差额应调整当期应纳税所得额。

　　（8）企业采取银行按揭方式销售开发产品的，凡约定企业为购买方的按揭贷款提供担保的，其销售开发产品时向银行提供的保证金不得从销售收入中减除，也不得作为费用在当期税前扣除，但实际发生损失时可据实扣除。

　　（9）企业委托境外机构销售开发产品的，其支付境外机构的销售费用（含佣金或手续费）不超过委托销售收入 10% 的部分，准予据实扣除。

　　（10）企业的利息支出按以下规定进行处理：① 企业为建造开发产品借入资金而发生的符合税收规定的借款费用，可按企业会计准则的规定进行归集和分配，其中属于财务费用性质的借款费用，可直接在税前扣除。② 企业集团或其成员企业统一向金融机构借款分摊集团内部其他成员企业使用的，借入方凡能出具从金融机构取得借款的证明文件，可以在使用借款的企业间分摊利息费用，使用借款的企业分摊的合理利息准予在税前扣除。

　　（11）企业因国家无偿收回土地使用权而形成的损失，可作为财产损失按有关规定在税前扣除。

　　（12）企业开发产品整体报废或毁损，其净损失按有关规定审核确认后准予在税前扣除。

　　（13）企业开发产品转为自用的，其实际使用时间累计未超过 12 个月又销售的，不得在税前扣除折旧费用。

　　2.计税成本的核算方法

　　（1）计税成本是指企业在开发、建造开发产品过程中所发生的按照税收规定进行核算与计量的应归入某项成本对象的各项费用。

（2）成本对象是指为归集和分配开发产品开发、建造过程中的各项耗费而确定的费用承担项目。计税成本对象的确定原则如下：① 可否销售原则。开发产品能够对外经营销售的，应作为独立的计税成本对象进行成本核算；不能对外经营销售的，可先作为过渡性成本对象进行归集，然后再将其相关成本摊入能够对外经营销售的成本对象。② 分类归集原则。对同一个开发地点、竣工时间相近、产品结构类型没有明显差异的群体开发的项目，可作为一个成本对象进行核算。③ 功能区分原则。开发项目某组成部分相对独立，且具有不同使用功能时，可以作为独立的成本对象进行核算。④ 定价差异原则。开发产品因其产品类型或功能等不同而导致其预期售价存在较大差异的，应分别作为成本对象进行核算。⑤ 成本差异原则。开发产品因建筑上存在明显差异可能导致其建造成本出现较大差异的，要分别作为成本对象进行核算。⑥ 权益区分原则。开发项目属于受托代建的或多方合作开发的，应结合上述原则分别划分成本对象进行核算。成本对象由企业在开工之前合理确定，并报主管税务机关备案。成本对象一经确定，不能随意更改或相互混淆，如确需改变，应征得主管税务机关同意。

（3）开发产品计税成本支出的内容：① 土地征用费及拆迁补偿费。指为取得土地开发使用权而发生的各项费用，主要包括土地买价或出让金、大市政配套费、契税、耕地占用税、土地使用费、土地闲置费、土地变更用途和超面积补交的地价及相关税费、拆迁补偿支出、安置及动迁支出、回迁房建造支出、农作物补偿费、危房补偿费等。② 前期工程费。指项目开发前期发生的水文地质勘察、测绘、规划、设计、可行性研究、筹建、场地通平等前期费用。③ 建筑安装工程费。指开发项目开发过程中发生的各项建筑安装费用。主要包括开发项目建筑工程费和开发项目安装工程费等。④ 基础设施建设费。指开发项目在开发过程中所发生的各项基础设施支出，主要包括开发项目内道路、供水、供电、供气、排污、排洪、通讯、照明等社区管网工程费和环境卫生、园林绿化等园林环境工程费。⑤ 公共配套设施费。指开发项目内发生的、独立的、非营利性的，且产权属于全体业主的，或无偿赠与地方政府、政府公用事业单位的公共配套设施支出。⑥ 开发间接费。指企业为直接组织和管理开发项目所发生的，且不能将其归属于特定成本对象的成本费用性支出，主要包括管理人员工资、职工福利费、折旧费、修理费、办公费、水电费、劳动保护费、工程管理费、周转房摊销以及项目营销设施建造费等。

（4）企业计税成本核算的一般程序：① 对当期实际发生的各项支出，按其性质、经济用途及发生的地点、时间进行整理、归类，并将其区分为应计入成本对象的成本和应在当期税前扣除的期间费用。② 对应计入成本对象中的各项实际支出等合理地划分为直接成本、间接成本和共同成本，并按规定将其合理地归集、分配至已完工成本对象、在建成本对象和未建成本对象。③ 对期前已完工成本对象应负担的成本费用按已销开发产品、未销开发产品和固定资产进行分配，其中应由已销开发产品负担的部分，在当期纳税申报时进行扣除，未销开发产品应负担的成本费用待其实际销售时再予扣除。④ 对本期已完工成本对象分类为开发产品和固定资产并对其计税成本进行结算。其中属于开发产品的，应按可售面积计算其单位工程成本，据此再计算已销开发产品计税成本和未销开发产品计税成本。对本期已销开发产品的计税成本，准予在当期扣除，未销开发产品计税成本待其实际销售时再予扣除。⑤ 对本期未完工和尚未建造的成本对象应当负担的成本费用，应分别建立明细台账，待开发产品完工后再予结算。

（5）企业开发、建造的开发产品应按制造成本法进行计量与核算，其中，应计入开发产品成本中的费用属于直接成本和能够分清成本对象的间接成本，直接计入成本对象，共同成本和不能分清负担对象的间接成本，应按受益的原则和配比的原则分配至各成本对象，具体分配方法可按以下规定选择其一。① 占地面积法。指按已动工开发成本对象占地面积占开发用地总面积的比例进行分配。一次性开发的，按某一成本对象占地面积占全部成本对象占地总面积的比例进行分配。分期开发的，首先按本期全部成本对象占地面积占开发用地总面积的比例进行分配，然后再按某一成本对象占地面积占期内全部成本对象占地总面积的比例进行分配。期内全部成本对象应负担的占地面积为期内开发用地占地面积减除应由各期成本对象共同负担的占地面积。② 建筑面积法。指按已动工开发成本对象建筑面积占开发用地总建筑面积的比例进行分配。一次性开发的，按某一成本对象建筑面积占全部成本对象建筑面积的比例进行分配。分期开发的，首先按期内成本对象建筑面积占开发用地计划建筑面积的比例进行分配，然后再按某一成本对象建筑面积占期内成本对象总建筑面积的比例进行分配。③ 直接成本法。

指按期内某一成本对象的直接开发成本占期内全部成本对象直接开发成本的比例进行分配。④ 预算造价法。指按期内某一成本对象预算造价占期内全部成本对象预算造价的比例进行分配。

（6）企业下列成本应按以下方法进行分配：① 土地成本，一般按占地面积法进行分配。如果确需结合其他方法进行分配，应商税务机关同意。土地开发同时连结房地产开发的，属于一次性取得土地分期开发房地产的情况，其土地开发成本经商税务机关同意后可先按土地整体预算成本进行分配，等到土地整体开发结束之后再行调整。② 单独作为过渡性成本对象核算的公共配套设施开发成本，应按建筑面积法进行分配。③ 借款费用属于不同成本对象共同负担的，按直接成本法或按预算造价法进行分配。④ 其他成本项目的分配法由企业自行确定。

（7）企业以非货币交易方式取得土地使用权的，应按下列规定确定其成本。① 企业、单位以换取开发产品为目的，将土地使用权投资企业的，按下列规定进行处理。换取的开发产品如为该项土地开发、建造的，接受投资的企业在接受土地使用权时暂不确认其成本，待首次分出开发产品时，再按应分出开发产品的市场公允价值和土地使用权转移过程中应支付的相关税费计算确认该项土地使用权的成本。如涉及补价，土地使用权的取得成本还应加上应支付的补价款或减除应收到的补价款。换取的开发产品如为其他土地开发、建造的，接受投资的企业在投资交易发生时，按应付出开发产品市场公允价值和土地使用权转移过程中应支付的相关税费计算确认该项土地使用权的成本。如涉及补价，土地使用权的取得成本还应加上应支付的补价款或减除应收到的补价款。② 企业、单位以股权的形式，将土地使用权投资企业的，接受投资的企业应在投资交易发生时，按该项土地使用权的市场公允价值和土地使用权转移过程中应支付的相关税费计算确认该项土地使用权的取得成本。如涉及补价，土地使用权的取得成本还应加上应支付的补价款或减除应收到的补价款。

（8）除以下几项外，计税成本均应为实际发生的成本。① 出包工程未最终办理结算而未取得全额发票的，在证明资料充分的前提下，其发票不足金额可以预提，但最高不得超过合同总金额的10%。② 公共配套设施尚未建造或尚未完工的，可按预算造价合理预提建造费用。此类公共配套设施必须符合已在售房合同、协议或广告、模型中明确承诺建造且不可撤销，或按照法律法规规定必须配套建造的条件。③ 应向政府上缴但尚未上缴的报批报建费用、物业完善费用可以按规定预提。物业完善费用是指按规定应由企业承担的物业管理基金、公建维修基金或其他专项基金。

（9）企业单独建造的停车场所，应作为成本对象单独核算。利用地下基础设施形成的停车场所，作为公共配套设施进行处理。

（10）企业在结算计税成本时其实际发生的支出应当取得但未取得合法凭据的，不得计入计税成本，待实际取得合法凭据时，再按规定计入计税成本。

（11）开发产品完工以后，企业可在完工年度企业所得税汇算清缴前选择确定计税成本核算的终止日，不得滞后。凡已完工开发产品在完工年度未按规定结算计税成本的，主管税务机关有权确定或核定其计税成本，据此进行纳税调整，并按《中华人民共和国税收征收管理法》的有关规定对其进行处理。

6.5.4　其他特定事项

（1）企业以换取开发产品为目的，将土地使用权投资其他企业房地产开发项目的，按以下规定进行处理：企业应在首次取得开发产品时，将其分解为转让土地使用权和购入开发产品两项经济业务进行所得税处理，并按应从该项目取得的开发产品（包括首次取得的和以后应取得的）的市场公允价值计算确认土地使用权转让所得或损失。

（2）企业以本企业为主体联合其他企业、单位、个人合作或合资开发房地产项目，且该项目未成立独立法人公司的，按下列规定进行处理。

① 凡开发合同或协议中约定向投资各方（即合作方、合资方，下同）分配开发产品的，企业在首次分配开发产品时，如该项目已经结算计税成本，其应分配给投资方开发产品的计税成本与其投资额之间的差额计入当期应纳税所得额；如未结算计税成本，则将投资方的投资额视同销售收入进行相关的税务处理。

② 凡开发合同或协议中约定分配项目利润的，应按以下规定进行处理。
a. 企业应将该项目形成的营业利润额并入当期应纳税所得额统一申报缴纳企业所得税，不得在税前分配该项目的利润，同时不能因接受投资方投资额而在成本中摊销或在税前扣除相关的利息支出。b. 投资方取得该项目的营业利润应视同

股息、红利进行相关的税务处理。

6.6　建筑施工企业的企业所得税汇算清缴

6.6.1　建筑施工企业的企业所得税纳税申报表

建筑施工企业的企业所得税年度纳税申报表层次关系

如图 6-3 所示，企业所得税纳税申报表共 12 张，包括 1 张基础信息表、1 张全表和 9 类附表。从填报内容看，全套申报表由反映纳税人整体情况（2 张）以及反映会计核算（6 张）、纳税调整（13 张）、弥补亏损（1 张）、税收优惠（9 张）、境外税收（4 张）、汇总纳税（2 张）等明细情况的"1+6"表单体系组成。

年度
- 《中华人民共和国企业所得税年度纳税申报表（A 类，2017 年版）》封面
- ★《企业基础信息表》（A000000）
- ★《年度纳税申报表（A 类）》（A1000000）
- 文件依据
  - ①总局公告 2019 年第 3 号
  - ②总局公告 2018 年第 57 号
  - ③总局公告 2018 年第 58 号
  - ④总局公告 2017 年第 54 号
- 收入成本
  - 1. ★ A101010　一般企业收入明细表
  - 2.A101020　金融企业收入明细表
  - 3. ★ A102010　一般企业成本支出明细表
  - 4.A102020　金融企业支出明细表
  - 5.▶A103000　事业单位、民间非营利组织收入、支出明细表
  - 6.▶★ A104000　期间费用明细表
- 纳税调整 小颖言税
  - 1.▶★《纳税调整项目明细表》（A105000）
  - 2.A105010　视同销售和房地产开发企业特定业务纳税调整明细表
  - 3.A105020　未按权责发生制确认收入纳税调整明细表
  - 4.A105030　《投资收益纳税调整明细表》
  - 5.A105040　专项用途财政性资金纳税调整明细表
  - 6. ★《职工薪酬支出及纳税调整明细表》（A105050）
  - 7.A105060　广告费和业务宣传费跨年度纳税调整明细表
  - 8.A105070　捐赠支出及纳税调整明细表
  - 9.《资产折旧、摊销及纳税调整明细表》（A105080）
  - 10.《资产损失税前扣除及纳税调整明细表》（A105090）
  - 11.A105100　企业重组及递延纳税事项纳税调整明细表
  - 12.A105110　政策性搬迁纳税调整明细表
  - 13.A105120　特殊行业准备金及纳税调整明细表
- 弥补亏损
  - ▶《企业所得税弥补亏损明细表》（A106000）
- 税收优惠 小颖言税
  - 1.《免税、减计收入及加计扣除优惠明细表》（A107010）
  - 2. ★ A107011　符合条件的居民企业之间的股息、红利等权益性投资收益优惠明细表
  - 3. ★《研发费用加计扣除优惠明细表》（A107012）
  - 4.《所得税减免优惠明细表》（A107020）
  - 5.A107030　抵扣应纳税所得明细表
  - 6. ★《减免所得税优惠明细表》（A107040）
  - 7.▶《高新技术企业优惠情况及明细表》（A107041）
  - 8.▶《软件、集成电路企业优惠情况及明细表》（A107042）
  - 9.A107050　税额抵免优惠明细表
- 境外抵免
  - 1.▶A108000　境外所得税收抵免明细表
  - 2.A108010　境外所得纳税调整后所得明细表
  - 3.《境外分支机构弥补亏损明细表》（A108020）
  - 4.A108030　跨年度结转抵免境外所得税明细表
- 汇兑纳税
  - 1.▶A109000　跨地区经营汇兑纳税企业年度分摊企业所得税明细表
  - 2.A109010　企业所得税汇总纳税分支机构所得税分配表

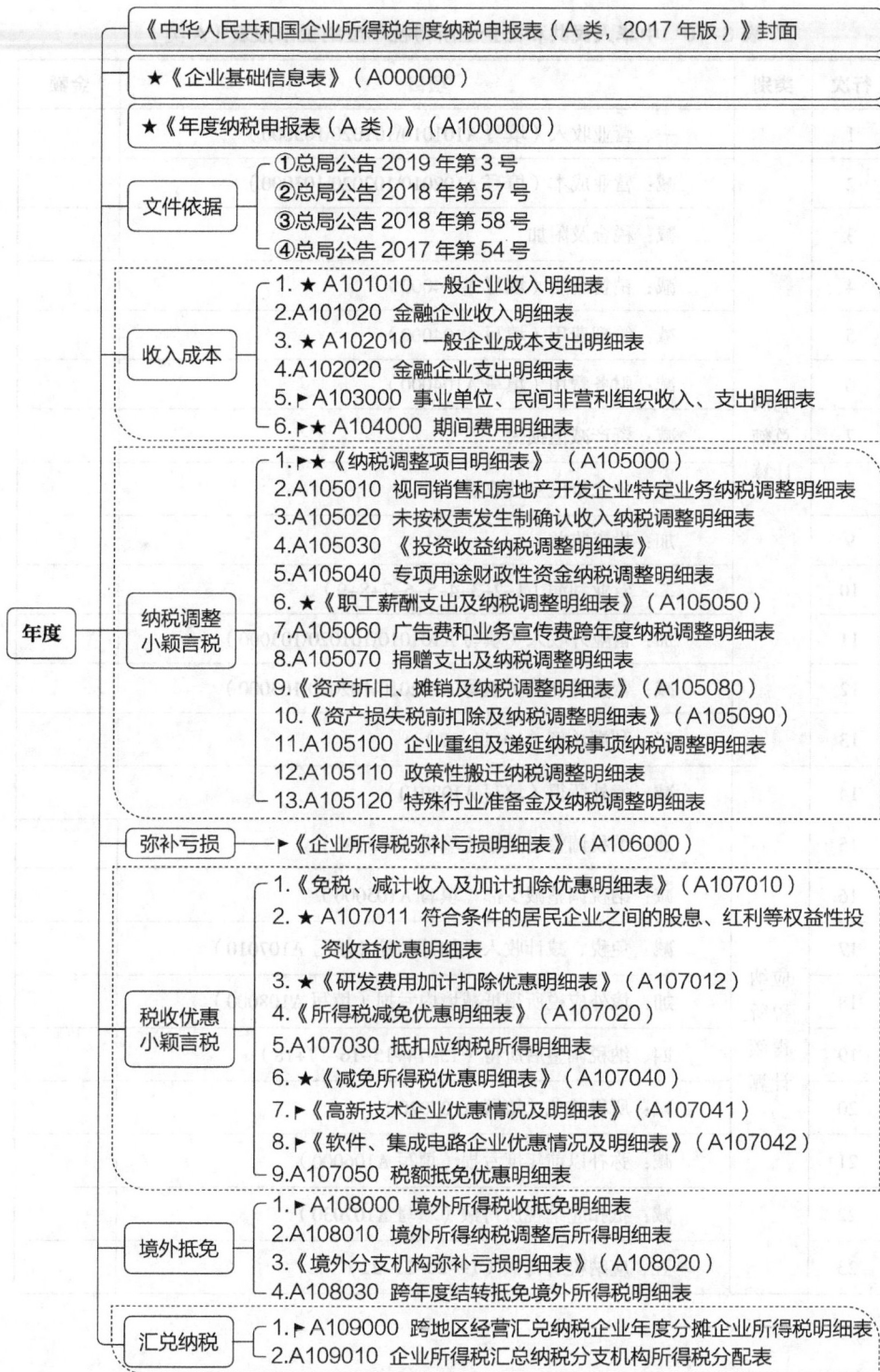

图 6-3　企业所得税年度纳税申报表层次

表 6-10　中华人民共和国企业所得税年度纳税申报表（A 类）

行次	类别	项目	金额
1	利润总额计算	一、营业收入（填写 A101010\101020\103000）	
2		减：营业成本（填写 A102010\102020\103000）	
3		减：税金及附加	
4		减：销售费用（填写 A104000）	
5		减：管理费用（填写 A104000）	
6		减：财务费用（填写 A104000）	
7		减：资产减值损失	
8		加：公允价值变动收益	
9		加：投资收益	
10		二、营业利润（1-2-3-4-5-6-7+8+9）	
11		加：营业外收入（填写 A101010\101020\103000）	
12		减：营业外支出（填写 A102010\102020\103000）	
13		三、利润总额（10+11-12）	
14	应纳税所得额计算	减：境外所得（填写 A108010）	
15		加：纳税调整增加额（填写 A105000）	
16		减：纳税调整减少额（填写 A105000）	
17		减：免税、减计收入及加计扣除（填写 A107010）	
18		加：境外应税所得抵减境内亏损（填写 A108000）	
19		四、纳税调整后所得（13-14+15-16-17+18）	
20		减：所得减免（填写 A107020）	
21		减：弥补以前年度亏损（填写 A106000）	
22		减：抵扣应纳税所得额（填写 A107030）	
23		五、应纳税所得额（19-20-21-22）	

行次	类别	项目	金额
24	应纳税额计算	税率（25%）	
25		六、应纳所得税额（23×24）	
26		减：减免所得税额（填写 A107040）	
27		减：抵免所得税额（填写 A107050）	
28		七、应纳税额（25-26-27）	
29		加：境外所得应纳所得税额（填写 A108000）	
30		减：境外所得抵免所得税额（填写 A108000）	
31		八、实际应纳所得税额（28+29-30）	
32		减：本年累计实际已缴纳的所得税额	
33		九、本年应补（退）所得税额（31-32）	
34		其中：总机构分摊本年应补（退）所得税额（填写 A109000）	
35		财政集中分配本年应补（退）所得税额（填写 A109000）	
36		总机构主体生产经营部门分摊本年应补（退）所得税额（填写 A109000）	

6.6.2　具体项目填报说明

《中华人民共和国企业所得税年度纳税申报表（A 类）》（2019 年版）为企业所得税年度纳税申报表的主表，纳税人应当根据《中华人民共和国企业所得税法》及其实施条例、相关税收政策，以及国家统一会计制度（《企业会计准则》《小企业会计准则》《企业会计制度》《事业单位会计准则》和《民间非营利组织会计制度》等）的规定，计算填报利润总额、应纳税所得额和应纳税额等有关项目。

纳税人在计算企业所得税应纳税所得额及应纳税额时，会计处理与税法规定不一致的，应当按照税法规定计算。税法规定不明确的，在没有明确规定之前，暂按国家统一会计制度计算。

（一）表体项目

《中华人民共和国企业所得税年度纳税申请表（A类）》是在纳税人会计利润总额的基础上，加减纳税调整等金额后计算出"纳税调整后所得"。会计与税法的差异（包括收入类、扣除类、资产类等差异）通过《纳税调整项目明细表》（A105000）集中填报。

本表包括利润总额计算、应纳税所得额计算、应纳税额计算3个部分。

（1）"利润总额计算"中的项目，按照国家统一会计制度规定计算填报。实行企业会计准则、小企业会计准则、企业会计制度、分行业会计制度的纳税人，其数据直接取自《利润表》（另有说明的除外）；实行事业单位会计准则的纳税人，其数据取自《收入支出表》；实行民间非营利组织会计制度的纳税人，其数据取自《业务活动表》；实行其他国家统一会计制度的纳税人，根据本表项目进行分析填报。

（2）"应纳税所得额计算"和"应纳税额计算"中的项目，除根据主表逻辑关系计算以外，通过附表相应栏次填报。

（二）行次说明

第1～13行参照国家统一会计制度规定填写。本部分未设"研发费用""其他收益""资产处置收益"等项目，对于已执行《财政部关于修订印发2019年度一般企业财务报表格式的通知》（财会〔2019〕6号）的纳税人，在《利润表》中归集的"研发费用"通过《期间费用明细表》（A104000）第19行"十九、研究费用"的管理费用相应列次填报；在《利润表》中归集的"其他收益""资产处置收益""信用减值损失""净敞口套期收益"项目则无须填报，同时第10行"二、营业利润"不执行"第10行＝第1-2-3-4-5-6-7+8+9行"的表内关系，按照《利润表》"营业利润"项目直接填报。

（1）第1行"营业收入"：填报纳税人主要经营业务和其他经营业务取得的收入总额。本行根据"主营业务收入"和"其他业务收入"的数额填报。一般企业纳税人根据《一般企业收入明细表》（A101010）填报；金融企业纳税人根据《金融企业收入明细表》（A101020）填报；事业单位、社会团体、民办非企业单位、非营利组织等纳税人根据《事业单位、民间非营利组织收入、支出明细表》（A103000）填报。

（2）第2行"营业成本"：填报纳税人主要经营业务和其他经营业务发生

的成本总额。本行根据"主营业务成本"和"其他业务成本"的数额填报。一般企业纳税人根据《一般企业成本支出明细表》（A102010）填报；金融企业纳税人根据《金融企业支出明细表》（A102020）填报；事业单位、社会团体、民办非企业单位、非营利组织等纳税人，根据《事业单位、民间非营利组织收入、支出明细表》（A103000）填报。

（3）第 3 行"税金及附加"：填报纳税人经营活动发生的消费税、城市维护建设税、资源税、土地增值税和教育费附加等相关税费。本行根据纳税人相关会计科目填报。纳税人在其他会计科目核算的税金不得重复填报。

（4）第 4 行"销售费用"：填报纳税人在销售商品和材料、提供劳务的过程中发生的各种费用。本行根据《期间费用明细表》（A104000）中对应的"销售费用"填报。

（5）第 5 行"管理费用"：填报纳税人为组织和管理企业生产经营发生的管理费用。本行根据《期间费用明细表》（A104000）中对应的"管理费用"填报。

（6）第 6 行"财务费用"：填报纳税人为筹集生产经营所需资金等发生的筹资费用。本行根据《期间费用明细表》（A104000）中对应的"财务费用"填报。

（7）第 7 行"资产减值损失"：填报纳税人计提各项资产准备发生的减值损失。本行根据企业"资产减值损失"科目的数额填报。实行其他会计制度的纳税人比照填报。

（8）第 8 行"公允价值变动收益"：填报纳税人在初始确认时划分为以公允价值计量且其变动计入当期损益的金融资产或金融负债（包括交易性金融资产或负债，直接指定为以公允价值计量且其变动计入当期损益的金融资产或金融负债），以及采用公允价值模式计量的投资性房地产、衍生工具和套期业务中公允价值变动形成的应计入当期损益的利得或损失。本行根据企业"公允价值变动损益"科目的数额填报，损失以"–"号填列。

（9）第 9 行"投资收益"：填报纳税人以各种方式对外投资所取得的收益或发生的损失。根据企业"投资收益"科目的数额计算填报，实行事业单位会计准则的纳税人根据"其他收入"科目中的投资收益金额分析填报，损失以"–"号填列。实行其他会计制度的纳税人比照填报。

（10）第 10 行"营业利润"：填报纳税人当期的营业利润。根据上述项目计算填报。已执行《财政部关于修订印发 2019 年度一般企业财务报表格式的通知》（财会〔2019〕6号）和《财政部关于修订印发2018年度金融企业财务报表格式的通知》（财会〔2018〕36号）的纳税人，根据《利润表》对应项目填列，不执行本行计算规则。

（11）第11行"营业外收入"：填报纳税人取得的与其经营活动无直接关系的各项收入的金额。一般企业纳税人根据《一般企业收入明细表》（A101010）填报；金融企业纳税人根据《金融企业收入明细表》（A101020）填报；实行事业单位会计准则或民间非营利组织会计制度的纳税人根据《事业单位、民间非营利组织收入、支出明细表》（A103000）填报。

（12）第12行"营业外支出"：填报纳税人发生的与其经营活动无直接关系的各项支出的金额。一般企业纳税人根据《一般企业成本支出明细表》（A102010）填报；金融企业纳税人根据《金融企业支出明细表》（A102020）填报；实行事业单位会计准则或民间非营利组织会计制度的纳税人根据《事业单位、民间非营利组织收入、支出明细表》（A103000）填报。

（13）第13行"利润总额"：填报纳税人当期的利润总额。根据上述项目计算填报。

（14）第14行"境外所得"：填报已计入利润总额以及按照税法相关规定已在《纳税调整项目明细表》（A105000）进行纳税调整的境外所得金额。本行根据《境外所得纳税调整后所得明细表》（A108010）填报。

（15）第15行"纳税调整增加额"：填报纳税人会计处理与税收规定不一致，进行纳税调整增加的金额。本行根据《纳税调整项目明细表》（A105000）"调增金额"列填报。

（16）第16行"纳税调整减少额"：填报纳税人会计处理与税收规定不一致，进行纳税调整减少的金额。本行根据《纳税调整项目明细表》（A105000）"调减金额"列填报。

（17）第17行"免税、减计收入及加计扣除"：填报属于税收规定免税收入、减计收入、加计扣除金额。本行根据《免税、减计收入及加计扣除优惠明细表》（A107010）填报。

（18）第18行"境外应税所得抵减境内亏损"：当纳税人选择不用境外所得抵减境内亏损时，填报0；当纳税人选择用境外所得抵减境内亏损时，填报境外所得抵减当年度境内亏损的金额。用境外所得弥补以前年度境内亏损的，还需

填报《企业所得税弥补亏损明细表》（A106000）和《境外所得税收抵免明细表》
（A108000）。

（19）第 19 行"纳税调整后所得"：填报纳税人经过纳税调整、税收优惠、
境外所得计算后的所得额。

（20）第 20 行"所得减免"：填报属于税收规定的所得减免金额。本行
根据《所得减免优惠明细表》（A107020）填报。

（21）第 21 行"弥补以前年度亏损"：填报纳税人按照税收规定可在税前
弥补的以前年度亏损数额。本行根据《企业所得税弥补亏损明细表》（A106000）
填报。

（22）第 22 行"抵扣应纳税所得额"：填报根据税收规定应抵扣的应纳税
所得额。本行根据《抵扣应纳税所得额明细表》（A107030）填报。

（23）第 23 行"应纳税所得额"：填报第 19-20-21-22 行金额。按照上
述行次顺序计算结果为负数的，本行按 0 填报。

（24）第 24 行"税率"：填报税收规定的税率 25%。

（25）第 25 行"应纳所得税额"：填报第 23×24 行金额。

（26）第 26 行"减免所得税额"：填报纳税人按税收规定实际减免的企业
所得税额。本行根据《减免所得税优惠明细表》（A107040）填报。

（27）第 27 行"抵免所得税额"：填报企业当年的应纳所得税额中抵免的
金额。本行根据《税额抵免优惠明细表》（A107050）填报。

（28）第 28 行"应纳税额"：填报第 25-26-27 行金额。

（29）第 29 行"境外所得应纳所得税额"：填报纳税人来源于中国境外的
所得，按照我国税收规定计算的应纳所得税额。本行根据《境外所得税收抵免明
细表》（A108000）填报。

（30）第 30 行"境外所得抵免所得税额"：填报纳税人来源于中国境外
所得依照中国境外税收法律以及相关规定应缴纳并实际缴纳（包括视同已实际缴
纳）的企业所得税性质的税款（准予抵免税款）。本行根据《境外所得税收抵免
明细表》（A108000）填报。

（31）第 31 行"实际应纳所得税额"：填报第 28+29-30 行金额。其中，
跨地区经营企业类型为"分支机构（须进行完整年度申报并按比例纳税）"的纳
税人，填报（第 28+29-30 行）×"分支机构就地纳税比例"金额。

（32）第 32 行"本年累计实际已缴纳的所得税额"：填报纳税人按照税收规定本纳税年度已在月（季）度累计预缴的所得税额，包括按照税收规定的特定业务已预缴（征）的所得税额，建筑企业总机构直接管理的跨地区设立的项目部按规定向项目所在地主管税务机关预缴的所得税额。

（33）第 33 行"本年应补（退）的所得税额"：填报第 31-32 行金额。

（34）第 34 行"总机构分摊本年应补（退）所得税额"：填报汇总纳税的总机构按照税收规定在总机构所在地分摊本年应补（退）所得税额。本行根据《跨地区经营汇总纳税企业年度分摊企业所得税明细表》（A109000）填报。

（35）第 35 行"财政集中分配本年应补（退）所得税额"：填报汇总纳税的总机构按照税收规定财政集中分配本年应补（退）所得税款。本行根据《跨地区经营汇总纳税企业年度分摊企业所得税明细表》（A109000）填报。

（36）第 36 行"总机构主体生产经营部门分摊本年应补（退）所得税额"：填报汇总纳税的总机构所属的具有主体生产经营职能的部门按照税收规定应分摊的本年应补（退）所得税额。本行根据《跨地区经营汇总纳税企业年度分摊企业所得税明细表》（A109000）填报。

（三）表内关系

（1）第 10 行 = 第 1-2-3-4-5-6-7+8+9 行。已执行财会〔2019〕6 号和财会〔2018〕36 号的纳税人，不执行本规则。

（2）第 13 行 = 第 10+11-12 行。

（3）第 19 行 = 第 13-14+15-16-17+18 行。

（4）第 23 行 = 第 19-20-21-22 行。

（5）第 25 行 = 第 23×24 行。

（6）第 28 行 = 第 25-26-27 行。

（7）第 31 行 = 第 28+29-30 行。其中，跨地区经营企业类型为"分支机构（须进行完整年度申报并按比例纳税）"的纳税人，第 31 行 =（第 28+29-30 行）× 表 A000000"102 分支机构就地纳税比例"。

（8）第 33 行 = 第 31-32 行。

财务报表是对企业财务状况、经营成果和现金流量的结构性表述。一套完整的财务报表至少应当包括资产负债表、利润表、现金流量表、所有者权益（或股东权益）变动表以及附注。本章重点介绍一般企业资产负债表、利润表、现金流量表、所有者权益（或股东权益）变动表以及附注的有关内容。

7.1 资产负债表

资产负债表是反映企业在某一特定日期财务状况的报表，是企业经营活动的静态反映。资产负债表是根据"资产 = 负债 + 所有者权益"这一平衡公式，依照一定的分类标准和次序，将某一特定日期的资产、负债、所有者权益的具体项目予以适当地排列编制而成。资产负债表主要反映资产、负债和所有者权益3方面的内容。

资产负债表可以反映企业在某一特定日期所拥有或控制的经济资源、所承担的现时义务和所有者对净资产的要求权，帮助财务报表使用者全面了解企业的财务状况、分析企业的偿债能力等情况，从而为其做出经济决策提供依据。

7.1.1 资产负债表的结构

资产负债表一般由表头、表体两部分组成：表头部分应列明报表名称、编制单位名称、资产负债表日、报表编号和计量单位；表体部分是资产负债表的主体，列示了用以说明企业财务状况的各个项目。资产负债表的表体格式一般有报告式资产负债表和账户式资产负债表两种。报告式资产负债表是上下结构，上半部分列示资产各项目，下半部分列示负债和所有者权益各项目。账户式资产负债表是左右结构，左边列示资产各项目，反映全部资产的分布及存在状态；右边列示负债和所有者权益各项目，反映全部负债和所有者权益的内容及构成情况。不管采取什么格式，资产各项目的合计数一定等于负债和所有者权益各项目的合计数之和。

我国企业采用账户式资产负债表。该表分为左右两方：左方为资产项目，按资产的流动性从大到小排列，流动性大的资产，如"货币资金""交易性金融资产"等排在前面，流动性小的资产，如"长期股权投资""固定资产"等排在后面；右方为负债及所有者权益项目，一般按要求清偿时间的先后顺序排列，"短期借款""应付票据""应付账款"等需要在一年以内或者长于一年的一个正常营业周期内偿还的流动负债排在前面，"长期借款"等在一年以上才需偿还的非流动负债排在中间，在企业清算之前不需要偿还的所有者权益项目排在后面。

账户式资产负债表中的资产各项目的合计数等于负债和所有者权益各项目的合计数之和，即资产负债表左方和右方平衡。通过账户式资产负债表，可以反映资产、负债、所有者权益之间的内在关系，即"资产 = 负债 + 所有者权益"。我国一般企业的资产负债表格式见表 7 -1。

表 7 -1　资产负债表

会企 01 表

编制单位：　　　　　　　　　_____ 年 ___ 月 ___ 日　　　　　　　　单位：元

资产	期末余额	上年年末余额	负债和所有者权益（或股东权益）	期末余额	上年年末余额
流动资产：			流动负债：		
货币资金			短期借款		

资产	期末余额	上年年末余额	负债和所有者权益（或股东权益）	期末余额	上年年末余额
交易性金融资产			交易性金融负债		
衍生金融资产			衍生金融负债		
应收票据			应付票据		
应收账款			应付账款		
应收款项融资			预收款项		
预付款项			合同负债		
其他应收款			应付职工薪酬		
存货			应交税费		
合同资产			其他应付款		
持有待售资产			持有待售负债		
一年内到期的非流动资产			一年内到期的非流动负债		
其他流动资产			其他流动负债		
流动资产合计			流动负债合计		
非流动资产：			非流动负债：		
债权投资			长期借款		
其他债权投资			应付债券		
长期应收款			其中：优先股		
长期股权投资			永续债		
其他权益工具投资			租赁负债		
其他非流动金融资产			长期应付款		
投资性房地产			预计负债		
固定资产			递延收益		
在建工程			递延所得税负债		
生产性生物资产			其他非流动负债		

资产	期末余额	上年年末余额	负债和所有者权益（或股东权益）	期末余额	上年年末余额
油气资产			非流动负债合计		
使用权资产			负债合计		
无形资产			所有者权益（或股东权益）：		
开发支出			实收资本（或股本）		
商誉			其他权益工具		
长期待摊费用			其中：优先股		
递延所得税资产			永续债		
其他非流动资产			资本公积		
非流动资产合计			减：库存股		
			其他综合收益		
			专项储备		
			盈余公积		
			未分配利润		
			所有者权益（或股东权益）合计		
资产总计			负债和所有者权益（或股东权益）总计		

7.1.2　资产负债表的编制

（一）资产负债表项目的填列方法

资产负债表各项目均需填列"期末余额"和"上年年末余额"两栏。

资产负债表的"上年年末余额"栏内各项数字，应根据上年年末资产负债表的"期末余额"栏内所列数字填列。如果上年度资产负债表规定的各个项目的名称和内容与本年度不一致，应按照本年度的规定对上年年末资产负债表各项目的名称和数字进行调整，填入本表"上年年末余额"栏内。

资产负债表的"期末余额"栏主要有以下 5 种填列方法。

（1）根据一个或几个总账科目余额填列。有些项目只需根据一个总账科目的余额直接填列，如"短期借款""资本公积"等项目，根据"短期借款""资本公积"各总账科目的余额直接填列；有些项目则需根据几个总账科目的期末余额计算填列，如"货币资金"项目，需根据"库存现金""银行存款""其他货币资金"3 个总账科目的期末余额的合计数填列。

（2）根据明细账科目余额计算填列。例如："应付账款"项目，需要根据"应付账款"和"预付账款"两个科目所属的相关明细科目的期末贷方余额计算填列；"预付款项"项目，需要根据"应付账款"科目和"预付账款"科目所属的相关明细科目的期末借方余额减去与"预付账款"有关的坏账准备贷方余额计算填列；"预收款项"项目，需要根据"应收账款"科目和"预收账款"科目所属相关明细科目的期末贷方金额合计填列；"开发支出"项目，需要根据"研发支出"科目中所属的"资本化支出"明细科目期末余额计算填列；"应付职工薪酬"项目，需要根据"应付职工薪酬"科目的明细科目期末余额计算填列；"一年内到期的非流动资产""一年内到期的非流动负债"项目，需要根据相关非流动资产和非流动负债项目的明细科目余额计算填列；"未分配利润"项目，需要根据"利润分配"科目中所属的"未分配利润"明细科目期末余额填列。

（3）根据总账科目和明细账科目余额分析计算填列。例如："长期借款"项目，需要根据"长期借款"总账科目余额扣除"长期借款"科目所属的明细科目中将在一年内到期且企业不能自主地将清偿义务展期的长期借款后的金额计算填列；"其他非流动资产"项目，应根据有关科目的期末余额减去将于 1 年内（含 1 年）收回数后的金额计算填列；"其他非流动负债"项目，应根据有关科目的期末余额减去将于 1 年内（含 1 年）到期偿还数后的金额计算填列。

（4）根据有关科目余额减去其备抵科目余额后的净额填列。例如：资产负债表中"应收票据""应收账款""长期股权投资""在建工程"等项目，应当根据"应收票据""应收账款""长期股权投资""在建工程"等科目的期末余额减去"坏账准备""长期股权投资减值准备""在建工程减值准备"等备抵科目余额后的净额填列；"投资性房地产"（采用成本模式计量）、"固定资产"项目，应当根据"投资性房地产""固定资产"科目的期末余额，减去"投资性房地产累计折旧""投资性房地产减值准备""累计折旧""固定资产减值准备"

等备抵科目的期末余额，以及"固定资产清理"科目期末余额后的净额填列；"无形资产"项目，应当根据"无形资产"科目的期末余额，减去"累计摊销""无形资产减值准备"等备抵科目余额后的净额填列。

（5）综合运用上述填列方法分析填列。例如资产负债表中的"存货"项目，需要根据"原材料""库存商品""委托加工物资""周转材料""材料采购""在途物资""发出商品""材料成本差异"等总账科目期末余额的分析汇总数，减去"存货跌价准备"科目余额后的净额填列。

（二）资产负债表项目的填列说明

1. 资产项目的填列说明

（1）"货币资金"项目，反映企业库存现金、银行结算户存款、外埠存款、银行汇票存款、银行本票存款、信用卡存款、信用证保证金存款等的合计数。本项目应根据"库存现金""银行存款""其他货币资金"科目期末余额的合计数填列。

（2）"交易性金融资产"项目，反映资产负债表日企业分类为以公允价值计量且其变动计入当期损益的金融资产，以及企业持有的指定为以公允价值计量且其变动计入当期损益的金融资产的期末账面价值。本项目应根据"交易性金融资产"科目的相关明细科目期末余额分析填列。自资产负债表日起超过一年到期且预期持有超过一年的以公允价值计量且其变动计入当期损益的非流动金融资产的期末账面价值，在"其他非流动金融资产"项目反映。

（3）"应收票据"项目，反映资产负债表日以摊余成本计量的、企业因销售商品、提供服务等收到的商业汇票，包括银行承兑汇票和商业承兑汇票。本项目应根据"应收票据"科目的期末余额，减去"坏账准备"科目中相关坏账准备期末余额后的金额分析填列。

（4）"应收账款"项目，反映资产负债表日以摊余成本计量的、企业因销售商品、提供服务等经营活动应收取的款项。本项目应根据"应收账款"科目的期末余额，减去"坏账准备"科目中相关坏账准备期末余额后的金额分析填列。

（5）"应收款项融资"项目，反映资产负债表日以公允价值计量且其变动计入其他综合收益的应收票据和应收账款等。

（6）"预付款项"项目，反映企业按照购货合同规定预付给供应单位的款项等。本项目应根据"预付账款"和"应付账款"科目所属各明细科目的期末借方余额合计数，减去"坏账准备"科目中有关预付账款计提的坏账准备期末余额后的净额填列。如"预付账款"科目所属明细科目期末为贷方余额，应在资产负债表"应付账款"项目内填列。

（7）"其他应收款"项目，反映企业除应收票据、应收账款、预付款项等经营活动以外的其他各种应收、暂付的款项。本项目应根据"应收利息""应收股利""其他应收款"科目的期末余额合计数，减去"坏账准备"科目中相关坏账准备期末余额后的金额列。其中的"应收利息"仅反映相关金融工具已到期可收取但于资产负债表日尚未收到的利息。基于实际利率法计提的金融工具的利息应包含在相应金融工具的账面余额中。

（8）"存货"项目，反映企业期末在库、在途和在加工中的各种存货的可变现净值或成本（成本与可变现净值孰低）。存货包括各种材料、商品、在产品、半成品、包装物、低值易耗品、发出商品等。本项目应根据"材料采购""原材料""库存商品""周转材料""委托加工物资""发出商品""生产成本""委托代销商品"等科目的期末余额合计数，减去"受托代销商品款""存货跌价准备"科目期末余额后的净额填列。材料采用计划成本核算，以及库存商品采用计划成本核算或售价核算的企业，还应按加减"材料成本差异""商品进销差价"后的金额填列。

（9）"合同资产"项目，反映企业按照《企业会计准则第 14 号——收入》的相关规定，根据本企业履行履约义务与客户付款之间的关系在资产负债表中列示的合同资产。"合同资产"项目应根据"合同资产"科目的相关明细科目期末余额分析填列，同一合同下的合同资产和合同负债应当以净额列示：其中净额为借方余额的，应当根据其流动性在"合同资产"或"其他非流动资产"项目中填列，已计提减值准备的，还应以减去"合同资产减值准备"科目中相关的期末余额后的金额填列；其中净额为贷方余额的，应当根据其流动性在"合同负债"或"其他非流动负债"项目中填列。

（10）"持有待售资产"项目，反映资产负债表日划分为持有待售类别的非流动资产及划分为持有待售类别的处置组中的流动资产和非流动资产的期末账面价值。本项目应根据"持有待售资产"科目的期末余额，减去"持有待售资产减值准备"科目的期末余额后的金额填列。

（11）"一年内到期的非流动资产"项目，反映企业预计自资产负债表日起一年内变现的非流动资产。本项目应根据有关科目的期末余额分析填列。对于按照相关会计准则采用折旧（或摊销、折耗）方法进行后续计量的固定资产、使用权资产、无形资产和长期待摊费用等非流动资产，折旧（或摊销、折耗）年限（或期限）只剩一年或不足一年的，或预计在一年内（含一年）进行折旧（或摊销、折耗）的部分，不得归类为流动资产，仍在各非流动资产项目中填列，不转入"一年内到期的非流动资产"项目。

（12）"债权投资"项目，反映资产负债表日企业以摊余成本计量的长期债权投资的期末账面价值。本项目应根据"债权投资"科目的相关明细科目期末余额，减去"债权投资减值准备"科目中相关减值准备的期末余额后的金额分析填列。自资产负债表日起一年内到期的长期债权投资的期末账面价值，在"一年内到期的非流动资产"项目反映。企业购入的以摊余成本计量的一年内到期的债权投资的期末账面价值，在"其他流动资产"项目反映。

（13）"其他债权投资"项目，反映资产负债表日企业分类为以公允价值计量且其变动计入其他综合收益的长期债权投资的期末账面价值。本项目应根据"其他债权投资"科目的相关明细科目期末余额分析填列。自资产负债表日起一年内到期的长期债权投资的期末账面价值，在"一年内到期的非流动资产"项目反映。企业购入的以公允价值计量且其变动计入其他综合收益的一年内到期的债权投资的期末账面价值，在"其他流动资产"项目反映。

（14）"长期应收款"项目，反映企业租赁产生的应收款项和采用递延方式分期收款、实质上具有融资性质的销售商品和提供劳务等经营活动产生的应收款项。本项目应根据"长期应收款"科目的期末余额，减去相应的"未实现融资收益"科目和"坏账准备"科目所属相关明细科目期末余额后的金额填列。

（15）"长期股权投资"项目，反映投资方对被投资单位实施控制、重大影响的权益性投资，以及对其合营企业的权益性投资。本项目应根据"长期股权投资"科目的期末余额，减去"长期股权投资减值准备"科目的期末余额后的净额填列。

（16）"其他权益工具投资"项目，反映资产负债表日企业指定为以公允价值计量且其变动计入其他综合收益的非交易性权益工具投资的期末账面价值。本项目应根据"其他权益工具投资"科目的期末余额填列。

（17）"固定资产"项目，反映资产负债表日企业固定资产的期末账面价值和企业尚未清理完毕的固定资产清理净损益。本项目应根据"固定资产"科目的期末余额，减去"累计折旧"和"固定资产减值准备"科目的期末余额后的金额，以及"固定资产清理"科目的期末余额填列。

（18）"在建工程"项目，反映资产负债表日企业尚未达到预定可使用状态的在建工程的期末账面价值和企业为在建工程准备的各种物资的期末账面价值。本项目应根据"在建工程"科目的期末余额，减去"在建工程减值准备"科目的期末余额后的金额，以及"工程物资"科目的期末余额，减去"工程物资减值准备"科目的期末余额后的金额填列。

（19）"使用权资产"项目，反映资产负债表日承租人企业持有的使用权资产的期末账面价值。本项目应根据"使用权资产"科目的期末余额，减去"使用权资产累计折旧"和"使用权资产减值准备"科目的期末余额后的金额填列。

（20）"无形资产"项目，反映企业持有的专利权、非专利技术、商标权、著作权、土地使用权等无形资产的成本减去累计摊销和减值准备后的净值。本项目应根据"无形资产"科目的期末余额，减去"累计摊销"和"无形资产减值准备"科目期末余额后的净额填列。

（21）"开发支出"项目，反映企业开发无形资产过程中能够资本化形成无形资产成本的支出部分。本项目应当根据"研发支出"科目中所属的"资本化支出"明细科目期末余额填列。

（22）"长期待摊费用"项目，反映企业已经发生但应由本期和以后各期负担的分摊期限在一年以上的各项费用。长期待摊费用中在一年内（含一年）摊销的部分，在资产负债表"一年内到期的非流动资产"项目填列。本项目应根据"长期待摊费用"科目的期末余额，减去将于一年内（含一年）摊销的数额后的金额分析填列。

（23）"递延所得税资产"项目，反映企业根据所得税准则确认的可抵扣暂时性差异产生的所得税资产。本项目应根据"递延所得税资产"科目的期末余额填列。

（24）"其他非流动资产"项目，反映企业除上述非流动资产以外的其他非流动资产。本项目应根据有关科目的期末余额填列。

2. 负债项目的填列说明

（1）"短期借款"项目，反映企业向银行或其他金融机构等借入的期限在一年以下（含一年）的各种借款。本项目应根据"短期借款"科目的期末余额填列。

（2）"交易性金融负债"项目，反映企业资产负债表日承担的交易性金融负债，以及企业持有的直接指定为以公允价值计量且其变动计入当期损益的金融负债的期末账面价值。本项目应根据"交易性金融负债"科目的相关明细科目期末余额填列。

（3）"应付票据"项目，反映资产负债表日以摊余成本计量的、企业因购买材料、商品和接受服务等开出、承兑的商业汇票，包括银行承兑汇票和商业承兑汇票。本项目应根据"应付票据"科目的期末余额填列。

（4）"应付账款"项目，反映资产负债表日以摊余成本计量的、企业因购买材料、商品和接受服务等经营活动应支付的款项。本项目应根据"应付账款"和"预付账款"科目所属的相关明细科目的期末贷方余额合计数填列。

（5）"预收款项"项目，反映企业按照购货合同规定预收供应单位的款项。本项目应根据"预收账款"和"应收账款"科目所属各明细科目的期末贷方余额合计数填列。如"预收账款"科目所属明细科目期末为借方余额的，应在资产负债表"应收账款"项目内填列。

（6）"合同负债"项目，反映企业按照《企业会计准则第14号——收入》的相关规定，根据本企业履行履约义务与客户付款之间的关系在资产负债表中列示的合同负债。"合同负债"项目应根据"合同负债"的相关明细科目期末余额分析填列。

（7）"应付职工薪酬"项目，反映企业为获得职工提供的服务或解除劳动关系而给予的各种形式的报酬或补偿。企业提供给职工配偶、子女、受赡养人、已故员工遗属及其他受益人等的福利，也属于职工薪酬。职工薪酬主要包括短期薪酬、离职后福利、辞退福利和其他长期职工福利。本项目应根据"应付职工薪酬"科目所属各明细科目的期末贷方余额分析填列。外商投资企业按规定从净利润中提取的职工奖励及福利基金，也在本项目列示。

（8）"应交税费"项目，反映企业按照税法规定计算应缴纳的各种税费，包括增值税、消费税、城市维护建设税、教育费附加、企业所得税、资源税、土地增值税、房产税、城镇土地使用税、车船税等。企业代扣代缴的个人所得税，也通过本项目列示。企业所缴纳的税金不需要预计应交数的，不在本项目列示。本项目应根据"应交税费"科目的期末贷方余额填列，如"应交税费"科目期末为借方余额，应以"-"号填列。需要说明的是："应交税费"科目下的"应交增值税""未交增值税""待抵扣进项税额""待认证进项税额""增值税留抵税额"等明细科目期末借方余额，应根据情况在资产负债表中的"其他流动资产"或"其他非流动资产"项目列示；"应交税费——待转销项税额"等科目期末贷方余额，应根据情况在资产负债表中的"其他流动负债"或"其他非流动负债"项目列示；"应交税费"科目下的"未交增值税""简易计税""转让金融商品应交增值税""代扣代缴增值税"等科目期末贷方余额，应在资产负债表中的"应交税费"项目列示。

（9）"其他应付款"项目，反映企业除应付票据、应付账款、预收款项、应付职工薪酬、应交税费等经营活动以外的其他各项应付、暂收的款项。本项目应根据"应付利息""应付股利""其他应付款"科目的期末余额合计数填列。其中，"应付利息"科目仅反映相关金融工具已到期应支付但于资产负债表日尚未支付的利息。基于实际利率法计提的金融工具的利息应包含在相应金融工具的账面余额中。

（10）"持有待售负债"项目，反映资产负债表日处置组中与划分为持有待售类别的资产直接相关的负债的期末账面价值。本项目应根据"持有待售负债"科目的期末余额填列。

（11）"一年内到期的非流动负债"项目，反映企业非流动负债中将于资产负债表日后一年内到期部分的金额，如将于一年内偿还的长期借款。本项目应根据有关科目的期末余额分析填列。

（12）"长期借款"项目，反映企业向银行或其他金融机构借入的期限在一年以上（不含一年）的各项借款。本项目应根据"长期借款"科目的期末余额，扣除"长期借款"科目所属的明细科目中将在资产负债表日起一年内到期且企业不能自主地将清偿义务展期的长期借款后的金额计算填列。

（13）"应付债券"项目，反映企业为筹集长期资金而发行的债券本金及应付的利息。本项目应根据"应付债券"科目的期末余额分析填列；对于资产负债表日企业发行的金融工具，分类为金融负债的，应在本项目填列；对于优先股和永续债，还应在本项目下的"优先股"项目和"永续债"项目分别填列。

（14）"租赁负债"项目，反映资产负债表日承租人企业尚未支付的租赁付款额的期末账面价值。本项目应根据"租赁负债"科目的期末余额填列。自资产负债表日起一年内到期应予以清偿的租赁负债的期末账面价值，在"一年内到期的非流动负债"项目反映。

（15）"长期应付款"项目，反映资产负债表日企业除长期借款和应付债券以外的其他各种长期应付款项的期末账面价值。本项目应根据"长期应付款"科目的期末余额，减去相关的"未确认融资费用"科目的期末余额后的金额。

（16）"预计负债"项目，反映企业根据《企业会计准则第 13 号——或有事项》等相关准则确认的各项预计负债，包括对外提供担保、未决诉讼、产品质量保证、重组义务以及固定资产和矿区权益弃置义务等产生的预计负债。本项目应根据"预计负债"科目的期末余额填列。企业按照《企业会计准则第 22 号——金融工具确认和计量》的相关规定，对贷款承诺等项目计提的损失准备，应当在本项目中填列。

（17）"递延收益"项目，反映尚待确认的收入或收益。本项目核算包括企业根据《企业会计准则第 16 号——政府补助》确认的应在以后期间计入当期损益的政府补助金额、售后租回形成融资租赁的售价与资产账面价值差额等其他递延性收入。本项目应根据"递延收益"科目的期末余额填列。本项目中摊销期限只剩 1 年或不足 1 年的，或预计在 1 年内（含 1 年）进行摊销的部分，不得归类为流动负债，仍在本项目中填列，不转入"一年内到期的非流动负债"项目。

（18）"递延所得税负债"项目，反映企业根据《企业会计准则第 18 号——所得税》确认的应纳税暂时性差异产生的所得税负债。本项目应根据"递延所得税负债"科目的期末余额填列。

（19）"其他非流动负债"项目，反映企业除以上非流动负债以外的其他非流动负债。本项目应根据有关科目期末余额，减去将于 1 年内（含 1 年）到期偿还数后的余额分析填列。非流动负债各项目中将于 1 年内（含 1 年）到期的非流动负债，应在"一年内到期的非流动负债"项目内反映。

3. 所有者权益项目的填列说明

（1）"实收资本（或股本）"项目，反映企业各投资者实际投入的资本（或股本）总额。本项目应根据"实收资本（或股本）"科目的期末余额填列。

（2）"其他权益工具"项目，反映资产负债表日企业发行在外的除普通股以外分类为权益工具的金融工具的期末账面价值，并下设"优先股"和"永续债"两个项目，分别反映企业发行的分类为权益工具的优先股和永续债的账面价值。

（3）"资本公积"项目，反映企业收到投资者出资超出其在注册资本或股本中所占的份额以及直接计入所有者权益的利得和损失等。本项目应根据"资本公积"科目的期末余额填列。

（4）"其他综合收益"项目，反映企业其他综合收益的期末余额。本项目应根据"其他综合收益"科目的期末余额填列。

（5）"专项储备"项目，反映高危行业企业按国家规定提取的安全生产费的期末账面价值。本项目应根据"专项储备"科目的期末余额填列。

（6）"盈余公积"项目，反映企业盈余公积的期末余额。本项目应根据"盈余公积"科目的期末余额填列。

（7）"未分配利润"项目，反映企业尚未分配的利润。本项目应根据"本年利润"科目和"利润分配"科目的余额计算填列。未弥补的亏损在本项目内以"－"号填列。

【例 7-1】2×19 年 12 月 31 日，甲公司的资产负债情况如下。

（1）"库存现金"科目余额为 0.1 万元，"银行存款"科目余额为 100.9 万元，"其他货币资金"科目余额为 99 万元。

（2）"应收票据"科目的余额为 1300 万元；"坏账准备"科目中有关应收票据计提的坏账准备余额为 45 万元。

（3）"发出商品"科目借方余额为 800 万元，"生产成本"科目借方余额为 300 万元，"原材料"科目借方余额为 100 万元，"委托加工物资"科目借方余额为 200 万元，"材料成本差异"科目贷方余额为 25 万元，"存货跌价准备"科目贷方余额为 100 万元，"受托代销商品"科目借方余额为 400 万元，"受托代销商品款"科目贷方余额为 400 万元。

（4）甲公司计划出售一项固定资产，该固定资产于 2×19 年 12 月 31 日被划分为持有待售固定资产，其账面价值为 315 万元，从划归为持有待售的下个月起停止计提折旧，不考虑其他因素。

（5）"固定资产"科目借方余额为 4 000 万元，"累计折旧"科目贷方余额为

2 000 万元，"固定资产减值准备"科目贷方余额为 500 万元，"固定资产清理"科目借方余额为 500 万元。

（6）"无形资产"科目借方余额为 800 万元，"累计摊销"科目贷方余额为 200 万元，"无形资产减值准备"科目贷方余额为 100 万元。

（7）"短期借款"科目的余额如下：质押借款 10 万元，信用借款 40 万元。

（8）"应付票据"科目的余额如下：25 万元的银行承兑汇票，10 万元的商业承兑汇票。

（9）"应付职工薪酬"科目明细项目为：工资、奖金、津贴和补贴 70 万元，社会保险费（含医疗保险、工伤保险）5 万元，设定提存计划（含基本养老保险费）2.5 万元，住房公积金 2 万元，工会经费和职工教育经费 0.5 万元。

（10）"长期借款"科目余额为 155 万元，其中自乙银行借入的 5 万元借款将于一年内到期，甲公司不具有自主展期清偿的权利。

（11）甲公司是由 A 公司于 2×01 年 3 月 1 日注册成立的有限责任公司，注册资本为人民币 5 000 万元，A 公司以货币资金人民币 5 000 万元出资，占注册资本的 100%，持有甲公司 100% 的权益。上述实收资本已于 2×01 年 3 月 1 日经相关会计师事务所出具的验资报告验证。该资本投入自 2×01 年至 2×19 年年末未发生变动。

本例中，2×19 年 12 月 31 日，甲公司资产负债表应填列如下。

（1）"货币资金"项目"期末余额"栏的列报金额 =0.1+100.9+99=200（万元）。

（2）"应收票据"项目"期末余额"栏的列报金额 =1300−45=1255（万元）。

（3）"存货"项目"期末余额"栏的列报金额 =800+300+100+200−25−100+400−400=1275（万元）。

（4）"持有待售资产"项目"期末余额"栏的列报金额为 315 万元。

（5）"固定资产"项目"期末余额"栏的列报金额 =4 000−2 000−500+500=2 000（万元）。

（6）"无形资产"项目"期末余额"栏的列报金额 =800−200−100=500（万元）。

（7）"短期借款"项目"期末余额"栏的列报金额 =10+40=50（万元）。

（8）"应付票据"项目"期末余额"栏的列报金额 =25+10=35（万元）。

（9）"应付职工薪酬"项目"期末余额"栏的列报金额 =70 +5 +2.5+2 +0.5=80（万元）。

（10）"长期借款"项目"期末余额"栏的列报金额 =155−5=150（万元），"一一年内到期的非流动负债"项目"期末余额"栏的列报金额为 5 万元。

（11）"实收资本（或股本）"项目"期末余额"栏的列报金额为 5 000 万元。

据此，甲公司编制的 2×19 年 12 月 31 日的资产负债表如表 7-2 所示。

表 7-2　资产负债表

会企 01 表

编制单位：甲公司　　　　　　　　2×19 年 12 月 31 日　　　　　　　　单位：元

资产	期末余额	上年年末余额	负债和所有者权益（或股东权益）	期末余额	上年年末余额
流动资产：			流动负债：		
货币资金	2 000 000		短期借款	500 000	
交易性金融资产			交易性金融负债		
衍生金融资产			衍生金融负债		
应收票据	12 550 000		应付票据	350 000	
应收账款			应付账款		
应收款项融资			预收款项		
预付款项			合同负债		
其他应收款			应付职工薪酬	800 000	
存货	12 750 000		应交税费		
合同资产			其他应付款		
持有待售资产	3 150 000		持有待售负债		
一年内到期的非流动资产			一年内到期的非流动负债	50 000	
其他流动资产			其他流动负债		
流动资产合计	30 450 000		流动负债合计	1 700 000	
非流动资产：			非流动负债：		
债权投资			长期借款	1 500 000	
其他债权投资			应付债券		
长期应收款			其中：优先股		

续表

资产	期末余额	上年年末余额	负债和所有者权益（或股东权益）	期末余额	上年年末余额
长期股权投资			永续债		
其他权益工具投资			租赁负债		
其他非流动金融资产			长期应付款		
投资性房地产			预计负债		
固定资产	20 000 000		递延收益		
在建工程			递延所得税负债		
生产性生物资产			其他非流动负债		
油气资产			非流动负债合计	1 500 000	
使用权资产			负债合计	3 200 000	
无形资产	5 000 000		所有者权益（或股东权益）：		
开发支出			实收资本（或股本）	50 000 000	
商誉			其他权益工具		
长期待摊费用			其中：优先股		
递延所得税资产			永续债		
其他非流动资产			资本公积		
非流动资产合计	25 000 000		减：库存股		
			其他综合收益		
			专项储备		
			盈余公积		
			未分配利润	2 250 000	
			所有者权益（或股东权益）合计	52 250 000	
资产总计	55 450 000		负债和所有者权益（或股东权益）总计	55 450 000	

7.2　利润表

利润表，又称损益表，是反映企业在一定会计期间经营成果的报表。

通过利润表，可以反映企业在一定会计期间收入、费用、利润（或亏损）的金额和构成情况，可以帮助财务报表使用者全面了解企业的经营成果、分析企业的获利能力及盈利增长趋势，为其做出经济决策提供依据。

7.2.1　利润表的结构

利润表的结构有单步式和多步式两种。单步式利润表是将当期所有的收入列在一起，所有的费用列在一起，然后将两者相减得出当期净损益。我国企业的利润表采用多步式格式，即通过对当期的收入、费用、支出项目按性质加以归类，按利润形成的主要环节列示一些中间性利润指标，分步计算当期净损益，以便财务报表使用者理解企业经营成果的不同来源。

利润表一般由表头、表体两部分组成。表头部分应列明报表名称、编制单位名称、编制日期、报表编号和计量单位。表体部分为利润表的主体，列示了形成经营成果的各个项目和计算过程。

为了使财务报表使用者通过比较不同期间利润的实现情况，判断企业经营成果的未来发展趋势，企业需要提供比较利润表。为此，利润表金额栏分为"本期金额"和"上期金额"两栏分别填列。我国一般企业利润表的格式如表7-3所示。

表 7-3　利润表

编制单位：　　　　　　　　＿＿＿＿年＿＿＿＿月　　　　　　　　会企 02 表

单位：元

项　　目	本期金额	上期金额
一、营业收入		
减：营业成本		
税金及附加		
销售费用		
管理费用		
研发费用		

项　目	本期金额	上期金额
财务费用		
其中：利息费用		
利息收入		
加：其他收益		
投资收益（损失以"-"号填列）		
其中：对联营企业和合营企业的投资收益		
以摊余成本计量的金融资产终止确认收益（损失以"-"号填列）		
净敞口套期收益（损失以"-"号填列）		
公允价值变动收益（损失以"-"号填列）		
信用减值损失（损失以"-"号填列）		
资产减值损失（损失以"-"号填列）		
资产处置收益（损失以"-"号填列）		
二、营业利润（亏损以"-"号填列）		
加：营业外收入		
减：营业外支出		
三、利润总额（亏损总额以"-"号填列）		
减：所得税费用		
四、净利润（净亏损以"-"号填列）		
（一）持续经营净利润（净亏损以"-"号填列）		
（二）终止经营净利润（净亏损以"-"号填列）		
五、其他综合收益的税后净额		
（一）不能重分类进损益的其他综合收益		
1.重新计量设定受益计划变动额		
2.权益法下不能转损益的其他综合收益		
3.其他权益工具投资公允价值变动		

续表

项　目	本期金额	上期金额
4.企业自身信用风险公允价值变动		
……		
（二）将重分类进损益的其他综合收益		
1. 权益法下可转损益的其他综合收益		
2. 其他债权投资公允价值变动		
3. 金融资产重分类计入其他综合收益的金额		
4. 其他债权投资信用减值准备		
5. 现金流量套期储备		
6. 外币财务报表折算差额		
……		
六、综合收益总额		
七、每股收益：		
（一）基本每股收益		
（二）稀释每股收益		

7.2.2　利润表的编制

利润表编制的原理是"收入－费用＝利润"的会计平衡公式和收入与费用的配比原则。企业在生产经营中不断地取得各项收入，同时发生各种费用，收入减去费用剩余部分为企业的盈利。如果企业经营不善，发生的生产经营费用超过取得的收入，超过部分为企业的亏损。将取得的收入和发生的相关费用进行对比，对比结果表现为企业的经营成果。企业将经营成果的核算过程和结果编成报表，即利润表。

（一）利润表项目的填列方法

我国一般企业利润表的主要编制步骤和内容如下。

第 1 步，以营业收入为基础，减去营业成本、税金及附加、销售费用、管理费用、研发费用、财务费用，加上其他收益、投资收益（或减去投资损失）、净敞口套期收益（或减去净敞口套期损失）、公允价值变动收益（或减去公允价值变动损失）、信用减值损失、资产减值损失、资产处置收益（或减去资产处置损失），计算出营业利润。

第2步，以营业利润为基础，加上营业外收入，减去营业外支出，计算出利润总额。

第3步，以利润总额为基础，减去所得税费用，计算出净利润（或净亏损）。

第4步，以净利润（或净亏损）为基础，计算出每股收益。

第5步，以净利润（或净亏损）和其他综合收益为基础，计算出综合收益总额。

利润表各项目均需填列"本期金额"和"上期金额"两栏。其中"上期金额"栏内各项数字，应根据上年该期利润表的"本期金额"栏内所列数字填列。"本期金额"栏内各期数字，除"基本每股收益"和"稀释每股收益"项目外，应当按照相关科目的发生额分析填列。例如："营业收入"项目，根据"主营业务收入""其他业务收入"科目的发生额分析计算填列；"营业成本"项目，根据"主营业务成本""其他业务成本"科目的发生额分析计算填列。

（二）利润表主要项目的填列说明

（1）"营业收入"项目，反映企业经营主要业务和其他业务所确认的收入总额。本项目应根据"主营业务收入"和"其他业务收入"科目的发生额分析填列。

（2）"营业成本"项目，反映企业经营主要业务和其他业务所发生的成本总额。本项目应根据"主营业务成本"和"其他业务成本"科目的发生额分析填列。

（3）"税金及附加"项目，反映企业经营业务应负担的消费税、城市维护建设税、教育费附加、资源税、土地增值税、房产税、车船税、城镇土地使用税、印花税等相关税费。本项目应根据"税金及附加"科目的发生额分析填列。

（4）"销售费用"项目，反映企业在销售商品过程中发生的包装费、广告费等费用和为销售本企业商品而专设的销售机构的职工薪酬、业务费等经营费用。本项目应根据"销售费用"科目的发生额分析填列。

（5）"管理费用"项目，反映企业为组织和管理生产经营发生的管理费用。本项目应根据"管理费用"科目的发生额分析填列。

（6）"研发费用"项目，反映企业进行研究与开发过程中发生的费用化支出以及计入管理费用的自行开发无形资产的摊销。本项目应根据"管理费用"科目下的"技术研究开发费"明细科目的发生额以及"管理费用"科目下"无形资产摊销"明细科目的发生额分析填列。

（7）"财务费用"项目，反映企业为筹集生产经营所需资金等而发生的应予费用化的利息支出。本项目应根据"财务费用"科目的相关明细科目发生额分析填列。其中："利息费用"项目，反映企业为筹集生产经营所需资金等而发生的应予费用化的利息支出，本项目应根据"财务费用"科目的相关明细科目的发生额分析填列；"利息收入"项目，反映企业应冲减财务费用的利息收入，本项目应根据"财务费用"科目的相关明细科目的发生额分析填列。

（8）"其他收益"项目，反映计入其他收益的政府补助，以及其他与日常活动相关且计入其他收益的项目。本项目应根据"其他收益"科目的发生额分析填列。企业作为个人所得税的扣缴义务人，根据《中华人民共和国个人所得税法》收到的扣缴税款手续费，应作为其他与日常活动相关的收益在本项目中填列。

（9）"投资收益"项目，反映企业以各种方式对外投资所取得的收益。本项目应根据"投资收益"科目的发生额分析填列，如为投资损失，本项目以"－"号填列。

（10）"净敞口套期收益"项目，反映净敞口套期下被套期项目累计公允价值变动转入当期损益的金额或现金流量套期储备转入当期损益的金额。本项目应根据"净敞口套期损益"科目的发生额分析填列，如为套期损失，本项目以"－"号填列。

（11）"公允价值变动收益"项目，反映企业应当计入当期损益的资产或负债的公允价值变动收益。本项目应根据"公允价值变动损益"科目的发生额分析填列，如为净损失，本项目以"－"号填列。

（12）"信用减值损失"项目，反映企业按照《企业会计准则第 22 号——金融工具确认和计量》的要求计提的各项金融工具信用减值准备所确认的信用损失。本项目应根据"信用减值损失"科目的发生额分析填列。

（13）"资产减值损失"项目，反映企业有关资产发生的减值损失。本项目应根据"资产减值损失"科目的发生额分析填列。

（14）"资产处置收益"项目，反映企业出售划分为持有待售的非流动资产（金融工具、长期股权投资和投资性房地产除外）或处置组（子公司和业务除外）时确认的处置利得或损失，以及处置未划分为持有待售的固定资产、在建工程、生产性生物资产及无形资产而产生的处置利得或损失。债务重组中因处置非流动资产（金融工具、长期股权投资和投资性房地产除外）产生的利得或损失和非货币性资产交换中换出非流动资产（金融工具、长期股权投资和投资性房地产除外）产生的利得或损失也包括在本项目内。本项目应根据"资产处置损益"科目的发生额分析填列，如为处置损失，本项目以"-"号填列。

（15）"营业利润"项目，反映企业实现的营业利润。如为亏损，本项目以"-"号填列。

（16）"营业外收入"项目，反映企业发生的除营业利润以外的收益，主要包括与企业日常活动无关的政府补助、盘盈利得、捐赠利得（企业接受股东或股东的子公司直接或间接的捐赠，经济实质属于股东对企业的资本性投入的除外）等。本项目应根据"营业外收入"科目的发生额分析填列。

（17）"营业外支出"项目，反映企业发生的除营业成本以外的支出，主要包括公益性捐赠支出、非常损失、盘亏损失、非流动资产毁损报废损失等。本项目应根据"营业外支出"科目的发生额分析填列。"非流动资产毁损报废损失"通常包括因自然灾害发生毁损、已丧失使用功能等原因而报废清理产生的损失。企业在不同交易中形成的非流动资产毁损报废利得和损失不得相互抵销，应分别在"营业外收入"项目和"营业外支出"项目进行填列。

（18）"利润总额"项目，反映企业实现的利润。如为亏损，本项目以"-"号填列。

（19）"所得税费用"项目，反映企业应从当期利润总额中扣除的所得税费用。本项目应根据"所得税费用"科目的发生额分析填列。

（20）"净利润"项目，反映企业实现的净利润。如为亏损，本项目以"-"号填列。

（21）"其他综合收益的税后净额"项目，反映企业根据《企业会计准则》规定，未在损益中确认的各项利得和损失扣除所得税影响后的净额。

（22）"综合收益总额"项目，反映企业净利润与其他综合收益（税后净额）的合计金额。

（23）"每股收益"项目，包括基本每股收益和稀释每股收益两项指标，其主要反映普通股或潜在普通股已公开交易的企业，以及正处在公开发行普通股或潜在普通股过程中的企业的每股收益信息。

（24）"（一）持续经营净利润"和"（二）终止经营净利润"项目，分别反映净利润中与持续经营相关的净利润和与终止经营相关的净利润；如为净亏损，以"-"号填列。这两个项目应按照《企业会计准则第 42 号——持有待售的非流动资产、处置组和终止经营》的相关规定分别列报。

（25）"其他权益工具投资公允价值变动"项目，反映企业指定为以公允价值计量且其变动计入其他综合收益的非交易性权益工具投资发生的公允价值变动。本项目应根据"其他综合收益"科目的相关明细科目的发生额分析填列。

（26）"企业自身信用风险公允价值变动"项目，反映企业指定为以公允价值计量且其变动计入当期损益的金融负债，由企业自身信用风险变动引起的公允价值变动而计入其他综合收益的金额。本项目应根据"其他综合收益"科目的相关明细科目的发生额分析填列。

（27）"其他债权投资公允价值变动"项目，反映企业分类为以公允价值计量且其变动计入其他综合收益的债权投资发生的公允价值变动。企业将一项以公允价值计量且其变动计入其他综合收益的金融资产重分类为以摊余成本计量的金融资产，或重分类为以公允价值计量且其变动计入当期损益的金融资产时，之前计入其他综合收益的累计利得或损失从其他综合收益中转出的金额作为该项目的减项。本项目应根据"其他综合收益"科目下的相关明细科目的发生额分析填列。

（28）"金融资产重分类计入其他综合收益的金额"项目，反映企业将一项以摊余成本计量的金融资产重分类为以公允价值计量且其变动计入其他综合收益的金融资产时，计入其他综合收益的原账面价值与公允价值之间的差额。本项目应根据"其他综合收益"科目下的相关明细科目的发生额分析填列。

（29）"其他债权投资信用减值准备"项目，反映企业按照《企业会计准则第 22 号——金融工具确认和计量》第十八条规定，分类为以公允价值计量且其变动计入其他综合收益的金融资产的损失准备。本项目应根据"其他综合收益"科目下的"信用减值准备"明细科目的发生额分析填列。

（30）"现金流量套期储备"项目，反映企业套期工具产生的利得或损失中属于套期有效的部分。本项目应根据"其他综合收益"科目下的"套期储备"明细科目的发生额分析填列。

【例7-2】乙公司为热电企业，其经营范围：电、热的生产和销售；发电、输变电工程的技术咨询；电力设备及相关产品的采购、开发、生产和销售等。其

2×19年度经营情况如下。

（1）"主营业务收入"科目发生额明细如下所示：电力销售收入合计8 000万元，热力销售收入合计1 400万元，"其他业务收入"科目发生额合计600万元。

（2）"主营业务成本"科目发生额合计7 500万元，"其他业务成本"科目发生额合计500万元。

（3）"税金及附加"科目的发生额如下：城市维护建设税合计50万元，教育费附加合计30万元，房产税合计400万元，城镇土地使用税合计20万元。

（4）"管理费用"科目发生额合计数为600万元。

（5）"财务费用"科目的发生额如下所示：银行长期借款利息费用合计400万元，银行短期借款利息费用90万元，银行存款利息收入合计8万元，银行手续费支出合计18万元。

（6）"投资收益"科目的发生额如下所示：按权益法核算的长期股权投资收益合计290万元，按成本法核算的长期股权投资收益合计200万元，处置长期股权投资发生的投资损失合计500万元。

（7）"资产减值损失"科目的发生额如下所示：存货减值损失合计85万元，固定资产减值损失合计189万元，无形资产减值损失合计26万元。

（8）"营业外收入"科目的发生额如下所示：接受无偿捐赠利得68万元，现金盘盈利得合计2万元。

（9）"营业外支出"科目的发生额如下所示：固定资产盘亏损失14万元，罚没支出合计10万元，捐赠支出合计4万元，其他支出2万元。

（10）乙公司2×19年年度"所得税费用"科目的发生额合计36万元。

本例中，2×19年12月31日，乙公司经营情况应填列如下。

（1）"营业收入"项目"本期金额"栏的列报金额＝8 000 +1 400+600=10 000（万元）。

（2）"营业成本"项目"本期金额"栏的列报金额＝7 500 +500=8 000（万元）。

（3）"税金及附加"项目"本期金额"栏的列报金额＝50 +30 +400 +20 =500（万元）。

（4）"管理费用"项目"本期金额"栏的列报金额为600万元。

（5）"财务费用"项目"本期金额"栏的列报金额＝400 +90 −8 +18= 500（万元）。

（6）"投资收益"项目"本期金额"栏的列报金额 = 290+200-500=-10（万元）。

（7）"资产减值损失"项目"本期金额"栏的列报金额 =85+189+26=300（万元）。

（8）"营业外收入"项目"本期金额"栏的列报金额 =68+2=70（万元）。

（9）"营业外支出"项目"本期金额"栏的列报金额 =14+10+4+2=30（万元）。

（10）"所得税费用"项目"本期金额"栏的列报金额为 36 万元。

据此，乙公司编制的 2×19 年年度利润表如表 7-4 所示。

表 7-4 利润表

<table>
<tr><td>编制单位：乙公司</td><td>2×19 年 12 月</td><td>会企 02 表
单位：元</td></tr>
</table>

项　目	本期金额	上期金额
一、营业收入	100 000 000	
减：营业成本	80 000 000	
税金及附加	5 000 000	
销售费用		
管理费用	6 000 000	
研发费用		
财务费用	5 000 000	
其中：利息费用	5 080 000	
利息收入	80 000	
加：其他收益		
投资收益（损失以"-"号填列）	-100 000	
其中：对联营企业和合营企业的投资收益	2 900 000	
以摊余成本计量的金融资产终止确认收益（损失以"-"号填列）		
净敞口套期收益（损失以"-"号填列）		
公允价值变动收益（损失以"-"号填列）		

项　目	本期金额	上期金额
信用减值损失（损失以"–"号填列）		
资产减值损失（损失以"–"号填列）	–3 000 000	
资产处置收益（损失以"–"号填列）		
二、营业利润（亏损以"–"号填列）	900 000	
加：营业外收入	700 000	
减：营业外支出	300 000	
三、利润总额（亏损总额以"–"号填列）	1 300 000	
减：所得税费用	360 000	
四、净利润（净亏损以"–"号填列）	940 000	
（一）持续经营净利润（净亏损以"–"号填列）	940 000	
（二）终止经营净利润（净亏损以"–"号填列）		
五、其他综合收益的税后净额		
（一）不能重分类进损益的其他综合收益		
1.重新计量设定受益计划变动额		
2.权益法下不能转损益的其他综合收益		
3.其他权益工具投资公允价值变动		
4.企业自身信用风险公允价值变动		
……		
（二）将重分类进损益的其他综合收益		
1.权益法下可转损益的其他综合收益		
2.其他债权投资公允价值变动		
3.金融资产重分类计入其他综合收益的金额		
4.其他债权投资信用减值准备		
5.现金流量套期储备		
6.外币财务报表折算差额		

续表

项　目	本期金额	上期金额
……		
六、综合收益总额	940 000	
七、每股收益：		
（一）基本每股收益		
（二）稀释每股收益		

7.3　现金流量表

现金流量表是反映企业在一定会计期间现金和现金等价物流入和流出的报表。

通过现金流量表，可以为财务报表使用者提供企业在一定会计期间内现金和现金等价物流入和流出的信息，便于财务报表使用者了解和评估企业获取现金和现金等价物的能力，据以预测企业未来的现金流量。

7.3.1　现金流量表的结构

我国企业现金流量表采用报告式结构，将现金流按企业业务活动的性质和现金流量的来源分为经营活动产生的现金流量、投资活动产生的现金流量和筹资活动产生的现金流量。先分别反映，最后汇总反映企业某一期间现金及现金等价物的净增加额。我国企业现金流量表的格式如表 7-5 所示。

现金流量表涉及现金流量、现金、现金等价物的概念。现金流量是指一定会计期间内企业现金和现金等价物的流入和流出，包括企业从银行提取现金、用现金购买短期到期的国库券等，但是现金和现金等价物之间的转换不属于现金流量。现金是指企业库存现金以及可以随时用于支付的存款，包括库存现金、银行存款和其他货币资金（如外埠存款、银行汇票存款、银行本票存款等）等，但是不能随时用于支付的存款不属于现金。现金等价物是指企业持有的期限短、流动性强、易于转换为已知金额现金、价值变动风险很小的投资。其中，期限短，一般是指从购买日起 3 个月内到期，通常包括 3 个月内到期的债券投资等。需要注意的是，权益性投资变现的金额通常不确定，因而不属于现金等价物。企业应当根据具体情况，确定现金等价物的范围，一经确定不得随意变更。

经营活动产生的现金流量，是指来源于企业经营活动的现金流量。其主要包括企业投资活动和筹资活动以外的所有交易和事项产生的现金流，具体是销售商品或提供劳务、购买商品、接受劳务、支付工资和缴纳税款等流入和流出的现金和现金等价物。

投资活动产生的现金流量，是指来源于企业投资活动的现金流量。其主要包括企业长期资产的购建和不包括在现金等价物范围内的投资及其处置活动产生的现金流，具体是购建固定资产、处置子公司及其他营业单位等流入和流出的现金和现金等价物。

筹资活动产生的现金流量，是指来源于企业筹资活动的现金流量。其主要包括导致企业资本及债务规模和构成发生变化的活动产生的现金流，具体是吸收投资、发行股票、分配利润、发行债券、偿还债务等流入和流出的现金和现金等价物。偿付应付账款、应付票据等商业应付款等属于经营活动，不属于筹资活动。

表 7-5　现金流量表

会企 03 表

编制单位：　　　　　　　　　____年 ____月　　　　　　　　　单位：元

项　目	本期金额	上期金额
一、经营活动产生的现金流量：		
销售商品、提供劳务收到的现金		
收到的税费返还		
收到其他与经营活动有关的现金		
经营活动现金流入小计		
购买商品、接受劳务支付的现金		
支付给职工以及为职工支付的现金		

续表

项　目	本期金额	上期金额
支付的各项税费		
支付其他与经营活动有关的现金		
经营活动现金流出小计		
经营活动产生的现金流量净额		
二、投资活动产生的现金流量：		
收回投资收到的现金		
取得投资收益收到的现金		
处置固定资产、无形资产和其他长期资产收回的现金净额		
处置子公司及其他营业单位收到的现金净额		
收到其他与投资活动有关的现金		
投资活动现金流入小计		
购建固定资产、无形资产和其他长期资产支付的现金		
投资支付的现金		
取得子公司及其他营业单位支付的现金净额		
支付其他与投资活动有关的现金		
投资活动现金流出小计		
投资活动产生的现金流量净额		
三、筹资活动产生的现金流量：		
吸收投资收到的现金		
取得借款收到的现金		
收到其他与筹资活动有关的现金		
筹资活动现金流入小计		
偿还债务支付的现金		
分配股利、利润或偿付利息支付的现金		
支付其他与筹资活动有关的现金		

项　目	本期金额	上期金额
筹资活动现金流出小计		
筹资活动产生的现金流量净额		
四、汇率变动对现金及现金等价物的影响		
五、现金及现金等价物净增加额		
加：期初现金及现金等价物余额		
六、期末现金及现金等价物余额		

7.3.2　现金流量表的编制

（一）现金流量表项目的填列方法。

企业应当采用直接法列示经营活动产生的现金流量。直接法，是指通过现金收入和现金支出的主要类别列示经营活动的现金流量。采用直接法编制经营活动的现金流量时，一般以利润表中的营业收入为起算点，调整与经营活动有关的项目的增减变动，然后计算出经营活动的现金流量。采用直接法具体编制现金流量表时，可以采用工作底稿法或 T 型账户法，也可以根据有关科目记录分析填列。

1. 工作底稿法

工作底稿法是以工作底稿为手段，以资产负债表和利润表数据为基础，对每一个项目进行分析并编制调整分录，从而编制现金流量表。

2.T 型账户法

T 型账户法是以 T 型账户为手段，以资产负债表和利润表数据为基础，对每一个项目进行分析并编制调整分录，从而编制现金流量表。

3. 分析填列法

分析填列法是直接根据资产负债表、利润表和有关会计科目明细账的记录，分析计算出现金流量表各项目的金额，并据以编制现金流量表的一种方法。

（二）现金流量表项目的填列说明

1. 经营活动产生的现金流量的项目说明

（1）"销售商品、提供劳务收到的现金"项目反映企业本年销售商品、提供劳务收到的现金，以及以前年度销售商品、提供劳务本年收到的现金（包括应向购买者收取的增值税销项税额）和本年预收的款项，减去本年销售本年退回商品和以前年度销售本年退回商品支付的现金。企业销售材料和代购代销业务收到的现金，也在本项目反映。

（2）"收到的税费返还"项目反映企业收到返还的所得税、增值税、消费税、关税和教育费附加等各种税费返还款。

（3）"收到其他与经营活动有关的现金"项目反映企业经营租赁收到的租金等其他与经营活动有关的现金流入，金额较大的应当单独列示。企业实际收到的政府补助，无论是与资产相关还是与收益相关，均在本项目填列。

（4）"购买商品、接受劳务支付的现金"项目反映企业本年购买商品、接受劳务实际支付的现金（包括增值税进项税额），以及本年支付以前年度购买商品、接受劳务的未付款项和本年预付款项，减去本年发生的购货退回收到的现金。企业购买材料和代购代销业务支付的现金，也在本项目反映。

（5）"支付给职工以及为职工支付的现金"项目反映企业本年实际支付给职工的工资、资金、各种津贴和补贴等职工薪酬（包括代扣代缴的职工个人所得税）。

（6）"支付的各项税费"项目反映企业本年发生并支付、以前各年发生本年支付以及预交的各项税费，包括所得税、增值税、消费税、印花税、房产税、土地增值税、车船使用税、教育费附加等。

（7）"支付其他与经营活动有关的现金"项目反映企业经营租赁支付的租金、差旅费、业务招待费、保险费、罚款支出等其他与经营活动有关的现金流出，金额较大的应当单独列示。

2. 投资活动产生的现金流量的项目说明

（1）"收回投资收到的现金"项目反映企业出售、转让或到期收回除现金等价物以外的对其他企业长期股权投资而收到的现金，但处置子公司及其他营业单位应收到的现金净额除外。

（2）"取得投资收益收到的现金"项目反映企业除现金等价物以外的对其他企业的长期股权投资等分回的现金股利和利息等。

（3）"处置固定资产、无形资产和其他长期资产收回的现金净额"项目反映企业出售、报废固定资产、无形资产和其他长期资产所取得的现金（包括因资产毁损而收到的保险赔偿收入），减去为处置这些资产而支付的有关费用后的净额。

（4）"处置子公司及其他营业单位应收到的现金净额"项目反映企业处置子公司及其他营业单位所取得的现金，减去相关处置费用以及子公司及其他营业单位持有的现金和现金等价物后的净额。

（5）"购建固定资产、无形资产和其他长期资产支付的现金"项目反映企业购买、建造固定资产、取得无形资产和其他长期资产所支付的现金（含增值税税款等），以及用现金支付的应由在建工程和无形资产负担的职工薪酬。

（6）"投资支付的现金"项目反映企业取得除现金等价物以外的对其他企业的长期股权投资所支付的现金以及支付的佣金、手续费等附加费用，但取得子公司及其他营业单位支付的现金净额除外。

（7）"取得子公司及其他营业单位支付的现金净额"项目反映企业购买子公司及其他营业单位购买出价中以现金支付的部分，减去子公司及其他营业单位持有的现金和现金等价物后的净额。

（8）"收到其他与投资活动有关的现金""支付其他与投资活动有关的现金"项目反映企业除上述（1）至（7）项目外，收到或支付的其他与投资活动有关的现金，金额较大的应当单独列示。

3. 筹资活动产生的现金流量的项目说明

（1）"吸收投资收到的现金"项目反映企业以发行股票、债券等方式筹集资金实际收到的款项，减去直接支付的佣金、手续费、宣传费、咨询费、印刷费等发行费用后的净额。

（2）"取得借款收到的现金"项目反映企业举借各种短期借款、长期借款而收到的现金。

（3）"偿还债务支付的现金"项目反映企业为偿还债务本金而支付的现金。

（4）"分配股利、利润或偿付利息支付的现金"项目反映企业实际支付的现金股利、支付给其他投资单位的利润或用现金支付的借款利息、债券利息。

（5）"收到其他与筹资活动有关的现金""支付其他与筹资活动有关的现金"项目反映企业除上述（1）至（4）项目外收到或支付的其他与筹资活动有

关的现金，金额较大的应当单独列示。

4.汇率变动对现金及现金等价物的影响的项目说明

（1）企业外币现金流量折算为记账本位币时，采用现金流量发生日的即期汇率近似的汇率折算的金额填列（编制合并现金流量表时，还包括折算境外子公司的现金流量，应当比照处理）。

（2）企业外币现金及现金等价物净增加，额按年末汇率折算的金额填列。

5.现金流量表补充资料

除现金流量表反映的信息外，企业还应在附注中披露将净利润调节为经营活动现金流量、不涉及现金收支的重大投资和筹资活动、现金及现金等价物净变动情况等信息。具体格式见表 7-6。

表 7-6　现金流量表补充资料

补充资料	本期金额	上期金额
1. 将净利润调节为经营活动现金流量：		
净利润		
加：资产减值准备		
信用损失准备		
固定资产折旧、油气资产折耗、生产性生物资产折旧		
无形资产摊销		
长期待摊费用摊销		
处置固定资产、无形资产和其他长期资产的损失（收益以"—"号填列）		
固定资产报废损失（收益以"—"号填列）		
净敞口套期损失（收益以"—"号填列）		
公允价值变动损失（收益以"—"号填列）		
财务费用（收益以"—"号填列）		
投资损失（收益以"—"号填列）		
递延所得税资产减少（增加以"—"号填列）		
递延所得税负债增加（减少以"—"号填列）		

补充资料	本期金额	上期金额
存货的减少（增加以"—"号填列）		
经营性应收项目的减少（增加以"—"号填列）		
经营性应付项目的增加（减少以"—"号填列）		
其他		
经营活动产生的现金流量净额		
2. 不涉及现金收支的重大投资和筹资活动：		
债务转为资本		
一年内到期的可转换公司债券		
融资租入固定资产		
3. 现金及现金等价物净变动情况：		
现金的期末余额		
减：现金的期初余额		
加：现金等价物的期末余额		
减：现金等价物的期初余额		
现金及现金等价物净增加额		

（1）将净利润调节为经营活动现金流量。现金流量表采用直接法反映经营活动产生的现金流量，同时，企业还应采用间接法反映经营活动产生的现金流量。间接法，是指以本期净利润为起点，通过调整不涉及现金的收入、费用、营业外收支以及经营性应收应付等项目的增减变动，调整不属于经营活动的现金收支项目，据此计算并列报经营活动产生的现金流量的方法。在我国，现金流量表补充资料应采用间接法反映经营活动产生的现金流量情况，以对现金流量表中采用直接法反映的经营活动现金流量进行核对和补充说明。

采用间接法列报经营活动产生的现金流量时，需要对四大类项目进行调整：① 实际没有支付现金的费用；② 实际没有收到现金的收益；③ 不属于经营活动的损益；④ 经营性应收应付项目的增减变动。

（2）不涉及现金收支的重大投资和筹资活动。不涉及现金收支的重大投资和筹资活动，反映企业一定期间内影响资产或负债但不形成该期现金收支的所有投资和筹资活动的信息。这些投资和筹资活动虽然不涉及现金收支，但对以后各期的现金流量有重大影响，例如，企业融资租入设备，将形成的负债计入"长期应付款"账户，当期并不支付设备款及租金，但以后各期必须为此支付现金，从而在一定期间内形成了一项固定的现金支出。

企业应当在附注中披露不涉及当期现金收支、但影响企业财务状况或在未来可能影响企业现金流量的重大投资和筹资活动，主要包括：① 债务转为资本，反映企业本期转为资本的债务金额；② 一年内到期的可转换公司债券，反映企业一年内到期的可转换公司债券的本息；③ 融资租入固定资产，反映企业本期融资租入的固定资产。

（3）现金及现金等价物的构成。企业应当在附注中披露与现金及现金等价物有关的下列信息：① 现金及现金等价物的构成及其在资产负债表中的相应金额。② 企业持有但不能由母公司或集团内其他子公司使用的大额现金及现金等价物金额。企业持有现金及现金等价物余额但不能被集团使用的情形多种多样，例如，国外经营的子公司，由于受当地外汇管制或其他立法的限制，其持有的现金及现金等价物，不能由母公司或其他子公司正常使用。

【例 7-3】丙公司相关资料如下。

（1）2×19 年度丙公司利润表有关项目的资料如表 7-7 所示

表 7-7　利润表

会企 02 表

编制单位：丙公司　　　　　　　　2×19 年 12 月　　　　　　　　单位：元

项目	本期金额	上期金额
一、营业收入	2 470 000	
减：营业成本	732 000	
税金及附加	20 000	
销售费用	180 000	
管理费用	153 100	
研发费用		

项目	本期金额	上期金额
财务费用	40 500	
其中：利息费用		
利息收入		
加：其他收益		
投资收益（损失以"-"号填列）	95 000	
其中：对联营企业和合营企业的投资收益	0	
以摊余成本计量的金融资产终止确认收益（损失以"-"号填列）		
净敞口套期收益（损失以"-"号填列）		
公允价值变动收益（损失以"-"号填列）	0	
信用减值损失（损失以"-"号填列）		
资产减值损失（损失以"-"号填列）	30 800	
资产处置收益（损失以"-"号填列）		
二、营业利润（亏损以"-"号填列）	1 408 600	
加：营业外收入	150 000	
减：营业外支出	18 500	
三、利润总额（亏损总额以"-"号填列）	1 540 100	
减：所得税费用	205 000	
四、净利润（净亏损以"-"号填列）	1 335 100	
（一）持续经营净利润（净亏损以"-"号填列）		
（二）终止经营净利润（净亏损以"-"号填列）		
五、其他综合收益的税后净额：		
（一）不能重分类进损益的其他综合收益		
1.重新计量设定受益计划变动额		
2.权益法下不能转损益的其他综合收益		
3.其他权益工具投资公允价值变动		

续表

项目	本期金额	上期金额
4. 企业自身信用风险公允价值变动		
………		
（二）将重分类进损益的其他综合收益		
1. 权益法下可转损益的其他综合收益		
2. 其他债权投资公允价值变动		
3. 金融资产重分类计入其他综合收益的金额		
4. 其他债权投资信用减值准备		
5. 现金流量套期储备		
6. 外币财务报表折算差额		
………		
六、综合收益总额		
七、每股收益：		
（一）基本每股收益		
（二）稀释每股收益		

①管理费用的组成：职工薪酬 80 000 元，无形资产摊销 30 000 元，折旧费 20 000 元，支付其他费用 23 100 元。

②财务费用的组成：计提借款利息 10 500 元，支付应收票据（银行承兑汇票）贴现利息 30 000 元。

③资产减值损失的组成：计提坏账准备 800 元，计提固定资产减值准备 30 000 元。上年末坏账准备余额为 800 元。

④投资收益的组成：收到股息收入 90 500 元，与本金一起收回的交易性股票投资收益 500 元，自公允价值变动损益结转投资收益 4 000 元。

⑤营业外收入的组成：处置固定资产净收益 150 000 元（其所处置固定资产原价为 400 000 元，累计折旧为 250 000 元，收到处置收入 300 000 元）。假定不考虑与固定资产处置有关的税费。

⑥营业外支出的组成：报废固定资产净损失 18 500 元（其所报废固定资产

原价为 200 000 元，累计折旧为 180 000 元，支付清理费用 300 元，收到残值收入 1 800 元）。

⑦所得税费用的组成：当期所得税费用 212 500 元，递延所得税收益 7 500 元。

除上述项目外，利润表中的销售费用 180 000 元至期末已经支付。

（2）2×19 年度丙公司资产负债表有关项目的资料如表 7-8 所示。

表 7-8　资产负债表

会企 01 表

编制单位：丙公司　　　　　　2×19 年 12 月 31 日　　　　　　单位：元

资产	期末余额	上年年末余额	负债和所有者权益（或股东权益）	期末余额	上年年末余额
流动资产：			流动负债：		
货币资金	712 200	1 406 300	短期借款	50 000	300 000
交易性金融资产	0	15 000	交易性金融负债	0	0
衍生金融资产	0	0	衍生金融负债	0	0
应收票据	46 000	246 000	应付票据	100 000	200 000
应收账款	598 500	299 100	应付账款	603 800	953 800
应收款项融资	0	0	预收款项	350 000	500 000
预付款项	100 000	100 000	合同负债	0	0
其他应收款	5 000	5 000	应付职工薪酬	180 000	110 000
存货	2 574 700	2 580 000	应交税费	100 000	36 600
合同资产	0	0	其他应付款	150 000	50 000
持有待售资产	0	0	持有待售负债	0	0
一年内到期的非流动资产	0	0	一年内到期的非流动负债	0	501 000
其他流动资产	7 125	100 000	其他流动负债	0	0
流动资产合计	4 043 525	4 751 400	流动负债合计	1 533 800	2 651 400
非流动资产：			非流动负债：		
债权投资	0	0	长期借款	1 160 000	600 000
其他债权投资	0	0	应付债券	0	0

资产	期末余额	上年年末余额	负债和所有者权益（或股东权益）	期末余额	上年年末余额
长期应收款	0	0	其中：优先股	0	0
长期股权投资	250 000	250 000	永续债	0	0
其他权益工具投资	0	0	租赁负债	0	0
其他非流动金融资产	0	0	长期应付款	0	0
投资性房地产	0	0	预计负债	0	0
固定资产	2 231 000	1 100 000	递延收益	0	0
在建工程	703 933.2	1 500 000	递延所得税负债	0	0
生产性生物资产	0	0	其他非流动负债	0	0
油气资产	0	0	非流动负债合计	1 160 000	600 000
使用权资产	0	0	负债合计	2 693 800	3 251 400
无形资产	570 000	600 000	所有者权益（或股东权益）：		
开发支出	0	0	实收资本（或股本）	5 000 000	5 000 000
商誉	0	0	其他权益工具	0	0
长期待摊费用	0	0	其中：优先股	0	0
递延所得税资产	7 500	0	永续债	0	0
其他非流动资产	162 500	200 000	资本公积	0	0
非流动资产合计	3 924 933.2	3 650 000	减：库存股	0	0
			其他综合收益	0	0
			专项储备	0	0
			盈余公积	166 621.1	100 000
			未分配利润	108 037.15	50 000
			所有者权益（或股东权益）合计	5 274 658.2	5 150 000

续表

资产	期末余额	上年年末余额	负债和所有者权益（或股东权益）	期末余额	上年年末余额
资产总计	7 968 458.2	8 401 400	负债和股东权益（或股东权益）总计	7 968 458.2	8 401 400

① 本期收回交易性股票投资本金 15 000 元、公允价值变动 4 000 元，同时实现投资收益 500 元。

② 存货中生产成本、制造费用的组成：职工薪酬 353 800 元，折旧费 90 000 元。

③ 应交税费的组成：本期增值税进项税额 165 512 元，增值税销项税额 207 536 元，已交增值税 10 000 元；应交所得税期末余额为 21 376 元，应交所得税期初余额为 0；应交税费期末数中应由在建工程负担的部分为 100 000 元。

④ 应付职工薪酬的期初数无应付在建工程人员的部分，本期支付在建工程人员职工薪酬 200 000 元。应付职工薪酬的期末数中应付在建工程人员的部分为 25 000 元。

⑤ 应付利息均为短期借款利息，其中本期计提利息 10 500 元，支付利息 10 500 元。

⑥ 本期用现金购买固定资产 1 200 000 元、工程物资 100 000 元。

⑦ 本期用现金偿还短期借款 250 000 元，偿还一年内到期的长期借款 501 000 元；借入长期借款 560 000 元。

根据以上资料，采用分析填列的方法，编制丙公司 2×19 年度的现金流量表。

（1）丙公司 2×19 年度现金流量表各项目金额，分析确定如下。

① 销售商品、提供劳务收到的现金 = 营业收入 + 应交增值税销项税额）+（应收账款年初余额 − 应收账款期末余额）+（应收票据年初余额 − 应收票据期末余额）− 当期计提的坏账准备 − 票据贴现的利息 +（预收款项期末余额 − 预收款项年初余额）= 2 470 000+207 536+（299 100−598 500）+（246 000−46 000）−800−30 000+（350 000−500 000）=2 397 336（元）。

② 购买商品、接受劳务支付的现金 = 营业成本 + 应交增值税进项税额）−（存货年初余额 − 存货期末余额）+（应付账款年初余额 − 应付账款期末余额）+（应付票据年初余额 − 应付票据期末余额）+（预付款项期末余额 − 预付款项年初余额）− 当期列入生产成本、制造费用的职工薪酬 − 当期列入生产成本、制造费用的折旧费 =732 000+165 512 −（2 580 000−2 574 700）+（953 800−603 800）+（200 000−100 000）

+（100 000–100 000）–353 800–90 000=898 412（元）。

③支付给职工以及为职工支付的现金＝生产成本、制造费用、管理费用中职工薪酬＋（应付职工薪酬年初余额－应付职工薪酬期末余额）－（在建工程项目应付职工薪酬年初余额－在建工程项目应付职工薪酬期末余额）=353 800+80 000+（110 000–180 000）–（0–25 000）=388 800（元）。

④支付的各项税费＝当期所得税费用＋税金及附加＋应交增值税已交税金－（应交所得税期末余额－应交所得税期初余额）=212 500+20 000+10 000–（21 376–0）=221 124（元）。

⑤支付其他与经营活动有关的现金＝其他管理费用＋销售费用=23 100+180 000=203 100（元）。

⑥收回投资收到的现金＝交易性金融资产贷方发生额＋与交易性金融资产一起收回的投资收益＝（15 000+4 000）+500=19 500（元）。

⑦取得投资收益所收到的现金＝收到的股息收入=90 500元。

⑧处置固定资产收回的现金净额=300 000+（1 800–300）=301 500（元）。

⑨购建固定资产支付的现金＝用现金购买的固定资产、工程物资＋支付给在建工程人员的薪酬=1 200 000+100 000+200 000=1 500 000（元）。

⑩取得借款所收到的现金=560 000（元）。

⑪偿还债务支付的现金=250 000+501 000=751 000（元）。

⑫偿还利息支付的现金=10 500（元）。

（2）根据上述数据，编制现金流量表，如表7-9所示。

表7-9　现金流量表

会企03表

编制单位：丙公司　　　　　　　　2×19年12月　　　　　　　　单位：元

项目	本期金额	上期金额
一、经营活动产生的现金流量：		略
销售商品、提供劳务收到的现金	2 397 336	
收到的税费返还	0	
收到其他与经营活动有关的现金	0	

项目	本期金额	上期金额
经营活动现金流入小计	2 397 336	
购买商品、接受劳务支付的现金	898 412	
支付给职工以及为职工支付的现金	388 800	
支付的各项税费	221 124	
支付其他与经营活动有关的现金	203 100	
经营活动现金流出小计	1 711 436	
经营活动产生的现金流量净额	685 900	
二、投资活动产生的现金流量：		
收回投资收到的现金	19 500	
取得投资收益收到的现金	90 500	
处置固定资产、无形资产和其他长期资产收回的现金净额	301 500	
处置子公司及其他营业单位收到的现金净额	0	
收到其他与投资活动有关的现金	0	
投资活动现金流入小计	411 500	
购建固定资产、无形资产和其他长期资产支付的现金	1 500 000	
投资支付的现金	0	
取得子公司及其他营业单位支付的现金净额	0	
支付其他与投资活动有关的现金	0	
投资活动现金流出小计	1 500 000	
投资活动产生的现金流量净额	−1 088 500	
三、筹资活动产生的现金流量：		
吸收投资收到的现金	0	
取得借款收到的现金	560 000	
收到其他与筹资活动有关的现金	0	
筹资活动现金流入小计	560 000	
偿还债务支付的现金	751 000	

续表

项目	本期金额	上期金额
分配股利、利润或偿付利息支付的现金	10 500	
支付其他与筹资活动有关的现金	0	
筹资活动现金流出小计	761 500	
筹资活动产生的现金流量净额	−201 500	
四、汇率变动对现金及现金等价物的影响	0	
五、现金及现金等价物净增加额	−694 100	
加：期初现金及现金等价物余额	1 406 300	
六、期末现金及现金等价物余额	712 200	

7.4　所有者权益变动表

所有者权益变动表是指反映构成所有者权益各组成部分当期增减变动情况的报表。

通过所有者权益变动表，既可以为财务报表使用者提供所有者权益总量增减变动的信息，也能为其提供所有者权益增减变动的结构性信息，特别是能够让财务报表使用者理解所有者权益增减变动的根源。

7.4.1　所有者权益变动表的结构

在所有者权益变动表上，企业至少应当单独列示反映下列信息的项目。

（1）综合收益总额。

（2）会计政策变更和差错更正的累积影响金额。

（3）所有者投入资本和向所有者分配利润等。

（4）提取的盈余公积。

219

（5）实收资本、其他权益工具、资本公积、其他综合收益、专项储备、盈余公积、未分配利润的期初和期末余额及其调节情况。

所有者权益变动表以矩阵的形式列示：一方面，列示导致所有者权益变动的交易或事项，即所有者权益变动的来源，对一定时期所有者权益的变动情况进行全面反映；另一方面，按照所有者权益各组成部分（即实收资本、其他权益工具、资本公积、库存股、其他综合收益、盈余公积、未分配利润）列示交易或事项对所有者权益各部分的影响。

我国一般企业所有者权益变动表的格式如表 7-10 所示。

表 7-10 所有者权益变动表

年度

会合 04 表

编制单位

单位：万元

项目	本年金额										上年金额									
	实收资本（或股本）	其他权益工具			资本公积	减：库存股	其他综合收益	专项储备	盈余公积	未分配利润	所有者权益合计	实收资本（或股本）	其他权益工具			资本公积	减：库存股	其他综合收益	专项储备	盈余公积	未分配利润	所有者权益合计
		优先股	永续债	其他									优先股	永续债	其他							
一、上年末余额																						
加：会计政策变更																						
前期差错更正																						
其他																						
二、本年初余额																						
三、本年增减变动金额（减少以"-"号填列）																						
（一）综合收益总额																						
（二）所有者投入和减少资本																						
1. 所有者投入的普通股																						
2. 其他权益工具持有者投入资本																						
3. 股份支付计入所有者权益的金额																						
4. 其他																						
（三）利润分配																						
1. 提取盈余公积																						

续表

项目	本年金额											上年金额										
	实收资本（或股本）	其他权益工具			资本公积	减：库存股	其他综合收益	专项储备	盈余公积	未分配利润	所有者权益合计	实收资本（或股本）	其他权益工具			资本公积	减：库存股	其他综合收益	专项储备	盈余公积	未分配利润	所有者权益合计
		优先股	永续债	其他									优先股	永续债	其他							
2. 对所有者（或股东）的分配																						
3. 其他																						
（四）所有者权益内部结转																						
1. 资本公积转增资本（或股本）																						
2. 盈余公积转增资本（或股本）																						
3. 盈余公积弥补亏损																						
4. 设定受益计划变动额结转留存收益																						
5. 其他综合收益结转留存收益																						
6. 其他																						
四、本年末余额																						

222

7.4.2　所有者权益变动表的编制

（一）所有者权益变动表项目的填列方法

所有者权益变动表各项目均需填列"本年金额"和"上年金额"两栏。

所有者权益变动表"上年金额"栏内各项数字，应根据上年度所有者权益变动表"本年金额"栏内所列数字填列。上年度所有者权益变动表规定的各个项目的名称和内容同本年度不一致的，应对上年度所有者权益变动表各项目的名称和数字按照本年度的规定进行调整，填入所有者权益变动表的"上年金额"栏内。

所有者权益变动表"本年金额"栏内各项数字一般应根据"实收资本（或股本）""其他权益工具""资本公积""库存股""其他综合收益""专项储备""盈余公积""利润分配""以前年度损益调整"科目的发生额分析填列。

企业的净利润及其分配情况作为所有者权益变动的组成部分，不需要单独编制利润分配表列示。

（二）所有者权益变动表的主要项目说明

（1）"上年年末余额"项目，反映企业上年资产负债表中实收资本（或股本）、其他权益工具、资本公积、库存股、其他综合收益、专项储备、盈余公积、未分配利润的年末余额。

（2）"会计政策变更""前期差错更正"项目，分别反映企业采用追溯调整法处理的会计政策变更的累积影响金额和采用追溯重述法处理的会计差错更正的累积影响金额。

（3）"本年增减变动金额"项目。

①"综合收益总额"项目，反映净利润和其他综合收益扣除所得税影响后的净额相加后的合计金额。

②"所有者投入和减少资本"项目，反映企业当年所有者投入的资本和减少的资本。

a."所有者投入的普通股"项目，反映企业接受投资者投入形成的实收资本（或股本）和资本溢价（或股本溢价）。

b."其他权益工具持有者投入资本"项目，反映企业发行的除普通股以外分类为权益工具的金融工具的持有者投入资本的金额。

c."股份支付计入所有者权益的金额"项目，反映企业处于等待期中的权益结算的股份支付当年计入资本公积的金额。

③"利润分配"项目，反映企业当年的利润分配金额。

④"所有者权益内部结转"项目，反映企业构成所有者权益的组成部分之间当年的增减变动情况。

a."资本公积转增资本（或股本）"项目，反映企业当年以资本公积转增实收资本（或股本）的金额。

b."盈余公积转增资本（或股本）"项目，反映企业当年以盈余公积转增实收资本（或股本）的金额。

c."盈余公积弥补亏损"项目，反映企业当年以盈余公积弥补亏损的金额。

d."设定受益计划变动额结转留存收益"项目，反映企业因重新计量设定受益计划净负债或净资产所产生的变动计入其他综合收益，结转至留存收益的金额。

e."其他综合收益结转留存收益"项目，主要反映：第一，企业指定为以公允价值计量且其变动计入其他综合收益的非交易性权益工具投资终止确认时，之前计入其他综合收益的累计利得或损失从其他综合收益中转入留存收益的金额；第二，企业指定为以公允价值计量且其变动计入当期损益的金融负债终止确认时，之前由企业自身信用风险变动引起而计入其他综合收益的累计利得或损失从其他综合收益中转入留存收益的金额等。

【例 7-4】丁股份有限公司 2×18 年 12 月 31 日所有者权益各项目余额如下：股本 5 000 000 元，盈余公积 100 000 元，未分配利润 50 000 元。2×19 年，丁股份有限公司获得综合收益总额为 280 000 元（其中，净利润为 200 000 元），提取盈余公积 20 000 元，分配现金股利 100 000 元。丁股份有限公司 2×19 年度所有者权益变动表如表 7-11 所示。

表 7-11 所有者权益变动表

会企 04 表

编制单位：丁股份有限公司　　2×19 年年度　　单位：元

项 目	本年金额											上年金额										
	实收资本（或股本）	其他权益工具-优先股	永续债	其他	资本公积	减：库存股	其他综合收益	专项储备	盈余公积	未分配利润	所有者权益合计	实收资本（或股本）	其他权益工具-优先股	永续债	其他	资本公积	减：库存股	其他综合收益	专项储备	盈余公积	未分配利润	所有者权益合计
一、上年年末余额	5 000 000								100 000	50 000	5 150 000											
加：会计政策变更																						
前期差错更正																						
其他																						
二、本年初余额	5 000 000								100 000	50 000	5 150 000											
三、本年增减变动金额（减少以"－"号填列）							80 000		20 000	80 000	180 000											
（一）综合收益总额							80 000			200 000	280 000											
（二）所有者投入和减少资本																						
1.所有者投入的普通股																						
2.其他权益工具持有者投入资本																						
3.股份支付计入所有者权益的金额																						
4.其他																						
（三）利润分配									20 000	-120 000	-100 000											
1.提取盈余公积									20 000	-20 000	0											
2.对所有者（或股东）的分配										-100 000	-100 000											
3.其他																						
（四）所有者权益内部结转																						
1.资本公积转增资本（或股本）																						
2.盈余公积转增资本（或股本）																						
3.盈余公积弥补亏损																						
4.设定受益计划变动额结转留存收益																						
5.其他综合收益结转留存收益																						
6.其他																						
四、本年末余额	5 000 000						80 000		120 000	130 000	5 330 000	5 000 000								100 000	50 000	5 150 000

7.5 附注

附注是对资产负债表、利润表、现金流量表和所有者权益变动表等报表中列示项目的文字描述或明细资料，以及对未能在这些报表中列示项目的说明等。

附注主要起到两方面的作用。第一，附注的披露，是对资产负债表、利润表、现金流量表和所有者权益变动表列示项目含义的补充说明，以帮助财务报表使用者更准确地把握其含义。例如，通过阅读附注中披露的固定资产折旧政策的说明，财务报表使用者可以掌握报告企业与其他企业在固定资产折旧政策上的异同，以便进行更准确的比较。第二，附注提供了对资产负债表、利润表、现金流量表和所有者权益变动表中未列示项目的详细或明细说明。例如，通过阅读附注中披露的存货增减变动情况，财务报表使用者可以了解资产负债表中未单列的存货分类信息。

通过附注与资产负债表、利润表、现金流量表和所有者权益变动表列示项目的相互参照关系，以及对未能在财务报表中列示项目的说明，财务报表使用者可以全面了解企业的财务状况、经营成果和现金流量以及所有者权益的情况。

附注是财务报表的重要组成部分。根据《企业会计准则》的规定，企业应当按照以下顺序披露附注的内容。

（一）企业的基本情况

（1）企业注册地、组织形式和总部地址。

（2）企业的业务性质和主要经营活动。

（3）母公司以及集团最终母公司的名称。

（4）财务报告的批准报出者和财务报告的批准报出日，或者以签字人及其签字日期为准。

（5）营业期限有限的企业，还应当披露有关营业期限的信息。

（二）财务报表的编制基础

财务报表的编制基础是指财务报表是在持续经营基础上还是非持续经营基础上编制的。企业一般是在持续经营基础上编制财务报表，清算、破产属于非持续经营基础。

（三）遵循企业会计准则的声明

企业应当声明编制的财务报表符合企业会计准则的要求，真实、完整地反映了企业的财务状况、经营成果和现金流量等有关信息，以此明确企业编制财务报表所依据的制度基础。

如果企业编制的财务报表只是部分地遵循了企业会计准则，附注中不得做出上述表述。

（四）重要会计政策和会计估计

企业应当披露采用的重要会计政策和会计估计，不重要的会计政策和会计估计可以不披露。在披露重要会计政策和会计估计时，企业应当披露其重要会计政策的确定依据和财务报表项目的计量基础，以及会计估计中所采用的关键假设和不确定因素。

会计政策的确定依据，主要是指企业在运用会计政策过程中所做的对报表中确认的项目金额最具影响的判断，有助于财务报表使用者理解企业选择和运用会计政策的背景，增加财务报表的可理解性。财务报表项目的计量基础，是指企业计量该项目采用的是历史成本、重置成本、可变现净值、现值还是公允价值，这直接影响财务报表使用者对财务报表的理解和分析。

在确定财务报表中确认的资产和负债的账面价值过程中，企业需要对不确定的未来事项在资产负债表日对这些资产和负债的影响加以估计，如企业预计固定资产未来现金流量采用的折现率和假设。这类假设的变动对这些资产和负债项目金额的确定影响很大，有可能会在下一个会计年度内做出重大调整，因此，强调这一披露要求，有助于提高财务报表的可理解性。

（五）会计政策和会计估计变更以及差错更正的说明

企业应当按照《企业会计准则第 28 号——会计政策、会计估计变更和差错更正》的规定，披露会计政策和会计估计变更以及差错更正的有关情况。

（六）报表重要项目的说明

企业对报表重要项目的说明，应当按照资产负债表、利润表、现金流量表、所有者权益变动表及其项目列示的顺序，采用文字和数字描述相结合的方式进行披露。报表重要项目的明细金额合计，应当与报表项目金额相衔接。主要包括以下重要项目：货币资金、应收款项、存货、其他流动资产、金融资产、长期股权投资、投资性房地产、固定资产、生产性生物资产和公益性生物资产、油气资产、无形资产、职工薪酬、应交税费、短期借款和长期借款、应付债券、长期应付款、营业收入、公允价值变动收益、投资收益、资产减值损失、营业外收入、营业外支出、所得税费用、其他综合收益、政府补助、借款费用等。

1. 货币资金

货币资金的披露格式如表 7-12 所示。

表 7-12　货币资金的披露格式

项目	原币	折算汇率	折合人民币
1. 现金			
2. 银行存款			
3. 其他货币资金			
合计			

2. 应收款项

（1）应收账款按账龄结构披露的格式如表 7-13 所示。

表 7-13　应收账款按账龄结构披露的格式

账龄结构	期末账面余额	年初账面余额
1 年以内（含 1 年）		
1 年至 2 年（含 2 年）		
2 年至 3 年（含 3 年）		
3 年以上		
合计		

注：有应收票据、预付账款、长期应收款、其他应收款的，比照应收账款进行披露。

（2）应收账款按客户类别披露的格式如表 7-14 所示。

表 7-14　应收账款按客户类别披露的格式

客户类别	期末账面余额	年初账面余额
客户 1		

客户类别	期末账面余额	年初账面余额
……		
其他客户		
合计		

注：有应收票据、预付账款、长期应收款、其他应收款的，比照应收账款进行披露。

3. 存货

（1）存货需要披露确定发出存货成本采用的方法，其披露格式如表7–15所示。

表 7–15　存货需披露确定发出存货成本的格式

存货种类	年初账面余额	本期增加额	本期减少额	期末账面余额
1. 原材料				
2. 在产品				
3. 库存商品				
4. 周转材料				
5. 消耗性生物资产				
……				
合计				

（2）说明消耗性生物资产的期末实物数量，并按下列格式披露金额信息，如表7–16所示。

表 7–16　存货需说明消耗性生物资产的期末实物数量的格式

项目	年初账面余额	本期增加额	本期减少额	期末账面余额
一、种植业				
1.				
……				
二、畜牧养殖业				
1.				

续表

项目	年初账面余额	本期增加额	本期减少额	期末账面余额
……				
三、林业				
1.				
……				
四、水产业				
1.				
……				
合计				

（3）存货跌价准备的计提方法，其披露格式如表 7-17 所示。

表 7-17　存货跌价准备的披露格式

存货种类	年初账面余额	本期计提额	本期减少额		期末账面余额
			转回	转销	
1. 原材料					
2. 在产品					
3. 库存商品					
4. 周转材料					
5. 消耗性生物资产					
6. 建造合同形成的资产					
……					
合计					

4. 其他流动资产

其他流动资产的披露格式如表 7-18 所示。

表 7-18　其他流动资产的披露格式

项目	期末账面价值	年初账面价值
1.		
……		
合计		

注：有长期待摊费用、其他非流动资产的，比照其他流动资产进行披露。

5. 金融资产

（1）首次执行金融工具确认计量准则，金融资产转移准则和套期会计准则的，应当用表格形式对每一类别的金融资产和金融负债披露下列信息。

①执行金融工具确认计量准则之前存在的金融工具的原计量类别和账面价值；

②根据金融工具确认计量准则确定的新计量类别和账面价值；

③资产负债表中之前被指定为以公允价值计量且其变动计入当期损益但不再做出这一指定的所有金融资产和金融负债的金额，并分别根据该准则规定做出重分类，以及企业选择在首次执行日进行重分类两种情况进行披露，并说明原因。

（2）其他债权投资的披露格式如表 7-19 所示。

表 7-19　其他债权投资的披露格式

项目	期末公允价值	年初公允价值
1. 其他债权投资		
2. 其他债权投资减值准备		
3. 其他		
合计		

（3）债权投资的披露格式如表 7-20 所示。

表 7-20　债权投资的披露格式

项目	期末账面余额	年初账面余额
1.债权投资		
2.债权投资减值准备		
……		
合计		

6. 长期股权投资

（1）长期股权投资的披露格式如表 7-21 所示。

表 7-21　长期股权投资的披露格式

被投资单位	期末账面余额	年初账面余额
1. 对合营企业的投资		
2. 对联营企业的投资		
合计		

（2）被投资单位由于所在国家或地区及其他方面的影响，其向投资企业转移资金的能力受到限制的，应当披露受限制的具体情况。

（3）当期及累计未确认的投资损失金额。

7. 投资性房地产

（1）企业采用成本模式进行后续计量的，应当披露的信息如表 7-22 所示。

表 7-22　采用成本模式进行后续计量的投资性房地产的披露格式

项目	年初账面余额	本期增加额	本期减少额	期末账面余额
一、原价合计				
1. 房屋、建筑物				
2. 土地使用权				
二、累计折旧和累计摊销合计				
1. 房屋、建筑物				
2. 土地使用权				

项目	年初账面余额	本期增加额	本期减少额	期末账面余额
三、投资性房地产减值准备累计金额合计				
1. 房屋、建筑物				
2. 土地使用权				
四、投资性房地产账面价值合计				
1. 房屋、建筑物				
2. 土地使用权				

（2）企业采用公允价值模式进行后续计量的，应当披露投资性房地产公允价值的确定依据及公允价值金额的增减变动情况。

（3）如有房地产转换的，应当说明房地产转换的原因及其影响。

（4）应当披露当期处置的投资性房地产及其对损益的影响。

8. 固定资产

（1）固定资产的披露格式如表 7-23 所示。

表 7-23　固定资产的披露格式

项目	年初账面余额	本期增加额	本期减少额	期末账面余额
一、原价合计				
其中：房屋、建筑物				
机器设备				
运输工具				
……				
二、累计折旧合计				
其中：房屋、建筑物				
机器设备				
运输工具				

续表

项目	年初账面余额	本期增加额	本期减少额	期末账面余额
……				
三、固定资产减值准备累计金额合计				
其中：房屋、建筑物				
机器设备				
运输工具				
……				
四、固定资产账面价值合计				
其中：房屋、建筑物				
机器设备				
运输工具				

（2）企业确有准备处置固定资产的，应当说明准备处置的固定资产名称、账面价值、公允价值、预计处置费用和预计处置时间等。

9. 生产性生物资产和公益性生物资产

（1）说明各类生物资产的期末实物数量，并按下列格式披露金额信息，如表 7-24 所示。

表 7-24　生产性生物资产和公益性生物资产的披露格式

项目	年初账面价值	本期增加额	本期减少额	期末账面价值
一、种植业				
1.				
……				
二、畜牧养殖业				
1.				
……				

续表

项目	年初账面价值	本期增加额	本期减少额	期末账面价值
三、林业				
1.				
……				
四、水产业				
1.				
……				
合计				

（2）企业应当在附注中披露与生物资产有关的下列信息。

① 生物资产的类别以及各类生物资产的实物数量和账面价值。

② 各类生产性生物资产的预计使用寿命、预计净残值、折旧方法、累计折旧和减值准备累计金额。

③ 天然起源生物资产的类别、取得方式和实物数量。

④ 用于担保的生物资产的账面价值。

⑤ 与生物资产相关的风险情况与管理措施。

（3）企业应当在附注中披露与生物资产增减变动有关的下列信息。

① 因购买而增加的生物资产。

② 因自行培育而增加的生物资产。

③ 因出售而减少的生物资产。

④ 因盘亏或死亡、毁损而减少的生物资产。

⑤ 计提的折旧及计提的跌价准备或减值准备。

⑥ 其他变动。

10. 油气资产

（1）应当披露当期在国内和国外发生的取得矿区权益、油气勘探和油气开发及生产各项支出的总额。

（2）油气资产的披露格式如表 7-25 所示。

表7-25　油气资产的披露格式

项目	年初账面余额	本期增加额	本期减少额	期末账面余额
一、原价合计				
1．探明矿区权益				
2．未探明矿区权益				
3．井及相关设施				
二、累计折耗合计				
1．探明矿区权益				
2．井及相关设施				
三、油气资产减值准备累计金额合计				
1．探明矿区权益				
2．未探明矿区权益				
3．井及相关设施				
四、油气资产账面价值合计				
1．探明矿区权益				
2．未探明矿区权益				
3．井及相关设施				

11．无形资产

（1）各类无形资产的披露格式如表7-26所示。

表7-26　无形资产的披露格式

项目	年初账面余额	本期增加额	本期减少额	期末账面余额
一、原价合计				
1．				

续表

项目	年初账面余额	本期增加额	本期减少额	期末账面余额
……				
二、累计摊销额合计				
1.				
……				
三、无形资产减值准备累计金额合计				
1.				
……				
四、无形资产账面价值合计				
1.				
……				

（2）企业应当在附注中披露与无形资产有关的下列信息。

① 无形资产的期初和期末账面余额、累计摊销及减值准备累计金额。

② 使用寿命有限的无形资产，其使用寿命的估计情况；使用寿命不确定的无形资产，其使用寿命不确定的判断依据。

③ 无形资产的摊销方法。

④ 用于担保的无形资产账面价值、当期摊销额等情况。

⑤ 计入当期损益和确认为无形资产的研究开发支出金额。

此外，企业还应当披露当期确认为费用的研究开发支出总额。

12. 商誉

企业应当披露商誉的形成来源、账面价值的增减变动情况。

13. 递延所得税资产和递延所得税负债

（1）已确认递延所得税资产和递延所得税负债的披露格式如表 7-27 所示。

表 7-27　已确认递延所得税资产和递延所得税负债的披露格式

项目	期末账面余额	年初账面余额
一、递延所得税资产		
1.		
……		
合计		
二、递延所得税负债		
1.		
……		
合计		

（2）应当披露未确认递延所得税资产的可抵扣暂时性差异、可抵扣亏损等的金额（存在到期日的，还应披露到期日）。

14．资产减值准备

资产减值准备的披露格式如表 7-28 所示。

表 7-28　资产减值准备的披露格式

项目	年初账面余额	本期计提额	本期减少额		期末账面余额
			转回	转销	
一、坏账准备					
二、存货跌价准备					
三、可供出售金融资产减值准备					
四、持有至到期投资减值准备					
五、长期股权投资减值准备					
六、投资性房地产减值准备					
七、固定资产减值准备					
八、工程物资减值准备					

项目	年初账面余额	本期计提额	本期减少额		期末账面余额
			转回	转销	
九、在建工程减值准备					
十、生产性生物资产减值准备					
其中：成熟生产性生物资产减值准备					
十一、油气资产减值准备					
十二、无形资产减值准备					
十三、商誉减值准备					
十四、其他					
合计					

15. 所有权受到限制的资产

（1）应当披露资产所有权受到限制的原因。

（2）所有权受到限制的资产披露格式如表 7-29 所示。

表 7-29　所有权受到限制的资产的披露格式

所有权受到限制的资产类别	年初账面价值	本期增加额	本期减少额	期末账面价值
一、用于担保的资产				
1.				
……				
二、其他原因造成所有权受到限制的资产				
1.				
……				
合计				

16. 职工薪酬

（1）短期薪酬的披露格式如表 7-30 所示。

表 7-30　短期薪酬的披露格式

项目	年初账面余额	本期增加额	本期支付额	期末账面余额
短期薪酬				
离职后福利				
–设定提存计划				
辞退福利				
合计				

（2）应付职工薪酬的披露格式如表 7-31 所示。

表 7-31　应付职工薪酬的披露格式

项目	年初账面余额	本期增加额	本期支付额	期末账面余额
一、工资、奖金、津贴和补贴				
二、职工福利费				
三、社会保险费				
其中：1.医疗保险费				
2.工伤保险费				
3.生育保险费				
4.养老保险费				
5.失业保险费				
四、住房公积金				
五、工会经费和职工教育经费				
六、非货币性福利				
七、因解除劳动关系给予的补偿				
八、其他				
其中：以现金结算的股份支持				

项目	年初账面余额	本期增加额	本期支付额	期末账面余额
合计				

（3）应当披露企业本期为职工提供的各项非货币性福利形式、金额及其计算依据。

（4）离职后福利－设定提存计划的披露格式如表7-32所示。

表 7-32　离职后福利－设定提存计划的披露格式

项目	年初账面余额	本期增加额	本期支付额	期末账面余额
基本养老保险				
失业保险费				
合计				

（5）企业应当披露与设定受益计划有关的下列信息。

① 设定受益计划的特征及与之相关的风险。

② 设定受益计划在财务报表中确认的金额及其变动。

③ 设定受益计划对企业未来现金流量金额、时间和不确定性的影响。

④ 设定受益计划义务现值所依赖的重大精算假设及有关敏感性分析的结果。

（6）企业应当披露支付的因解除劳动关系所提供辞退福利及其期末应付未付金额。

（7）企业应当披露提供的其他长期职工福利的性质、金额及其计算依据。

17. 应交税费

应交税费的披露格式如表7-33所示。

表 7-33　应交税费的披露格式

税费项目	期末账面余额	年初账面余额
1. 增值税		
……		
合计		

18. 其他流动负债

其他流动负债的披露格式如表 7-34 所示。

表 7-34 其他流动负债的披露格式

项目	期末账面余额	年初账面余额
1.		
……		
合计		

注：有预计负债、其他非流动负债的，比照其他流动负债进行披露。

19. 短期借款和长期借款

（1）短期借款和长期借款的披露格式如表 7-35 所示

表 7-35 短期借款和长期借款的披露格式

项目	短期借款		长期借款	
	期末账面余额	年初账面余额	期末账面余额	年初账面余额
信用借款				
抵押借款				
质押借款				
保证借款				
合计				

（2）对于期末逾期借款，应分别就贷款单位、借款金额、逾期时间、年利率、逾期未偿还原因和预期还款期等进行披露。

20. 应付债券

应付债券的披露格式如表 7-36 所示。

表 7-36 应付债券的披露格式

项目	年初账面余额	本期增加额	本期减少额	期末账面余额
1.				
……				
合计				

21．长期应付款

长期应付款的披露格式如表 7–37 所示。

表 7–37　长期应付款的披露格式

项目	期末账面价值	年初账面价值
1.		
……		
合计		

22．营业收入

（1）营业收入的披露格式如表 7–38 所示。

表 7–38　营业收入的披露格式

项目	本期发生额	上期发生额
1．主营业务收入		
2．其他业务收入		
合计		

企业根据《企业会计准则》第十七条规定，因预计客户取得商品控制权与客户支付价款间隔未超过一年而未考虑合同中存在的重大融资成分，或者根据《企业会计准则》第二十八条规定，因合同取得成本的摊销期限未超过一年而将其在发生时计入当期损益的，应当披露该事实。

（2）披露建造合同当期预计损失的原因和金额，同时按下列格式披露，如表 7–39 所示。

表 7–39　建造合同当期预计损失的原因和金额的披露格式

合同项目		总金额	累计已发生成本	累计已确认毛利（亏损以"–"号表示）	已办理结算的价款金额
固定造价合同	1.				
	……				
	合计				

合同项目		总金额	累计已发生成本	累计已确认毛利（亏损以"-"号表示）	已办理结算的价款金额
成本加成合同	1.				
	……				
	合计				

与合同相关的信息，应披露以下信息：

① 各项合同总金额，以及确定合同完工进度的方法；

② 各项合同累计已发生成本、累积已确定毛利（或亏损）；

③ 各项合同已办理结算的价款金额；

④ 当期预计损失的原因和金额。

23. 公允价值变动收益

公允价值变动收益的披露格式如表 7-40 所示。

表 7-40　公允价值变动收益的披露格式

产生公允价值变动收益的来源	本期发生额	上期发生额
1.		
……		
合计		

24. 投资收益

（1）投资收益的披露格式如表 7-41 所示。

表 7-41　投资收益的披露格式

产生投资收益的来源	本期发生额	上期发生额
1.		
……		
合计		

（2）按照权益法核算的长期股权投资，直接以被投资单位的账面净损益计算确认投资损益的事实及原因。

25.资产减值损失

资产减值损失的披露格式如表 7-42 所示。

表 7-42 资产减值损失的披露格式

项目	本期发生额	上期发生额
一、坏账损失		
二、存货跌价损失		
三、可供出售金融资产减值损失		
四、持有至到期投资减值损失		
五、长期股权投资减值损失		
六、投资性房地产减值损失		
七、固定资产减值损失		
八、工程物资减值损失		
九、在建工程减值损失		
十、生产性生物资产减值损失		
十一、油气资产减值损失		
十二、无形资产减值损失		
十三、商誉减值损失		
十四、其他		
合计		

26.营业外收入的披露格式

营业外收入的披露格式如表 7-43 所示。

表 7-43 营业外收入的披露格式

项目	本期发生额	上期发生额
1.非流动资产处置利得合计		
其中：固定资产处置利得		
无形资产处置利得		
……		
合计		

27. 营业外支出

营业外支出的披露格式如表 7-44 所示。

表 7-44 营业外支出的披露格式

项目	本期发生额	上期发生额
1. 非流动资产处置损失合计		
其中：固定资产处置损失		
无形资产处置损失		
……		
合计		

28. 所得税费用

（1）应当披露所得税费用（收益）的组成，包括当期所得税、递延所得税。

（2）应当披露所得税费用（收益）与会计利润的关系。

29. 政府补助

企业应当披露取得政府补助的种类、金额和列报项目，计入当期损益的政府补助金额，本期退回的政府补助金额及原因。

30. 每股收益

企业应当在附注中披露与每股收益有关的下列信息。

（1）基本每股收益和稀释每股收益分子、分母的计算过程。

（2）列报期间不具有稀释性但以后期间很可能具有稀释性的潜在普通股。

（3）在资产负债表日至财务报告批准报出日之间，企业发行在外普通股或潜在普通股股数发生重大变化的情况，如股份发行、股份回购、潜在普通股发行、潜在普通股转换或行权等。

31. 非货币性资产交换

企业应当在附注中披露与非货币性资产交换的下列信息。

（1）非货币性资产交换是否具有商业实质及其原因。

（2）换入资产、换出资产的类别。

（3）换入资产成本的确定方式。

（4）换入资产、换出资产的公允价值及换出资产的账面价值。

32．股份支付

企业应当在附注中披露与股份支付有关的下列信息。

（1）当期授予、行权和失效的各项权益工具总额。

（2）期末发行在外股份期权或其他权益工具行权价的范围和合同剩余期限。

（3）当期行权的股份期权或其他权益工具以其行权日价格计算的加权平均价格。

（4）权益工具公允价值的确定方法。企业对性质相似的股份支付信息可以合并披露。

企业应当在附注中披露股份支付交易对当期财务状况和经营成果的影响，至少包括下列信息。

（1）当期因以权益结算的股份支付而确认的费用总额。

（2）当期因以现金结算的股份支付而确认的费用总额。

（3）当期以股份支付换取的职工服务总额及其他方服务总额。

33．债务重组

（1）债权人应当披露与债务重组有关的下列信息：① 债务重组方式；② 确认的债务重组利得总额；③ 将债务转为资本所导致的股本（或实收资本）增加额；④ 或有应付金额；⑤ 债务重组中转让的非现金资产的公允价值、由债务转成的股份的公允价值和修改其他债务条件后债务的公允价值的确定方法和依据。

（2）债权人应当在附注中披露与债务重组有关的下列信息：① 债务重组方式；② 确认的债务重组损失总额；③ 债权转为股份所导致的投资增加额及该投资占债务人股份总额的比例；④ 或有应收金额；⑤ 债务重组中非现金资产的公允价值、由债权转成的股份的公允价值和修改其债务条件后债权的公允价值的确定方法及依据。

34．借款费用

企业应当在附注中披露与借款费用有关的下列信息。

（1）当期资本化的借款费用金额。

（2）当期用于计算确定借款费用资本化金额的资本化率。

35. 外币折算

企业应当在附注中披露与外币折算有关的下列信息。

（1）企业及其境外经营选定的记账本位币及选定的原因，记账本位币发生变更的，说明变更理由。

（2）采用近似汇率的，近似汇率的确定方法。

（3）计入当期损益的汇兑差额。

（4）处置境外经营对外币财务报表折算差额的影响。

36. 企业合并

（1）企业合并发生当期的期末，合并方应当在附注中披露与同一控制下企业合并有关的下列信息：参与合并企业的基本情况；属于同一控制下企业合并的判断依据；合并日的确定依据；以支付现金、转让非现金资产以及承担债务作为合并对价的，所支付对价在合并日的账面价值；以发行权益性证券作为合并对价的，合并中发行权益性证券的数量及定价原则，以及参与合并各方交换有表决权股份的比例；被合并方的资产、负债在上一会计期间资产负债表日及合并日的账面价值；被合并方自合并当期期初至合并日的收入、净利润、现金流量等情况；合并合同或协议约定将承担被合并方或有负债的情况；被合并方采用的会计政策与合并方不一致所作调整情况的说明；合并后已处置或准备处置被合并方资产、负债的账面价值、处置价格等。

（2）企业合并发生当期的期末，购买方应当在附注中披露与非同一控制下企业合并有关的下列信息：参与合并企业的基本情况；购买日的确定依据；合并成本的构成及其账面价值、公允价值及公允价值的确定方法；被购买方各项可辨认资产、负债在上一会计期间资产负债表日及购买日的账面价值和公允价值；合并合同或协议约定将承担被购买方或有负债的情况；被购买方自购买日起至报告期期末的收入、净利润和现金流量等情况；商誉的金额及其确定方法；因合并成本小于合并中取得的被购买方可辨认净资产公允价值的份额计入当期损益的金额；合并后已处置或准备处置被购买方资产、负债的账面价值、处置价格等。

37. 租赁

（1）租赁出租人应当披露下列信息。

① 与融资租赁有关的信息，包括销售损益、租赁投资净额的融资收益以及

与未纳入租赁投资净额的可变租赁付款额相关的收入；资产负债表日后连续五个会计年度每年将收到的未折现租赁收款额，以及剩余年度将收到的未折现租赁收款额总额；未折现租赁收款额与租赁投资净额的调节表。

②与经营租赁有关的信息，包括租赁收入，并单独披露与未计入租赁收款额的可变租赁付款额相关的收入；将经营租赁固定资产与出租人持有自用的固定资产分开，并按经营租赁固定资产的类别提供《企业会计准则第 4 号——固定资产》要求披露的信息；资产负债表日后连续五个会计年度每年将收到的未折现租赁收款额，以及剩余年度将收到的未折现租赁收款额总额。

③有关租赁活动的其他定性和定量信息，包括租赁活动的性质，例如：对租赁活动基本情况的描述；对其在租赁资产中保留的权利进行风险管理的情况；其他相关信息。

与融资租赁有关的信息如表 7-45 所示。

表 7-45　融资租赁相关信息

剩余租赁期	最低租赁收款额
1 年以内（含 1 年）	
1 年以上 2 年以内（含 2 年）	
2 年以上 3 年以内（含 3 年）	
3 年以上	
合计	

经营租赁出租人各类租出资产的披露格式如表 7-46 所示。

表 7-46　经营租赁出租人的披露格式

经营租赁租出资产类别	期末账面价值	年初账面价值
1. 机器设备		
2. 运输工具		
……		
合计		

（2）租赁承租人应当披露以下信息：

① 各类使用权资产的期初余额、本期增加额、期末余额以及累计折旧额和减值金额；租赁负债的利息费用；计入当期损益的按《企业会计准则》第三十二条简化处理的短期租赁费用和低价值资产租赁费用；未纳入租赁负债计量的可变租赁付款额；转租使用权资产取得的收入；与租赁相关的总现金流出；售后租回交易产生的相关损益；其他按照《企业会计准则第 37 号——金融工具列报》应当披露的有关租赁负债的信息。

对短期租赁和低价值资产租赁进行简化处理的，应当披露这一事实。

② 有关租赁活动的其他定性和定量信息，包括租赁活动的性质，例如：对租赁活动基本情况的描述；未纳入租赁负债计量的未来潜在现金流出；租赁导致的限制或承诺；其他相关信息。

融资租赁承租人披露以后年度将支付的最低租赁付款额的格式如表 7-47所示。

表 7-47 　融资租赁承租人披露以后年度将支付的最低租赁付款额的格式

剩余租赁期	最低租赁付款额
1 年以内（含 1 年）	
1 年以上 2 年以内（含 2 年）	
2 年以上 3 年以内（含 3 年）	
3 年以上	
合计	

对于重大的经营租赁，经营租赁承租人披露信息的格式如表 7-48 所示。

表 7-48 　经营租赁承租人的披露格式

剩余租赁期	最低租赁付款额
1 年以内（含 1 年）	
1 年以上 2 年以内（含 2 年）	

剩余租赁期	最低租赁付款额
2 年以上 3 年以内（含 3 年）	
3 年以上	
合计	

38. 终止经营

终止经营的披露格式如表 7-49 所示。

表 7-49　终止经营的披露格式

项目	本期发生额	上期发生额
一、终止经营收入		
减：终止经营费用		
二、终止经营利润总额		
减：终止经营所得税费用		
三、终止经营净利润		

39. 分部报告

（1）业务分部的披露格式如表 7-50 所示

表 7-50　业务分部的披露格式

项目	×× 业务		×× 业务		……	其他		抵销		合计	
	本期	上期	本期	上期		本期	上期	本期	上期	本期	上期
一、营业收入											
其中：对外交易收入											

续表

项目	××业务		××业务		……	其他		抵销		合计	
	本期	上期	本期	上期		本期	上期	本期	上期	本期	上期
分部间交易收入											
二、营业费用											
三、营业利润(亏损)											
四、资产总额											
五、负债总额											
六、补充信息											
1.折旧和摊销费用											
2.资本性支出											
3.折旧和摊销以外的非现金费用											

注：主要报告形式是地区分部的，比照业务分部的报告格式进行披露。

分布的日常活动是金融性质的，利息收入和利息费用应当作为分布收入和分布费用进行披露。

（2）在主要报告形式的基础上，对于次要报告形式，企业还应披露对外交易收入、分部资产总额，对主要客户的依赖程度，还要注意分布信息总额与企业信息总额的衔接以及比较信息。

40. 费用

企业应当在附注中披露费用按照性质分类的利润表补充资料，可将费用分为耗用的原材料、职工薪酬费用、折旧费用、摊销费用等。具体的披露格式如表7-51所示。

表 7-51　费用按照性质分类的补充资料

项目	本期金额	上期金额
耗用的原材料		
产成品及在产品存货变动		
职工薪酬费用		
折旧费和摊销费用		
非流动资产减值损失		
支付的租金		
财务费用		
其他费用		
……		
合计		

41. 其他综合收益

企业应当在附注中披露与其他综合收益有关的以下信息。

① 其他综合收益各项目及其所得税影响。

② 其他综合收益各项目原计入其他综合收益、当期转出计入当期损益的金额。

③ 其他综合收益各项目的期初和期末余额及其调节情况。

上述①和②的具体披露格式如表 7-52 所示，③的具体披露格式如表 7-53 所示。

表 7-52　其他综合收益各项目及其所得税影响和转入损益情况

项目	本期发生额			上期发生额		
资产	税前金额	所得税	税后净额	税前金额	所得税	税后净额
（一）以后不能重分类进损益的其他综合收益						
1. 重新计量设定受益计划净负债或净资产的变动						

项目	本期发生额			上期发生额		
资产	税前金额	所得税	税后净额	税前金额	所得税	税后净额
2. 权益法下在被投资单位不能重分类进损益的其他综合收益中享有的份额						
……						
（二）以后将重分类进损益的其他综合收益						
1. 权益法下在被投资单位以后将重分类进损益的其他综合收益中享有的份额						
减：前期计入其他综合收益当期转入损益						
小计						
2. 可供出售金融资产公允价值变动损益						
减：前期计入其他综合收益当期转入损益						
小计						
3. 持有至到期投资重分类为可供出售金融资产损益						
减：前期计入其他综合收益当期转入损益						
小计						
4. 现金流经套期损益的有效部分						
减：前期计入其他综合收益当期转入损益						
转为被套期项目初始金额的调整额						
小计						
5. 外币财务报表折算差额						
减：前期计入其他综合收益当期转入损益						
小计						

续表

项目	本期发生额			上期发生额		
资产	税前金额	所得税	税后净额	税前金额	所得税	税后净额
……						
（三）其他综合收益合计						

表 7-53　其他综合收益各项目的调节情况

项目	重新计量设定受益计划净负债或净资产的变动	权益法下在被投资者单位不能量化进损益的其他综合收益中享有的份额	权益法下在被投资者单位以后将主分类进损益的其他综合收益中享有的份额	可供出售金融资产公允价值变动损益	持有至到期投资重分类为可供出售金融资产损益	现金流套期损益的有效部分	……	其他综合收益合计
一、上年年初余额								
二、上年增减变动金额（减少以"-"号填列）								
三、本年年初余额								
四、本年变动金额（减少以"-"号填列）								
五、本年年末余额								

42. 资产负债表日后事项

应当披露在资产负债表日后、财务报告批准报出日前提议或宣布发放的股利总额和每股股利金额（或向投资者分配的利润总额）。

43. 终止经营

终止经营的收入、费用、利润总额、所得税费用和净利润，以及归属于母公司所有者的终止经营利润。企业披露的上述数据应当是针对终止经营在整个报告期间的经营成果。

其中，终止经营，是指满足下列条件之一的已被企业处置或被企业划归为持有待售的、在经营和编制财务报表时能够单独区分的组成部分：① 该组成部分代表一项独立的主要业务或一个主要经营地区；② 该组成部分是拟对一项独立的主要业务或一个主要经营地区进行处置计划的一部分；③该组成部分仅仅是为了再出售而取得的子公司。其中，企业的组成部分，是指企业的一个部分，其经营和现金流量无论从经营上或从财务报告目的上考虑，均能与企业内其他部分清楚划分。企业组成部分在其经营期间是一个现金产出单元或一组现金产出单元，通常可能是一个子公司、一个事业部或事业群，拥有经营的资产，也可能承担负债，由企业高管负责。

企业组成部分（或非流动资产，下同），同时满足下列条件的，应当确认为持有待售：①该组成部分必须在其当前状况下仅根据出售此类组成部分的惯用条款即可立即出售；②企业已经就处置该组成部分作出决议，如按规定需得到股东批准的，应当已经取得股东大会或相应权力机构的批准；③企业已经与受让方签订了不可撤销的转让协议；④该项转让将在一年内完成。其中：上述条件①强调，被划分为持有待售的企业组成部分必须是在当前状态下可立即出售的，因此企业应当具有在当前状态下出售该资产或处置的意图和能力，而出售此类组成部分的惯用条款不应当包括出售方所提出的条件；上述条件②至④强调，被划分为持有待售的企业组成部分其出售必须是极可能发生的，在实务中需要结合具体情况进行判断。

（七）或有和承诺事项、资产负债表日后非调整事项、关联方关系及其交易等需要说明的事项

（1）本企业的母公司有关信息披露格式如表7-54所示。

表7-54　母公司有关信息的披露格式

母公司名称	注册地	业务性质	注册资本

母公司不是本企业最终控制方的，应当说明最终控制方名称。

母公司和最终控制方均不对外提供财务报表的，应当说明母公司之上与其最相近的对外提供财务报表的母公司名称。

（2）母公司对本企业的持股比例和表决权比例的披露格式如表7-55所示。

表 7-55　母公司的持股比例和表决权比例的披露格式

子公司名称	注册地	业务性质	注册资本	本企业合计持股比例	本企业合计享有的表决权比例
1.					
……					

（3）本企业的合营企业有关信息披露格式如表 7-56 所示。

表 7-56　合营企业有关信息的披露格式

被投资单位名称	注册地	业务性质	注册资本	本企业持股比例	本企业在被投资单位表决权比例	期末资产总额	期末负债总额	本期营业收入总额	本期净利润
1.									
……									

注：有联营企业的，比照合营企业进行披露。

（4）本企业与关联方发生交易的，应当在附注中披露该关联方关系的性质、交易类型及交易要素。交易要素至少应当包括以下 4 个。

① 交易的金额。

② 未结算项目的金额、条款和条件，以及有关提供或取得担保的信息。

③ 未结算应收项目的坏账准备金额。

④ 定价政策。

（八）有助于财务报表使用者评价企业管理资本的目标、政策及程序的信息

资本管理受行业监管部门监管要求的金融等行业企业，除遵循相关监管要求外，如我国商业银行遵循中国银行保险监督管理委员会《商业银行资本管理办法（试行）》进行有关资本充足率等的信息披露，还应当按照《企业会计准则第 30 号——财务报表列报》应用指南中的规定，在财务报表附注中披露有助于财务报表使用者评价企业管理资本的目标、政策及程序的信息。

根据该准则的规定，企业应当基于可获得的信息充分披露如下内容。

（1）企业资本管理的目标、政策及程序的定性信息，包括：对企业资本管理的说明；受制于外部强制性资本要求的企业，应当披露这些要求的性质以及企业如何将这些要求纳入其资本管理之中；企业如何实现其资本管理的目标。

（2）资本结构的定量数据摘要，包括资本与所有者权益之间的调节关系等。例如，有的企业将某些金融负债（如次级债）作为资本的一部分，有的企业将资本视作扣除某些权益项目（如现金流量套期产生的利得或损失）后的部分。

（3）自前一会计期间开始上述（1）和（2）中的所有变动。

（4）企业当期是否遵循了其受制的外部强制性资本要求；以及当企业未遵循外部强制性资本要求时，其未遵循的后果。

企业按照总体对上述信息披露不能提供有用信息时，还应当对每项受管制的资本要求单独披露上述信息，例如，跨行业、跨国家或地区经营的企业集团可能受一系列不同的资本要求监管。

随着"营改增"进程的不断推开，建筑施工企业增值税实务也面临着各项变化。本章从建筑施工企业增值税基础概述入手，对增值税涉及的税率、征收范围、应纳税额计算以及税收优惠热点问题进行了详细介绍；在此基础上针对建筑施工企业因可能面临跨县（市、区）、跨境提供服务的情况而涉及到的增值税相关法律法规做了进一步的介绍；最后，针对增值税销项税额、进项税额相关会计核算内容，通过案例的方式做了进一步的补充讲解。

8.1　增值税

8.1.1　增值税概述

2016 年 5 月 1 日，"营改增"在建筑业、房地产业、金融业、生活服务业四大行业全面推开，这标志着我国已进入全面实施"营改增"的新阶段。"营改增"本质上是一种结构性减税，是推动结构性改革，尤其是供给侧结构性改革的重要内容，是在全面深化改革向纵深推进的背景下，国家深化财税体制改革的重要举措。其旨在将"道道征收、全额征税"的营业税，改为"环环征收、层层抵扣"的增值税，从而达到减少重复征税、促进专业化分工、优化资源配置、激发市场活力的目的。

《财政部 国家税务总局关于全面推开营业税改征增值税试点的通知》（财税〔2016〕36号，以下简称"36号文"）规定，在中华人民共和国境内销售服务、无形资产或者不动产的单位和个人，为增值税纳税人，应当缴纳增值税，不缴纳营业税。根据2014年12月27日《国家税务总局关于修改〈税务登记管理办法〉的决定》（国家税务总局令第36号）、2018年6月15日《国家税务总局关于修改部分税务部门规章的决定》（国家税务总局令第44号）、2019年7月24日《国家税务总局关于公布取消一批税务证明单项以及废止和修改部分规章规范性文件的决定》（国家税务总局令第48号）修正的《税务登记管理办法》规定，从事生产、经营的纳税人领取工商营业执照的，应当自领取工商营业执照之日起30日内申报办理税务登记，税务机关发放税务登记证及副本；境外企业在中国境内承包建筑、安装、装配、勘探工程和提供劳务的，应当自项目合同或协议签订之日起30日内，向项目所在地税务机关申报办理税务登记，税务机关发放临时税务登记证及副本。纳税人提交的证件和资料齐全且税务登记表的填写内容符合规定的，税务机关应当日办理并发放税务登记证件；纳税人提交的证件和资料不齐全或税务登记表的填写内容不符合规定的，税务机关应当场通知其补正或重新填报。《国家税务总局关于跨地区经营建筑企业所得税征收管理问题的通知》（国税函〔2010〕156号）规定，实行总分机构体制的跨地区经营建筑企业应按照"统一计算，分级管理，就地预缴，汇总清算，财政调库"的办法计算缴纳企业所得税。建筑企业所属二级或二级以下分支机构直接管理的项目部不就地预缴企业所得税，其经营收入、职工工资和资产总额应汇总到二级分支机构统一核算，由二级分支机构预缴企业所得税。建筑企业总机构直接管理的跨地区设立的项目部，应按项目实际经营收入的0.2%按月或按季由总机构向项目所在地预分企业所得税，并由项目部向所在地主管税务机关预缴。

8.1.2 纳税人

《中华人民共和国增值税暂行条例》（中华人民共和国国务院令第691号）第一条规定，在中华人民共和国境内销售货物或者加工、修理修配劳务，销售服务、无形资产、不动产以及进口货物的单位或个人，为增值税的纳税人。36号文附件1《营业税改征增值税试点实施办法》（以下简称《试点实施办法》）规定，在中华人民共和国境内销售服务、无形资产或不动产的单位和个人，为增值税纳税人，应当按照本办法缴纳增值税。单位，是指企业、行政单位、事业单位、军事单位、社会团体及其他单位；个人，是指个体工商户和其他个人。

【例8-1】 每个建筑项目部是否属于单独的纳税人？

分析：

《国家税务总局关于发布〈纳税人跨县（市、区）提供建筑服务增值税征收管理暂行办法〉的公告》（国家税务总局公告2016年第17号）第三条规定，纳税人跨县（市、区）提供建筑服务，应按照财税〔2016〕36号文件规定的纳税义务发生时间和计税方法，向建筑服务发生地主管国税机关预缴税款，向机构所在地主管国税机关申报纳税。其中，根据《国家税务总局关于进一步明确营改增有关征管问题的公告》（国家税务总局公告2017年第11号）规定，当纳税人在同一地级行政区范围内跨县（市、区）提供建筑服务，则上述规定不适用。

《国家税务总局关于优化〈外出经营活动税收管理证明〉相关制度和办理程序的意见》（税总发〔2016〕106号）规定，从事生产、经营的纳税人跨省从事生产、经营活动的，应当在外出生产经营之前，到机构所在地主管税务机关开具《外出经营活动税收管理证明》。税务机关按照"一地一证"的原则，发放《外出经营活动税收管理证明》。纳税人应当自《外出经营活动税收管理证明》签发之日起30日内，持《外出经营活动税收管理证明》向经营地税务机关报验登记，并接受经营地税务机关的管理。同样，若纳税人在同一地级行政区范围内跨县（市、区）提供建筑服务，则上述规定亦不适用。

因此，单个建筑项目只需持《外出经营活动税收管理证明》在建筑服务发生地办理报验登记，预缴税款，回机构所在地进行纳税申报，不作为单独的纳税人独立申报缴纳税款。

8.1.3　税率与征收率

一般纳税人销售应税行为计算应纳税额时适用增值税税率，小规模纳税人销售应税行为或一般纳税人发生特定应税行为计算应纳税额时，适用增值税征收率。根据36号文附件1《试点实施办法》第15条、第16条规定，提供应税服务的增值税税率及征收率如下。

1. 纳税人发生应税行为,适用 6% 税率

(1)销售服务部分。

电信服务,包括增值电信服务。

金融服务,包括贷款服务、直接收费金融服务、保险服务、金融商品转让。

现代服务,包括研发和技术服务、信息技术服务、文化创意服务、物流辅助服务、鉴证咨询服务、广播影视服务、商务辅助服务、其他现代服务。

生活服务,包括文化体育服务、教育医疗服务、旅游娱乐服务、餐饮住宿服务、居民日常服务、其他生活服务。

(2)销售无形资产,包括技术、商标权、著作权、商誉、自然资源和其他权益性无形资产使用权或所有权的转让。

2. 纳税人发生应税行为,适用 9% 税率

(1)销售服务部分。

交通运输服务,包括陆路运输服务、水路运输服务、航空运输服务、管道运输服务。

电信服务,包括基础电信服务。

邮政服务,包括邮政普遍服务、邮政特殊服务、其他邮政服务。

建筑服务,包括工程服务、安装服务、修缮服务、装饰服务、其他建筑服务。

现代服务,包括不动产融资租赁、不动产经营租赁服务。

(2)销售无形资产,销售土地使用权。

(3)销售不动产。销售建筑物、构筑物。

3. 纳税人发生应税行为,适用 13% 税率

销售有形动产融资租赁、有形动产经营租赁服务。

4. 境内单位和个人发生的跨境应税行为,税率为零

具体范围由财政部和国家税务总局另行规定。

5. 纳税人发生应税行为,适用 3% 征收率

(1)小规模纳税人发生的应税行为,一般适用 3% 征收率。

(2)一般纳税人发生的特定应税行为,按规定可以选择适用简易计税方法,适用增值税 3% 征收率，主要包括以下内容。

① 公共交通运输服务。

② 经认定的动漫企业为开发动漫产品提供的 36 号文列举的动漫服务，以及在境内转让动漫版权（包括动漫品牌、形象或者内容的授权及再授权）。

③ 电影放映服务、仓储服务、装卸搬运服务、收派服务和文化体育服务。

④ 以纳入"营改增"试点之日前取得的有形动产为标的物提供的经营租赁服务。

⑤ 在纳入"营改增"试点之日前签订的尚未执行完毕的有形动产租赁合同。

⑥ 公路经营企业中的一般纳税人收取试点前开工的高速公路的车辆通行费。

⑦ 以清包工方式提供的建筑服务、为甲供工程提供的建筑服务、为建筑工程老项目提供的建筑服务。

⑧ 中国农业发展银行总行及其各分支机构提供涉农贷款（有具体涉农贷款业务清单）取得的利息收入。

⑨ 农村信用社、村镇银行、农村资金互助社、由银行业机构全资发起设立的贷款公司、法人机构在县（县级市、区、旗）及县以下地区的农村合作银行和农村商业银行提供金融服务收入。

⑩ 中国农业银行纳入"三农金融事业部"改革试点的各省、自治区、直辖市、计划单列市分行下辖的县域支行和新疆生产建设兵团分行下辖的县域支行（也称县事业部），提供农户贷款、农村企业和农村各类组织贷款（有具体贷款业务清单附件）取得的利息收入。

⑪ 提供非学历教育服务。

⑫ 自 2016 年 8 月 19 日起，提供物业管理服务的纳税人，向服务接受方收取的自来水水费。

6. 纳税人发生应税行为，适用 5% 征收率

（1）小规模纳税人发生的特定应税行为，适用 5% 征收率的如下。

① 销售其 2016 年 4 月 30 日前取得（自建或非自建）的不动产（不含个人自建自用的住房和购买的住房）。

② 出租其 2016 年 4 月 30 日前取得（自建或非自建）的不动产（不含个人出租住房）。

③ 房地产开发企业中的小规模纳税人，销售自行开发的房地产项目。

④ 房地产开发企业中的小规模纳税人，出租自行开发的房地产老项目。

⑤ 提供劳务派遣服务选择差额纳税的。

⑥ 提供安全保护服务（比照劳务派遣服务政策）。

⑦ 转让 2016 年 4 月 30 日前取得的土地使用权。

（2）一般纳税人发生的特定应税行为，按规定可以选择适用简易计税方法，适用增值税 5% 征收率，主要包括以下内容。

① 销售其 2016 年 4 月 30 日前取得（自建或非自建）的不动产。

② 出租其 2016 年 4 月 30 日前取得（自建或非自建）的不动产。

③ 房地产开发企业中的一般纳税人，销售自行开发的房地产老项目。

④ 房地产开发企业中的一般纳税人，出租自行开发的房地产老项目。

⑤ 提供劳务派遣服务选择差额纳税的。

⑥ 提供安全保护服务（比照劳务派遣服务政策）。

⑦ 提供人力资源外包服务。

⑧ 收取试点前开工的一级公路、二级公路、桥、闸通行费。

⑨ 转让 2016 年 4 月 30 日前取得的土地使用权。

⑩2016 年 4 月 30 日前签订的不动产融资租赁合同，或以 2016 年 4 月 30 日前取得的不动产提供的融资租赁服务。

7. 纳税人发生应税行为，适用征收率的特别规定

（1）一般纳税人销售自己使用过的、纳入"营改增"试点之日前取得的固定资产，按照现行旧货相关增值税政策执行。使用过的固定资产，是指纳税人符合《试点实施办法》第 28 条规定，并根据财务会计制度已经计提折旧的固定资产。结合《财政部 国家税务总局关于部分货物适用增值税低税率和简易办法征收增值税政策的通知》（财税〔2009〕9 号）和《财政部 国家税务总局关于简并增值税征收率政策的通知》（财税〔2014〕57 号）的相关规定，纳税人销售旧货，按照简易办法依照 3% 征收率减按 2% 征收增值税。

（2）小规模纳税人（除其他个人外）销售自己使用过的固定资产，可依 3% 征收率减按 2% 征收率征收增值税。小规模纳税人销售旧货，按照简易办法依照 3% 征收率减按 2% 征收增值税。

（3）个人转让购买住房的，对北京、上海、广州和深圳之外的非一线城市，规定个人将购买不足2年的住房对外销售的，按照5%的征收率全额缴纳增值税；个人将购买2年以上（含2年）的住房对外销售的，免征增值税。

对北上广深四城市，规定个人将购买不足2年的住房对外销售的，按照5%的征收率全额缴纳增值税；个人将购买2年以上（含2年）的非普通住房对外销售的，以销售收入减去购买住房价款后的差额按照5%的征收率缴纳增值税；个人将购买2年以上（含2年）的普通住房对外销售的，免征增值税。

（4）个人出租住房，应按照5%的征收率减按1.5%计算应纳税额。

【例8-2】国家实行简并征收率政策，建筑施工企业会受到什么影响？

分析：

《财政部　国家税务总局关于简并增值税征收率政策的通知》（财税〔2014〕57号）规定，为进一步规范税制、公平税负，经国务院批准，决定简并和统一增值税征收率，将6%和4%的增值税征收率统一调整为3%，该文件共4条规定，都对一般纳税人简易计税方法下的征收率问题进行了规范，该政策自2014年7月1日起执行。

（1）销售使用过的固定资产、旧货，"按照简易办法依照4%征收率减半征收增值税"调整为"按照简易办法依照3%征收率减按2%征收增值税"。

（2）销售自产下列货物，"依照6%征收率"调整为"依照3%征收率"。

①县级及县级以下小型水力发电单位生产的电力。小型水力发电单位，是指各类投资主体建设的装机容量为5万千瓦以下（含5万千瓦）的小型水力发电单位。

②建筑用和生产建筑材料所用的砂、土、石料。

③以自己采掘的砂、土、石料或其他矿物连续生产的砖、瓦、石灰（不含粘土实心砖、瓦）。

④用微生物、微生物代谢产物、动物毒素、人或动物的血液或组织制成的生物制品。

⑤自来水。

⑥商品混凝土（仅限于以水泥为原料生产的水泥混凝土）。

（3）2008年12月31日以前未纳入扩大增值税抵扣范围试点的纳税人，销售自己使用过的2008年12月31日以前购进或者自制的固定资产，或2008年12月

31 日以前已纳入扩大增值税抵扣范围试点的纳税人，销售自己使用过的在本地区扩大增值税抵扣范围试点以前购进或者自制的固定资产，"按照 4% 征收率减半征收增值税"调整为"按照简易办法依照 3% 征收率减按 2% 征收增值税"。

（4）一般纳税人寄售商店代销寄售物品（包括居民个人寄售的物品在内）或典当业销售死当物品，以及经国务院或国务院授权机关批准的免税商店零售的免税品，"依照 4% 征收率"调整为"依照 3% 征收率"。

"营改增"后，对于建筑施工企业的影响主要包括以下两点。

（1）法人间相互调拨固定资产。36 号文规定，一般纳税人销售自己使用过的、纳入"营改增"试点之日前取得的固定资产，按照现行旧货相关增值税政策执行。

集团内部不同法人间互相调拨固定资产时，根据现行政策规定，分为下面 3 种情况。

①处置"营改增"试点之前购进的固定资产，其应纳增值税 = 账面净值 ÷（1+3%）×2%，销售方可以开具增值税普通发票。

②处置"营改增"试点之前购进的固定资产，其应纳增值税 = 账面净值 ÷（1+3%）×3%，销售方可以开具增值税专用发票。

③处置"营改增"试点之后购进的固定资产，其应纳增值税 = 账面净值 ÷（1+13%）×13%，销售方可以开具增值税专用发票。

（2）砂石土料、商品混凝土进项税额抵扣问题。原按 6% 的征收率分离进项税额改为按 3% 的征收率分离进项税额，会减少可抵扣的进项税额。

【例 8-3】建筑施工企业生产自产产品，并用于承揽的工程项目，是按照 9% 税率缴纳增值税还是按照 13% 税率缴纳增值税？

分析：

36 号文附件 1《试点实施办法》第 40 条规定，一项销售行为如果既涉及服务又涉及货物，为混合销售。从事货物的生产、批发或者零售的单位和个体工商户的混合销售行为，按照销售货物缴纳增值税；其他单位和个体工商户的混合销售行为，按照销售服务缴纳增值税。本条所称从事货物的生产、批发或者零售的单位和个体工商户，包括以从事货物的生产、批发或者零售为主，并兼营销售服务的单位和个体工商户在内。

建筑施工企业生产自产产品，并用于本企业承揽的工程项目，应该属于混合销售行为。由于建筑施工企业不以从事货物的生产、批发或者零售为主，建筑施工企业将自产的产品用于本企业承揽的工程项目，移送时不需要缴纳增值税。

8.1.4　增值税的征税范围

（一）建筑施工企业应税服务

自 2016 年 5 月 1 日起，我国全面推开"营改增"试点，将建筑业、房地产业、金融业、生活服务业等全部纳税人纳入试点范围。建筑服务，是指各类建筑物、构筑物及其附属设施的建造、修缮、装饰，线路、管道、设备、设施等的安装以及其他工程作业的业务活动。建筑业的应税服务具体包括以下服务内容。

（1）工程服务，是指新建、改建各种建筑物、构筑物的工程作业，包括与建筑物相连的各种设备或者支柱、操作平台的安装或者装设工程作业，以及各种窑炉和金属结构工程作业。

（2）安装服务，是指生产设备、动力设备、起重设备、运输设备、传动设备、医疗实验设备以及其他各种设备、设施的装配、安置工程作业，包括与被安装设备相连的工作台、梯子、栏杆的装设工程作业，以及被安装设备的绝缘、防腐、保温、油漆等工程作业。固定电话、有线电视、宽带、水、电、燃气、暖气等经营者向用户收取的安装费、初装费、开户费、扩容费以及类似收费，按照安装服务缴纳增值税。

（3）修缮服务，是指对建筑物、构筑物进行修补、加固、养护、改善，使之恢复原来的使用价值或者延长其使用期限的工程作业。

（4）装饰服务，是指对建筑物、构筑物进行修饰装修，使之美观或者具有特定用途的工程作业。

（5）其他建筑服务，是指上列工程作业之外的各种工程作业服务，如钻井（打井）、拆除建筑物或者构筑物、平整土地、园林绿化、疏浚（不包括航道疏浚）、建筑物平移、搭脚手架、爆破、矿山穿孔、表面附着物（包括岩层、土层、沙层等）剥离和清理等工程作业。

（二）不征收增值税的项目内容

36 号文附件 2《营业税改征增值税试点有关事项的规定》（以下简称《试点有关事项的规定》）第一条第（二）款规定，下列项目不征收增值税。

（1）根据国家指令无偿提供的铁路运输服务、航空运输服务，属于《试点实施办法》第十四条规定用于公益事业的服务。

（2）存款利息。

（3）被保险人获得的保险赔付。

（4）房地产主管部门或者其指定机构、公积金管理中心、开发企业以及物业管理单位代收的住宅专项维修资金。

（5）在资产重组过程中，通过合并、分立、出售、置换等方式，将全部或者部分实物资产以及与其相关联的债权、负债和劳动力一并转让给其他单位和个人，其中涉及的不动产、土地使用权转让行为。

《国家税务总局关于营改增试点若干征管问题的公告》（国家税务总局公告2016年第53号）规定，自2016年9月1日起执行以下规定。

（1）单用途商业预付卡（以下统称"单用途卡"）发卡企业或者售卡企业（以下统称"售卡方"）销售单用途卡，或者接受单用途卡持卡人充值取得的预收资金，不缴纳增值税。售卡方可向购卡人、充值人开具增值税普通发票，不得开具增值税专用发票。

单用途卡，是指发卡企业按照国家有关规定发行的，仅限于在本企业、本企业所属集团或者同一品牌特许经营体系内兑付货物或者服务的预付凭证。

发卡企业，是指按照国家有关规定发行单用途卡的企业。售卡企业，是指集团发卡企业或者品牌发卡企业指定的，承担单用途卡销售、充值、挂失、换卡、退卡等相关业务的本集团或同一品牌特许经营体系内的企业。

（2）支付机构销售预付卡（以下统称"多用途卡"）取得的等值人民币资金，或者接受多用途卡持卡人充值取得的充值资金，不缴纳增值税。支付机构可向购卡人、充值人开具增值税普通发票，不得开具增值税专用发票。

支付机构，是指取得中国人民银行核发的支付业务许可证，获准办理"预付卡发行与受理"业务的发卡机构和获准办理"预付卡受理"业务的受理机构。

多用途卡，是指发卡机构以特定载体和形式发行的，可在发卡机构之外购买货物或服务的预付价值。

【例8-4】建筑施工企业销售建筑材料同时提供建筑服务（如钢结构制作及安装）如何缴纳增值税？

分析：

36 号文附件 1《试点实施办法》第四十条规定，一项销售行为如果既涉及服务又涉及货物，为混合销售。从事货物的生产、批发或者零售的单位和个体工商户的混合销售行为，按照销售货物缴纳增值税；其他单位和个体工商户的混合销售行为，按照销售服务缴纳增值税。

本条所称从事货物的生产、批发或者零售的单位和个体工商户，包括以从事货物的生产、批发或者零售为主，并兼营销售服务的单位和个体工商户在内。

建筑施工企业销售建筑材料（如钢结构）同时提供建筑服务的，如果企业是以货物的生产、批发或者零售为主的，按照货物销售缴纳增值税；如果企业是以建筑服务为主的，按照建筑服务缴纳增值税。

但根据有些地方的"营改增"政策解答或指引，对于混合销售行为，如果在销售合同中分别注明销售材料价款和提供建筑服务价款，应在账务上进行分开核算，分别按照销售货物和提供建筑服务缴纳增值税。因此，建筑施工企业具体执行时，应以主管税务机关口径为准。

【例 8-5】工程总承包合同中包含的征地拆迁费是否需要缴纳增值税？如何应对？

分析：

36 号文规定，销售额是指纳税人发生应税行为取得的全部价款和价外费用，财政部和国家税务总局另有规定的除外。

如果征地拆迁费包含在工程总承包合同总价中，则征地拆迁费应计入当期销售额中，按工程项目适用的计税方法和适用税率或征收率计算缴纳增值税。如果征地拆迁费未包含在工程总承包合同总价中，则征地拆迁费属于代收代付性质的款项，不需要并入当期销售额。

因为征地拆迁费用主要是补偿至个人、政府及行政事业单位，对方不能开具增值税专用发票，所以支付的征地拆迁费用、青苗补偿费等无法取得增值税专用发票抵扣进项税额。因此，建议合同总价中不包含征地拆迁费，不作为本期销售额，不用计算销项税额。可以作为代收代付性质的补偿款项，不计算当期销项税额，也不抵扣进项税额，整体不增加项目部增值税负担。

8.1.5 增值税应纳税额的计算

增值税计税方法，包括一般计税方法和简易计税方法。一般纳税人发生应税行为适用一般计税方法计税。一般纳税人发生财政部和国家税务总局规定的特定应税行为，可以选择适用简易计税方法计税，但一经选择，36 个月内不得变更。

小规模纳税人发生应税行为适用简易计税方法计税。除了提供建筑服务的小规模纳税人适用简易计税方法以外，36 号文还明确在以下情形下，一般纳税人提供建筑服务也可以选择适用简易计税方法，按 3% 征收率计税。

（1）以清包工方式提供建筑服务，是指施工方不采购建筑工程所需的材料或只采购辅助材料，并收取人工费、管理费或者其他费用的建筑服务。

（2）为甲供工程提供建筑服务。甲供工程，是指全部或部分设备、材料、动力由工程发包方自行采购的建筑工程。

（3）为建筑工程老项目提供建筑服务。建筑工程老项目，是指建筑工程施工许可证注明的合同开工日期在 2016 年 4 月 30 日前的建筑工程项目；未取得建筑工程施工许可证的，建筑工程承包合同注明的开工日期在 2016 年 4 月 30 日前的建筑工程项目。

在上述情形下，建筑施工企业可抵扣的进项税额一般较少，如在甲供工程中，建筑施工企业的主要成本为人工支出，很难取得足够的进项税额，而简易计税方法的推出可以使建筑施工企业适用较低的增值税征收率，有利于减轻建筑施工企业的税收负担。然而，值得关注的是，若建筑施工企业一般纳税人选择按简易计税方法计税，则其将无法抵扣进项税额。

（一）一般计税方法的应纳税额

一般计税方法的应纳税额，是指当期销项税额抵扣当期进项税额后的余额。应纳税额计算公式如下。

应纳税额 = 当期销项税额 - 当期进项税额

当期销项税额小于当期进项税额不足抵扣时，其不足部分可以结转下期继续抵扣。

销项税额，是指纳税人发生应税行为按照销售额和增值税税率计算并向购买方收取的增值税额。销项税额计算公式如下。

销项税额 = 销售额 × 税率

一般计税方法的销售额不包括销项税额，纳税人采用销售额和销项税额合并定价方法的，按照下列公式计算销售额。

销售额 = 含税销售额 ÷ （1+ 税率）

进项税额，是指纳税人购进货物、加工修理修配劳务、服务、无形资产或者不动产，支付或者负担的增值税额。

1. 进项税额准予从销项税额中抵扣

（1）从销售方取得的增值税专用发票（含税控机动车销售统一发票，下同）上注明的增值税额。

（2）从海关取得的海关进口增值税专用缴款书上注明的增值税额。

（3）购进农产品，除取得增值税专用发票或者海关进口增值税专用缴款书外，按照农产品收购发票或者销售发票上注明的农产品买价和 9% 的扣除率计算的进项税额。计算公式如下。

进项税额 = 买价 × 扣除率

买价，是指纳税人购进农产品在农产品收购发票或者销售发票上注明的价款和按照规定缴纳的烟叶税。购进农产品，按照《农产品增值税进项税额核定扣除试点实施办法》抵扣进项税额的除外。

（4）从境外单位或者个人购进服务、无形资产或者不动产，自税务机关或者扣缴义务人取得的解缴税款的完税凭证上注明的增值税额。

本条对纳税人可抵扣增值税进项税额的情况进行了列示，需要注意的是，上述规定第（3）项中，一般纳税人购进农产品抵扣进项税额存在以下 5 种情况。

① 从一般纳税人购进农产品，按照取得的增值税专用发票上注明的增值税额。

② 进口农产品，按照取得的海关进口增值税专用缴款书上注明的增值税额。

③ 自农业生产者购进自产农产品以及自小规模纳税人购入农产品（不含享受批发零售环节免税政策的鲜活肉蛋产品和蔬菜），按照取得的销售农产品的增值税普通发票上注明的农产品买价和 9% 的扣除率计算的进项税额。

④ 向农业生产者个人收购其自产农产品，按照收购单位自行开具农产品收购发票上注明的农产品买价和 9% 的扣除率计算的进项税额。

⑤《财政部　国家税务总局关于在部分行业试行农产品增值税进项税额核定扣除办法的通知》（财税〔2012〕38 号）规定，生产销售液体乳及乳制品、酒

及酒精、植物油耗用的购进的农产品进项税额，实行核定扣除。

2. 进项税额不得从销项税额中抵扣

（1）用于简易计税方法计税项目、免征增值税项目、集体福利或者个人消费的购进货物、加工修理修配劳务、服务、无形资产和不动产。其中涉及的固定资产、无形资产、不动产，仅指专用于上述项目的固定资产、无形资产（不包括其他权益性无形资产）、不动产。纳税人的交际应酬消费属于个人消费。

（2）非正常损失的购进货物，以及相关的加工修理修配劳务和交通运输服务。

（3）非正常损失的在产品、产成品所耗用的购进货物（不包括固定资产）、加工修理修配劳务和交通运输服务。

（4）非正常损失的不动产，以及该不动产所耗用的购进货物、设计服务和建筑服务。

（5）非正常损失的不动产在建工程所耗用的购进货物、设计服务和建筑服务。纳税人新建、改建、扩建、修缮、装饰不动产，均属于不动产在建工程。

（6）购进的旅客运输服务、贷款服务、餐饮服务、居民日常服务和娱乐服务。

（7）财政部和国家税务总局规定的其他情形。

（二）简易计税方法的应纳税额

简易计税方法的应纳税额，是指按照销售额和增值税征收率计算的增值税额，不得抵扣进项税额。应纳税额计算公式如下。

应纳税额 = 销售额 × 征收率

简易计税方法的销售额不包括其应纳税额，纳税人采用销售额和应纳税额合并定价方法的，按照下列公式计算销售额。

销售额 = 含税销售额 ÷ （1+ 征收率）

纳税人适用简易计税方法计税的，因销售折让、中止或者退回而退还给购买方的销售额，应当从当期销售额中扣减。扣减当期销售额后仍有余额造成多缴的税款，可以从以后的应纳税额中扣减。

（三）销售额的确定

（1）销售额，是指纳税人发生应税行为取得的全部价款和价外费用，财政部和国家税务总局另有规定的除外。价外费用，是指价外收取的各种性质的收费，但不包括以下项目。

①代为收取并符合《营业税改征增值税试点实施办法》第十条规定的政府性基金或者行政事业性收费。

②以委托方名义开具发票代委托方收取的款项。

（2）纳税人发生应税行为价格明显偏低或者偏高且不具有合理商业目的的，或者发生《营业税改征增值税实施办法》第十四条所列行为而无销售额的，主管税务机关有权按照下列顺序确定销售额。

①按照纳税人最近时期销售同类服务、无形资产或者不动产的平均价格确定。

②按照其他纳税人最近时期销售同类服务、无形资产或者不动产的平均价格确定。

③按照组成计税价格确定。组成计税价格的公式为：组成计税价格 = 成本 × （1+ 成本利润率）。成本利润率由国家税务总局确定。不具有合理商业目的，是指以谋取税收利益为主要目的，通过人为安排，减少、免除、推迟缴纳增值税税款，或者增加退还增值税税款。

【例 8-6】试点纳税人提供建筑服务适用简易计税方法的销售额是什么？

分析：

36 号文规定，试点纳税人提供建筑服务适用简易计税方法的，以取得的全部价款和价外费用扣除支付的分包款后的余额为销售额。

【例 8-7】"甲供材"项目施工方销售额如何确定？

分析：

36 号文规定，销售额，是指纳税人发生应税行为取得的全部价款和价外费用，财政部和国家税务总局另有规定的除外。

甲供工程，是指全部或部分设备、材料、动力由工程发包方自行采购的建筑工程。"营改增"后，对于甲供工程，施工方销售额应根据合同约定情况确定销售额。如果总承包合同总价中包含"甲供材"，则需要业主向项目开具材料销售发票，再由施工方按工程计价金额向业主开具建筑服务发票，此种情况下施工方的销售额包含"甲供材"；如果总承包合同总价中不包含"甲供材"，则施工方向业主开具发票时，是以不含"甲供材"的计价金额开具，此种情况下施工方的销售额不包含"甲供材"

金额。

【例8-8】 在"营改增"之前收到的工程预付款，在营业税下未能缴纳营业税，也未开具发票，"营改增"后是否可以在税务机关缴纳增值税并开具增值税发票，如果可以开具发票，应开具增值税专用发票还是增值税普通发票？

分析：

《中华人民共和国营业税暂行条例》（国务院令2008年第540号）规定，纳税人提供建筑业或者租赁业劳务，采取预收款方式的，其纳税义务发生时间为收到预收款的当天。

"营改增"之前收到的工程预付款，应在收到工程预付款时缴纳营业税。《试点有关事项的规定》第一条规定，试点纳税人纳入"营改增"试点之日前发生的应税行为，因税收检查等原因需要补缴款的，应按照营业税政策规定补缴营业税。《国家税务总局关于全面推开营业税改征增值税试点有关税收征收管理事项的公告》（国家税务总局公告2017年第11号，以下简称"11号公告"）规定，纳税人在地税机关已申报营业税未开具发票，2016年5月1日以后需要补开发票的，可于2017年12月31日前开具增值税普通发票。

因此，对于"营改增"之前收到的工程预付款，应先补缴营业税并进行纳税申报（2016年5月为营业税最后申报期），在2017年12月31日前开具增值税普通发票。

【例8-9】 建筑业简易计税方法差额征收是差额开具增值税发票，还是全额开具增值税发票？

分析：

建筑业简易计税方法不适用于差额开具增值税发票。总包方或分包方应按当期计税收入全额开具增值税发票。

11号公告规定，适用差额征税办法缴纳增值税，且不得全额开具增值税发票的（财政部、税务总局另有规定的除外），纳税人自行开具或者税务机关代开增值税发票时，通过新系统中差额征税开票功能，录入含税销售额（或含税评估额）和扣除额，系统自动计算税额和不含税金额，备注栏自动打印"差额征税"字样，发票开具不应与其他应税行为混开。建筑业"营改增"主要政策及发票开具的介绍，如表8-1所示。

表 8-1　建筑业"营改增"主要政策及发票开具一览表

类型	计税方式		跨县（市、区）预征率	跨县（市、区）预缴税款计算	销售额	税率（征收率）	发票开具
一般纳税人	一般计税		2%	应预缴税款=（全部价款和价外费用–支付的分包款）÷（1+9%）×2%	以取得的全部价款和价外费用为销售额	9%	纳税人自行开具。以取得的全部价款和价外费用全额开具增值税专用发票或增值税普通发票，备注栏注明建筑服务发生地所在县（市、区）及项目名称。申报时全额纳税
	简易计税	甲供材	3%	应预缴税款=（全部价款和价外费用–支付的分包款）÷（1+3%）×3%	以取得的全部价款和价外费用扣除支付的分包款后的余额为销售额	3%	纳税人自行开具。以取得的全部价款和价外费用全额开具增值税专用发票或增值税普通发票，备注栏注明建筑服务发生地所在县（市、区）及项目名称。申报的税款按差额计算
		清包工					
		老项目（2016年4月30日前）					
小规模纳税人	简易计税		3%	应预缴税款=（全部价款和价外费用–支付的分包款）÷（1+3%）×3%	以取得的全部价款和价外费用扣除支付的分包款后的余额为销售额	3%	纳税人自行开具增值税普通发票或申请代开（不能自行开具增值税普通发票或需要开具增值税专用发票的，可向建筑服务发生地主管国税机关申请代开）。开具发票时，以取得的全部价款和价外费用全额开具增值税发票，申报的税款按差额计算

（四）发票与进项税额管理

"营改增"后，发票类型主要有增值税专用发票、增值税普通发票、机动车销售统一发票、增值税电子普通发票、门票、过路（过桥）费发票、定额发票、客运发票和二手车销售统一发票。

11号公告的规定如下。

（1）增值税一般纳税人销售货物、提供加工修理修配劳务和应税行为，使用增值税发票管理新系统开具增值税专用发票、增值税普通发票、机动车销售统一发票、增值税电子普通发票。

（2）增值税小规模纳税人销售货物、提供加工修理修配劳务月销售额超过10万元（按季纳税30万元），或者销售服务、无形资产月销售额超过10万元（按季纳税30万元），使用增值税发票管理系统开具增值税普通发票、机动车销售统一发票、增值税电子普通发票。

（3）增值税普通发票（卷式）启用前，纳税人可通过新系统使用税务机关发放的现有卷式发票。

（4）门票、过路（过桥）费发票、定额发票、客运发票和二手车销售统一发票继续使用。

（5）采取汇总纳税的金融机构，省、自治区所辖地市以下分支机构可以使用地市级机构统一领取的增值税专用发票、增值税普通发票、增值税电子普通发票；直辖市、计划单列市所辖区县及以下分支机构可以使用直辖市、计划单列市机构统一领取的增值税专用发票、增值税普通发票、增值税电子普通发票。

（6）税务机关使用新系统代开增值税专用发票和增值税普通发票。代开增值税专用发票使用六联票，代开增值税普通发票使用五联票。

1. 开具增值税专用发票应提供的证明材料

单位和个人购买货物、劳务、服务、无形资产或不动产，索取增值税发票时，开具增值税专用发票需要提供购买方名称、纳税人识别号、地址、电话、开户行及账号的信息。《国家税务总局关于进一步优化营改增纳税服务工作的通知》（税总发〔2016〕75号）第十八条对开具增值税发票方面进行了明确，增值税纳税人购买货物、劳务、服务、无形资产或不动产，索取增值税专用发票时，须向销售方提供购买方名称（不得为自然人）、纳税人识别号、地址、电话、开户行及账号的信息，不需要提供相关证件或其他证明材料。根据《财政部 国家税务总局关于全面推开营业税改征增值税试点的通知》（财税〔2016〕36 号）的规定：个人消费不能开增值税专用发票，只能开具增值税普通发票，开具时也不需要提供相关证件或其他证明材料。

材料供应商、分包商提供增值税专用发票、增值税普通发票、增值税电子普通发票以及现有的通用机打发票均合规有效。但是简易计税方法的工程项目购进材料物资不能抵扣进项税额，如果取得增值税专用发票的，需要先扫描认证或网上勾选认证后抵扣，再做进项税额转出；或者扫描认证或网上勾选认证后，纳税申报时不进行申报抵扣，账务处理时全额计入材料或人工成本中。

2. 发票丢失处理

《中华人民共和国发票管理办法实施细则》（国家税务总局令第 25 号）（以下简称《发票管理办法实施细则》）第三十一条规定，使用发票的单位和个人应当妥善保管发票。发生发票丢失情形时，应当于发现丢失当日书面报告税务机关。

《发票管理办法实施细则》第三十六条规定，违反发票管理法规的行为包括：未按照规定保管发票的。对违反发票管理法规的行政处罚，由县以上税务机关决定；罚款额在 2 020 元以下的，可由税务所决定。企业应加强对发票特别是增值税专用发票的保管，防范税收风险。

《国家税务总局关于停止使用货物运输业增值税专用发票有关问题的公告》（国家税务总局公告 2015 年第 99 号）规定，货物运输业增值税专用发票自2016 年 7 月 1 日起停止使用。

【例 8-10】 建筑业纳税人预缴增值税时，允许扣除的分包款需要分包方提供增值税专用发票还是增值税普通发票？取得不同类型的发票对项目的影响有哪些？

分析：

根据《国家税务总局关于发布〈纳税人跨县（市、区）提供建筑服务增值税征收管理暂行办法〉的公告》国家税务总局公告 2016 年第 17 号（以下简称"17 号公告"）规定，纳税人按照规定从取得的全部价款和价外费用中扣除支付的分包款，应当取得符合法律、行政法规和国家税务总局规定的合法有效凭证，否则不得扣除。

上述凭证是指以下内容。

（1）从分包方取得的 2016 年 4 月 30 日前开具的建筑业营业税发票。上述建筑业营业税发票在 2016 年 6 月 30 日前可作为预缴税款的扣除凭证。

（2）从分包方取得的 2016 年 5 月 1 日后开具的，备注栏注明建筑服务发生地所在县（市、区）、项目名称的增值税发票。

（3）国家税务总局规定的其他凭证。

因此，在 2016 年 6 月 30 日前，分包方提供的 2016 年 4 月 30 日前开具的建筑业营业税发票、增值税普通发票、增值税专用发票均可以抵减当期销售额；在 2016 年 6 月 30 日后，分包方提供的增值税普通发票、增值税专用发票均可以抵减当期销售额。

同时，对于一般计税项目取得分包增值税专用发票，可以回机构所在地做进项税额抵扣处理。

【例 8-11】2016 年 4 月 30 日前从分包商取得的建筑业营业税发票，如果在 2016 年 6 月 30 日前未抵减当期销售额，取得的建筑业营业税发票该怎么处理？

分析：

36 号文附件 2《试点有关事项的规定》的规定，试点纳税人发生应税行为，按照国家有关营业税政策规定差额征收营业税的，因取得的全部价款和价外费用不足以抵减允许扣除项目金额，截至纳入"营改增"试点之日前尚未扣除的部分，不得在计算试点纳税人增值税应税销售额时抵减，应当向原主管地税机关申请退还营业税。

17 号公告第六条规定，纳税人按照上述规定从取得的全部价款和价外费用中扣除支付的分包款，应当取得符合法律、行政法规和国家税务总局规定的合法有效凭证，否则不得扣除。

因此，2016 年 4 月 30 日前从分包商取得建筑业营业税发票，取得的全部价款和价外费用不足以抵减允许扣除项目分包金额的，应向原主管地税机关申请退还营业税。

【例 8-12】建筑企业从供应商购买材料，支付预付款时，是否可以为我方开具增值税专用发票，供应商是否可以确认收入？

分析：

《中华人民共和国增值税暂行条例实施细则》第三十八条规定，销售货物或者应税劳务，采取预收货款方式，纳税义务发生时间为货物发出的当天，但生产销售生产工期超过 12 个月的大型机械设备等货物，为收到预收款或者书面合同约定的收款日期的当天。

　　建筑施工企业订购的材料一般不超过 12 个月，此时材料供应商在收到预收款时没有发生纳税义务。但如果建筑施工企业协商供应商在其收到预付款时开具发票，也不属于虚开发票行为，因为其签订了产品销售合同，说明存在真实的商品交易。《国家税务总局关于增值税纳税义务发生时间有关问题的公告》（国家税务总局公告 2011 年第 40 号）规定，先开具发票的，其纳税义务发生时间为开具发票的当天。在这种情形下，纳税义务的发生时间就提前了。

　　《国家税务总局关于确认企业所得税收入若干问题的通知》（国税函〔2008〕875 号）规定，销售商品采取预收款方式的，在发出商品时确认收入。故供应商收到预收款时也不确认收入。

8.1.6　增值税纳税义务发生的时间及地点

　　增值税纳税义务发生的时间及地点如图 8-1 所示。

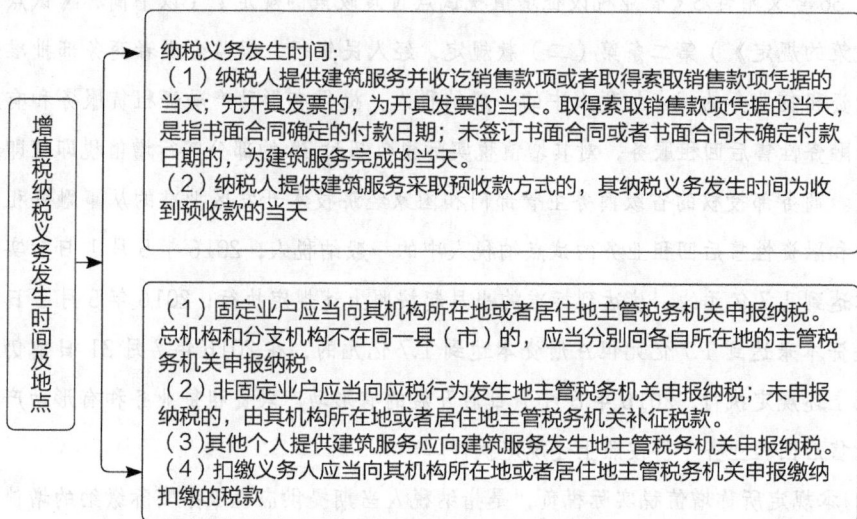

图 8-1　增值税纳税义务发生时间及地点

8.1.7 建筑施工企业增值税税收优惠热点问题

【例8-13】建筑施工企业购置的砖块类材料，该砖块材料是否可享受减免税优惠政策？

分析：

符合《享受增值税即征即退政策的新型墙体材料目录》政策规定的砖类、砌块类、板材类材料可以享受增值税即征即退50%的政策，建筑施工企业购置该类材料时，可结合供应商的税收优惠政策情况，确定双方的采购价格。

《财政部 国家税务总局关于新型墙体材料增值税政策的通知》（财税〔2015〕73号）第一条规定，对纳税人销售自产的列入本通知所附《享受增值税即征即退政策的新型墙体材料目录》的新型墙体材料，实行增值税即征即退50%的政策。

【例8-14】建筑施工企业下属的财务公司提供的融资租赁服务，可否享受减免税优惠政策？

分析：

36号文附件3《营业税改征增值税试点过渡政策的规定》（以下简称《试点过渡政策的规定》）第二条第（二）款规定，经人民银行、银监会或者商务部批准从事融资租赁业务的试点纳税人中的一般纳税人，提供有形动产融资租赁服务和有形动产融资性售后回租服务，对其增值税实际税负超过3%的部分实行增值税即征即退政策。商务部授权的省级商务主管部门和国家经济技术开发区批准的从事融资租赁业务和融资性售后回租业务的试点纳税人中的一般纳税人，2016年5月1日后实收资本达到1.7亿元的，从达到标准的当月起按照上述规定执行；2016年5月1日后实收资本未达到1.7亿元但注册资本达到1.7亿元的，在2016年7月31日前仍可按照上述规定执行，2016年8月1日后开展的有形动产融资租赁业务和有形动产融资性售后回租业务不得按照上述规定执行。

本规定所称增值税实际税负，是指纳税人当期提供应税服务实际缴纳的增值税额占纳税人当期提供应税服务取得的全部价款和价外费用的比例。

【例8-15】建筑施工企业子公司为母公司提供研发技术服务，可否享受税收优惠政策？

分析：

36号文附件3《试点过渡政策的规定》第一条第（二十六）款规定，纳税人提供技术转让、技术开发和与之相关的技术咨询、技术服务，免征增值税。

技术转让、技术开发，是指《销售服务、无形资产、不动产注释》中"转让技术""研发服务"范围内的业务活动。技术咨询，是指就特定技术项目提供可行性论证、技术预测、专题技术调查、分析评价报告等业务活动。

与技术转让、技术开发相关的技术咨询、技术服务，是指转让方（或者受托方）根据技术转让或者开发合同的规定，为帮助受让方（或者委托方）掌握所转让（或者委托开发）的技术，而提供的技术咨询、技术服务业务，且这部分技术咨询、技术服务的价款与技术转让或者技术开发的价款应当在同一张发票上开具。

备案程序。试点纳税人申请免征增值税时，须持技术转让、开发的书面合同，到纳税人所在地省级科技主管部门进行认定，并持有关的书面合同和科技主管部门审核意见证明文件报主管税务机关备查。

所以，建筑施工企业子公司为集团公司提供研发技术服务属于《销售服务、无形资产、不动产注释》中的"研发服务"，免征增值税。

【例8-16】建筑施工企业以PPP模式（Public-Private-Patnership）建设污水处理厂，该污水处理厂运营阶段如何适用减免税优惠政策？

分析：

运营阶段，污水处理厂提供符合政策规定标准的污水处理劳务，享受70%的增值税即征即退政策。《财政部　国家税务总局关于印发〈资源综合利用产品和劳务增值税优惠目录〉的通知》（财税〔2015〕78号）第一条规定，资源综合利用劳务中污水处理劳务，符合以下技术标准：污水经加工处理后符合《城镇污水处理厂污染物排放标准》（GB18918—2002）规定的技术要求或达到相应的国家或地方水污染物排放标准中的直接排放限值，可以享受70%增值税即征即退收优惠政策。

8.2 跨县（市、区）、跨境提供建筑服务

8.2.1 跨县（市、区）提供建筑服务

跨县（市、区）提供建筑服务，是指单位和个体工商户（以下简称"纳税人"）在其机构所在地以外的县（市、区）提供建筑服务。纳税人在同一直辖市、计划单列市范围内跨县（市、区）提供建筑服务的，由直辖市、计划单列市国家税务局决定是否适用《纳税人跨县（市、区）提供建筑服务增值税征收管理暂行办法》。

（一）预缴税款

（1）纳税人跨县（市、区）提供建筑服务，按照以下规定预缴税款。

① 一般纳税人跨县（市、区）提供建筑服务，适用一般计税方法计税的，以取得的全部价款和价外费用扣除支付的分包款后的余额，按照 2% 的预征率计算应预缴税款。

② 一般纳税人跨县（市、区）提供建筑服务，选择适用简易计税方法计税的，以取得的全部价款和价外费用扣除支付的分包款后的余额，按照 3% 的征收率计算应预缴税款。

③ 小规模纳税人跨县（市、区）提供建筑服务，以取得的全部价款和价外费用扣除支付的分包款后的余额，按照 3% 的征收率计算应预缴税款。

（2）纳税人跨县（市、区）提供建筑服务，按照以下公式计算应预缴税款。

① 适用一般计税方法计税的公式如下。

应预缴税款 =（全部价款和价外费用 – 支付的分包款）÷（1+9%）× 2%

② 适用简易计税方法计税的公式如下。

应预缴税款 =（全部价款和价外费用 – 支付的分包款）÷（1+3%）× 3%

纳税人取得的全部价款和价外费用扣除支付的分包款后的余额为负数的，可结转下次预缴税款时继续扣除。纳税人应按照工程项目分别计算应预缴税款，分别预缴。

（二）凭证要求和提交资料

（1）纳税人按照上述规定从取得的全部价款和价外费用中扣除支付的分包

款，应当取得符合法律、行政法规和国家税务总局规定的合法有效凭证，否则不得扣除。上述凭证是指以下内容。

① 从分包方取得的 2016 年 4 月 30 日前开具的建筑业营业税发票。上述建筑业营业税发票在 2016 年 6 月 30 日前可作为预缴税款的扣除凭证。

② 从分包方取得的 2016 年 5 月 1 日后开具的，备注栏注明建筑服务发生地所在县（市、区）、项目名称的增值税发票。

③ 国家税务总局规定的其他凭证。

（2）纳税人跨县（市、区）提供建筑服务，在向建筑服务发生地主管国税机关预缴税款时，需提交以下资料。

①《增值税预缴税款表》。

② 与发包方签订的建筑合同原件及复印件。

③ 与分包方签订的分包合同原件及复印件。

④ 从分包方取得的发票原件及复印件。

（三）其他规定

（1）纳税人跨县（市、区）提供建筑服务，向建筑服务发生地主管税务机关预缴的增值税税款，可以在当期增值税应纳税额中抵减，抵减不完的，结转下期继续抵减。纳税人以预缴税款抵减应纳税额，应以完税凭证作为合法有效凭证。

（2）小规模纳税人跨县（市、区）提供建筑服务，不能自行开具增值税发票的，可向建筑服务发生地主管税务机关按照其取得的全部价款和价外费用申请代开增值税发票。

（3）对跨县（市、区）提供的建筑服务，纳税人应自行建立预缴税款台账，区分不同县（市、区）和项目并逐笔登记全部收入、支付的分包款、已扣除的分包款、扣除分包款的发票号码、已预缴税款以及预缴税款的完税凭证号码等相关内容，留存备查。

8.2.2　跨境提供建筑服务

（一）免征增值税

境内的单位和个人销售的下列服务免征增值税，但财政部和国家税务总局规定适用增值税零税率的除外。

（1）工程项目在境外的建筑服务。

（2）工程项目在境外的工程监理服务。

（3）工程、矿产资源在境外的工程勘察勘探服务。

（二）适用方法

境内的单位和个人提供适用增值税零税率的建筑服务，如果属于适用简易计税方法的，实行免征增值税办法。如果属于适用增值税一般计税方法的，生产企业实行免抵退税办法，外贸企业外购建筑服务出口实行免退税办法，外贸企业直接将建筑服务出口，视同生产企业连同其出口货物统一实行免抵退税办法。

实行退（免）税办法的建筑服务，如果主管税务机关认定出口价格偏高的，有权按照核定的出口价格计算退（免）税，核定的出口价格低于外贸企业购进价格的，低于部分对应的进项税额不予退税，转入成本。

（三）其他规定

境内的单位和个人销售适用增值税零税率的建筑服务的，可以放弃适用增值税零税率，选择免税或按规定缴纳增值税。放弃适用增值税零税率后，36 个月内不得再申请适用增值税零税率。

境内的单位和个人销售适用增值税零税率的建筑服务，按月向主管退税的税务机关申报办理增值税退（免）税手续。具体管理办法由国家税务总局商财政部另行制定。

8.3 增值税的会计核算

8.3.1 销项税额的会计核算

（一）一般销售方式下的会计核算

根据"营改增"相关税收政策，增值税纳税义务发生时间为纳税人提供建筑服务并收讫销售款项或者取得索取销售款项凭据的当天；若先开具发票，则为开具发票的当天；纳税人提供建筑服务采取预收款方式的，其纳税义务发生时间为收到预收款的当天。

一般情况下，企业应根据销售结算凭证，按照确认的收入和按规定收取的增值税税额借记"银行存款""应收账款""应收票据"等科目，按照按规定收取的增值税税额贷记"应交税费——应交增值税（销项税额）"科目，按确认的收入贷记"主营业务收入""其他业务收入"等科目。

【例 8-17】某市一家建筑施工企业已认定为增值税一般纳税人，2016 年 8 月提供建筑服务取得不含税收入 800 万元，销售原材料取得不含税收入 50 万元（非主营业务），按照适用税率分别开具了增值税专用发票，款项均已存入银行。

分析：

建筑服务适用税率为 11%，销售原材料适用税率为 17%，因此 2016 年 8 月该公司应计提的销项税额 =8 000 000×11%+500 000×17%=965 000（元）。该企业应编制以下会计分录。

借：银行存款　　　　　　　　　　　　　　　　　　　　9 465 000

　　贷：主营业务收入　　　　　　　　　　　　　　　　　　8 000 000

　　　　其他业务收入　　　　　　　　　　　　　　　　　　500 000

　　　　应交税费——应交增值税（销项税额）　　　　　　　965 000

值得注意的是，采取预收款方式提供建筑服务的企业，其纳税义务发生时间为收到预收款的当天，所以应当在收到预收款时就计提增值税销项税额。

【例 8-18】甲建筑施工企业为增值税一般纳税人，在 5 月 15 日与乙公司签订建筑施工合同，合同约定甲企业为乙公司提供建筑施工服务，期限为 10 个月，施工开始日为 6 月 1 日，同时还约定乙公司要在 5 月 20 日向甲企业一次性支付全额款项。5 月 20 日，甲企业收到乙公司支付的不含税税款 100 万元和相应税款。

分析：

本题实际上是甲企业采用预收款方式向乙公司提供建筑服务，纳税义务发生时间为收到预收款的当天，所以甲企业应于 5 月 20 日一次性对总额 100 万元计提销项税额，即销项税额 =1 000 000×11%=110 000（元）。甲企业应做以下会计分录。

5 月 20 日收到预收款时。

借：银行存款　　　　　　　　　　　　　　　　　　　　1 110 000

贷：预收账款	1 000 000
应交税费——应交增值税（销项税额）	110 000

从 6 月 1 日起每月月末甲企业分别确认收入 100 000 元（1 000 000÷10）：

借：预收账款	100 000
贷：主营业务收入	100 000

（二）视同提供应税服务的会计核算

纳税人发生视同提供应税服务情形，其纳税义务发生时间为应税服务完成的当天，应按规定计提销项税额，借记"营业外支出""应付利润"等科目，贷记"应交税费——应交增值税（销项税额）"科目。

【例 8-19】2016 年 7 月 20 日，某建筑施工企业（增值税一般纳税人）派两名建筑工人参加一项建筑施工项目，并免费提供建筑服务 2 天。（已知该建筑施工企业此类建筑服务价格为每人每天 1 500 元）。

分析：

2016 年 7 月 20 日该建筑施工企业提供的免费建筑服务，应将其视同提供应税服务计算增值税。

销项税额 =2×2×1 500×11%=660（元）

该企业应编制以下会计分录。

借：营业外支出	660
贷：应交税费——应交增值税（销项税额）	660

（三）特殊销售的会计核算

（1）折扣销售的销项税额的会计核算。若应税服务提供方将价款和折扣额在同一张发票上注明，则以折扣后的金额为销售额计算销项税额，会计处理同正常销售；若未在同一张发票上分别注明，则不可扣减折扣额，以未折扣金额计算缴纳增值税。

（2）销售折扣的销项税额的会计核算。销售折扣（也称现金折扣）作为企业融资性质的理财费用，不得从销售额中扣除，现金折扣数额应计入"财务费用"。

（3）服务中止或者折让而退回的销项税额的会计核算。纳税人提供的适用一般方法计税的应税服务，因服务中止或者折让而退还购买方的增值税税额，应当从当期的销项税额中扣减。纳税人提供应税服务、开具增值税专用发票后，出现应税服务中止、折让、开票有误等情形，应当按照国家税务总局的规定开具红字增值税专用发票，未按规定开具红字增值税专用发票的，不得扣减销项税额。

【例 8-20】甲建筑施工企业向乙公司提供建筑施工服务，应税收入为 100 000 元，增值税税额为 11 000 元。由于施工未及时开工，双方协商折让 10%，月底甲企业收到乙公司转来的由其主管税务机关出具的《开具红字增值税专用发票通知单》。

分析：

甲企业应编制以下会计分录。

借：应收账款——乙公司　　　　　　　　　　　　　　111 000

　　贷：主营业务收入　　　　　　　　　　　　　　　　100 000

　　　　应交税费——应交增值税（销项税额）　　　　　 11 000

收到转来的《开具红字增值税专用发票通知单》时，按折让后的价款重新开具专用发票，冲销主营业务收入 10 000 元和增值税税额 1 100 元。

借：主营业务收入　　　　　　　　　　　　　　　　　 10 000

　　应交税费——应交增值税（销项税额）　　　　　　　 1 100

　　贷：应收账款——乙公司　　　　　　　　　　　　　 11 100

8.3.2　进项税额的会计核算

（一）采购货物进项税额的会计核算

在实际成本法下，企业采购货物尚未入库时，按照增值税专用发票上注明的增值税税额借记"应交税费——应交增值税（进项税额）"科目，按照增值税专用发票上注明的价款借记"在途物资"科目，按价税合计金额贷记"银行存款""应付账款""应付票据"等科目；所购货物到达、验收入库时，借记"原材料"等科目，贷记"在途物资"科目。由于企业的增值税专用发票取得时间与认证时间不一致，在取得发票时，企业可先通过"长期待摊费用——待抵扣进项税额"科目核算，待认证通过、符合抵扣条件后再转入"应交税费——应交增值税（进项税额）"科目。

【例 8-21】某建筑施工企业为增值税一般纳税人，原材料核算采用实际成本法。某日购进施工用钢材，取得的增值税专用发票注明价款 100 000 元，税款 17 000 元。货款已支付，材料已验收入库。

分析：

该企业应编制以下会计分录。

借：原材料   100 000

     应交税费——应交增值税（进项税额）   17 000

       贷：银行存款   117 000

借：原材料   100 000

       贷：在途物资   100 000

（二）接受应税服务进项税额的会计核算

企业接受增值税应税服务，按照增值税专用发票上注明的增值税税额借记"应交税费——应交增值税（进项税额）"科目，按发票上注明的价款借记"原材料""主营业务成本""制造费用""管理费用"等科目，贷记"银行存款""应付账款""应付票据"等科目。

【例 8-22】某建筑施工企业（增值税一般纳税人）采购原材料 A 型钢材，向运输公司支付运费并收到增值税专用发票，发票上注明价款 10 000 元，增值税税额 1 100 元。款项已支付，货物已验收入库。

分析：

该企业应编制以下会计分录。

借：原材料——A 型钢材   10 000

     应交税费——应交增值税（进项税额）   1 100

       贷：银行存款   11 100

【例 8-23】A 建筑施工企业（增值税一般纳税人）为降低其涉税风险，就有关涉税事宜向当地某著名税务师事务所进行咨询，支付咨询费用共计 10 600 元，取得事务所开具的增值税专用发票，该发票已通过认证。

分析：

A 企业应编制以下会计分录。

借：管理费用   10 000

     应交税费——应交增值税（进项税额）   600

       贷：银行存款   10 600

8.3.3　进项税额转出的会计核算

（一）购进货物改变用途

购进货物改变用途是指将购进的本来用于应税项目的货物转用于简易计税方法计税项目、免征增值税项目、集体福利或者个人消费，其购进时已进行抵扣的进项税额要做转出处理。按购进货物的成本与转出的进项税额之和借记"在建工程""应付职工薪酬"等科目，按其成本贷记"原材料""库存商品"等科目，按转出的进项税额贷记"应交税费——应交增值税（进项税额转出）"科目。这里需要注意以下 4 点。

第一，如果购进货物用于对外投资、无偿赠送其他单位或个人以及分配利润，要视同销售处理，按其对外售价计算销项税额，其进项税额可以进行抵扣。

第二，如果购进货物直接用于简易计税方法计税项目、免征增值税项目、集体福利或者个人消费，则不能计提进项税额，购进货物时所支付的增值税税款直接计入所购货物的成本之中。

第三，如果购进货物是作为应税项目购进的，由于其进项税额已进行了抵扣，若改变用途用于简易计税方法计税项目、免征增值税项目、集体福利或者个人消费才需做进项税额转出处理。

第四，在进行进项税额转出时，其负担的运费所计提的进项税额也一并转出。

【**例 8-24**】某建筑施工企业（增值税一般纳税人）将上月购进的材料用于职工福利。已知材料的实际成本为 11 000 元，其中含运费 1 000 元，其进项税额已进行了抵扣。

分析：

材料部分应转出的进项税额 =（11 000-1 000）×17%=1 700（元）

运费部分应转出的进项税额 =1 000×11%=110（元）

该企业应编制以下会计分录。

借：应付职工薪酬　　　　　　　　　　　　　　　　　　12 810

　　贷：原材料　　　　　　　　　　　　　　　　　　　　　　11 000

　　　　应交税费——应交增值税（进项税额转出）　　　　　1 810

（二）货物发生非正常损失

由于非正常损失的购进货物和非正常损失的在产品、产成品所耗用的购进货物（不含固定资产）、应税劳务或交通运输业服务的进项税额，一般都已在以前的纳税期进行了抵扣。发生损失后，一般很难核实所损失的货物是在何时购进的，其原始进价和进项税额也无法准确核定，因此，应按货物的实际成本计算不得抵扣的进项税额。损失的在产品、产成品的实际成本中，只有所耗用的原材料、应税劳务和交通运输业服务部分才产生进项税额，其人工部分不产生进项税额，因此在计算在产品、产成品的进项税额转出金额时，要按其成本资料计算所含的原材料和外购劳务、交通运输业服务成本。另外，由于原材料、应税劳务、交通运输业服务在计提进项税额时，抵扣率可能不同，如交通运输业服务的增值税税率只有 9%，此时需要根据企业的有关资料计算一个平均抵扣率，以便计算转出的进项税额。企业货物发生非正常损失，在未查明原因之前，按照该货物的实际成本与转出的进项税额之和借记"待处理财产损溢"科目，贷记"原材料""库存商品""应交税费——应交增值税（进项税额转出）"等科目。

知识链接 1：纳税人提供不同税率和征收率的应税行为，不能合并核算

36 号文规定，试点纳税人销售货物、加工修理修配劳务、服务、无形资产或者不动产适用不同税率或者征收率的，应当分别核算适用不同税率或者征收率的销售额，未分别核算销售额的，按照以下方法适用税率或者征收率。

（1）兼有不同税率的销售货物、加工修理修配劳务、服务、无形资产或者不动产，从高适用税率。

（2）兼有不同征收率的销售货物、加工修理修配劳务、服务、无形资产或者不动产，从高适用征收率。

（3）兼有不同税率和征收率的销售货物、加工修理修配劳务、服务、无形资产或者不动产，从高适用税率。对于适用 9% 税率的建筑服务与适用 3% 征收率的建筑服务应分别核算，否则需要从高适用税率。

知识链接 2：公司购进钢材，供应商未及时提供增值税发票，在以后期间补开增值税发票的，企业如何进行账务处理？

购入材料货到票未到时，财务部门根据入库单做入账处理，借记"原材料""应交税费——待认证进项税额"等科目，贷记"应付账款""银行存款"等科目；如果存货已经领用，财务部门以出库单为附件进行会计处理，借记"工程施工"等科目，贷记"原材料"等科目。

　　企业在汇算清缴期结束前能够取得合法购货凭证的，其按照估价结转计入当期损益的存货成本允许税前扣除。但企业在汇算清缴期内仍未取得合法购货凭证的，应按已计入当期损益的存货暂估价款调增当期应纳税所得额，征收企业所得税。以后年度实际取得合法购货凭证时，再通过专项申报调整当年的应纳税所得额。

　　知识链接 3：项目部预缴增值税时的账务处理

　　（1）简易计税方法的项目。

　　① 简易计税方法下预征率与增值税征收率均为 3%，因此预征税额不需单独计提，实际缴纳时再进行账务处理。

　　借：应交税费——预缴增值税

　　　　贷：银行存款

　　② 以预征税额为基数预提附加税费时，借记"税金及附加"科目，贷记"应交税费——应交城市维护建设税""应交税费——应交教育费附加""应交税费——应交地方教育费附加"等科目。

　　（2）一般计税方法的工程项目。

　　① 一般计税方法下实际缴纳预征税额时，借记"应交税费——应交增值税（预征税额）"科目，贷记"银行存款"科目。预征税额 =（全部价款和价外费用 - 支付的分包款）÷（1+9%）× 2%。

　　② 以实际缴纳的预征税额为基数缴纳附加税费，借记"应交税费——应交城市维护建设税""应交税费——应交教育费附加""应交税费——应交地方教育费附加"等科目，贷记"银行存款"科目。

　　③ 月末，按"应交税费——未交增值税"贷方余额计提附加税费。